OPD in der Praxis

Konzepte, Anwendungen,
Ergebnisse der Operationalisierten Psychodynamischen Diagnostik

H. Schauenburg, H. J. Freyberger, M. Cierpka,
P. Buchheim (Hrsg.)

OPD in der Praxis

Konzepte, Anwendungen, Ergebnisse der
Operationalisierten Psychodynamischen Diagnostik

Verlag Hans Huber
Bern · Göttingen · Toronto · Seattle

Entwurf der Titelgrafik:
Ina Schlafke (© 1998)

Adresse des erstgenannten Herausgebers:

Dr. Henning Schauenburg
Klinik für Psychosomatik und Psychotherapie
von-Siebold-Straße 5
D-37075 Göttingen

Die Deutsche Bibliothek – CIP-Einheitsaufnahme

OPD in der Praxis : Konzepte, Anwendungen, Ergebnisse der
operationalisierten psychodynamischen Diagnostik / H. Schauenburg
… (Hrsg.). – Bern ; Göttingen ; Toronto ; Seattle : Huber, 1998
ISBN 3-456-82993-0

Erste Auflage 1998
© Verlag Hans Huber, Bern 1998
Satz: Jung Satzcentrum, Lahnau
Druck: AZ Druck und Datentechnik
Printed in Germany

Inhaltsverzeichnis

Vorwort

Vor nunmehr etwa zwei Jahren veröffentlichte der Arbeitskreis Operationalisierte Psychodynamische Diagnostik das Ergebnis seiner mehrjährigen Vorarbeiten und Bemühungen um eine Strukturierung und Vereinheitlichung der Diagnostik in der psychodynamischen Psychotherapie. Das Buch umfaßte Grundlagentexte und Manuale zu den fünf Achsen «Krankheitserleben», «Beziehungen», Konflikte», «Struktur» und «Syndrome» (Arbeitskreis OPD 1996).

Auch wenn die OPD offensichtlich eine Lücke im Bereich der klinischen Kommunikation, der Didaktik und der Forschung ausfüllt, war zu diesem Zeitpunkt keineswegs klar, wie das Projekt von der klinischen und wissenschaftlichen «Gemeinde» angenommen würde.

Die OPD war von Beginn an als eine Art Bindeglied zwischen kategorial-deskriptiver psychiatrischer Diagnostik und idiographischer Darstellung von individueller Psychodynamik gemeint. Aus dieser intermediären Position heraus konnte leicht auch ein «Zwischen-den-Stühlen-Sitzen» resultieren: Psychiatrische Kollegen könnten das Vorgehen, trotz des weitgehenden Verzichts auf Schlußbildungen in bezug auf das Unbewußte, als zu analytisch orientiert empfinden. Psychoanalytisch arbeitende Kliniker könnten die Gefahr der Verdinglichung und des Reduktionismus ebenso sehen wie den Verlust der Einzigartigkeit jeder therapeutischen Begegnung heraufbeschwören.

All dies und mehr haben die Mitarbeiter des Arbeitskreises erwartet und im Sinne einer Verbreiterung und Öffnung der Diskussion auch irgendwo erhofft.

Die zurückliegenden beiden Jahre haben nun gezeigt, daß die OPD sowohl unter Klinikern als auch in der psychiatrischen, der psychosomatischen und der psychotherapeutischen Forschung auf eine breite Resonanz und kritisch-positive Akzeptanz gestoßen ist.

Dies drückt sich nicht nur in der vergleichsweise raschen Notwendigkeit einer Neuauflage des Grundlagen- und Manualbandes sowie in der Veröffentlichung einer englischen Übersetzung aus, sondern auch in der Tatsache, daß inzwischen (bei wachsender Nachfrage) viele hundert Kolleginnen und Kollegen, aber auch zunehmend ganze Klinikteams an den Trainingsseminaren der OPD teilgenommen haben. Diese Seminare wurden von Beginn an aus dem Arbeitskreis heraus durch mehrere regionale Ausbildungszentren angeboten und bieten sowohl für klinisch noch nicht erfahrene als auch für ältere Kollegen die Möglichkeit zur Annäherung an diagnostische Fragen bzw. zur Auseinandersetzung mit eigenen diagnostischen Gewohnheiten. Durch ihre aktive Teilnahme an den Trainingsseminaren tragen die Kollegen wesentlich zur Weiterentwicklung des diagnostischen Systems bei. Zusammen mit der begonnenen empirischen Forschung sind sie wesentlicher Bestandteil des «Work in Progress», als das das Projekt zu sehen ist. In diesem Sinne ist der vorliegende Band als eine Art Zwischenbilanz nach zwei Jahren OPD zu verstehen.

Der erste Abschnitt spiegelt zunächst den Stand der Diskussion um die Diagnostik von neurotischen und Persönlichkeitsstörungen sowohl in der Psychiatrie als auch in der modernen Psychoanalyse wider.

Der Beitrag von Henning Schauenburg, Harald Freyberger und Norman Sartorius referiert zu Beginn die historischen Erfahrungen, die im internationalen Maßstab mit der Etablierung neuer psychiatrischer Diagnosesysteme gemacht wurden. Sartorius war hier in seiner Position als langjähriger Direktor des Mental Health Department der WHO maßgeblich beteiligt. Seine Erfahrungen sind, unabhängig von der inhaltlich differierenden Ausrichtung der ICD-10, von großer Bedeutung für die Weiterentwicklung der OPD.

Horst Dilling beschreibt aus seiner aktiven Erfahrung als Hauptverantwortlicher für die Entwicklung und Etablierung des ICD-10-Kapitels zu den psychischen Erkrankungen in Deutschland die besondere Auseinandersetzung um die neurotischen und psychosomatischen Erkrankungen.

Henning Saß schildert die besondere Auseinandersetzung um die Persönlichkeitsstörungen und ihren Stellenwert in der kategorialen psychiatrischen Diagnostik. Dabei nimmt er auch Stellung zu Berührungspunkten zur psychodynamischen Sichtweise, wie sie beispielsweise über das Konzept der Abwehrmechanismen auch von psychiatrischer Seite rezipiert wird.

Otto F. Kernberg stellt eine Synopsis seiner Systematik der Diagnostik von Persönlichkeitsstörungen vor und nimmt dabei auch Stellung zu einzelnen Aspekten der OPD. Als augenblicklicher Vorsitzender der Internationalen Psychoanalytischen Vereinigung ist er besonders bemüht, die Entwicklung einer einheitlichen, wissenschaftlich nützlichen und nutzbaren psychoanalytischen Diagnostik zu befördern und die Öffnung der Psychoanalyse in diese Richtung zu erwirken. Die OPD ist in Teilen nicht zuletzt in Auseinandersetzung mit Kernbergs Diagnosemodellen erarbeitet worden (Strukturachse), und es hat sich hier eine fruchtbare Diskussion und Forschungszusammenarbeit zwischen dem Arbeitskreis und ihm entwickelt.

Ähnliches gilt für Robert Weinryb, der am Karolinska-Institut in Stockholm mit seinem «Karolinska Psychodynamic Profile – KAPP» eine wesentliche anregende Rolle für die OPD gespielt hat. Die Darstellung seines Systems und erste empirische Ergebnisse erfolgen hier erstmals in deutscher Sprache.

Der zweite Abschnitt des Bandes ist ganz der Entwicklung der OPD gewidmet.

Zunächst beschreibt Sven Olaf Hoffmann noch einmal Intention und Entwicklungsgeschichte der OPD, wobei er besonders auf die psychoanalytische Tradition im Bereich der strukturierten Diagnostik eingeht.

Harald J. Freyberger und Mitarbeiter referieren die ersten empirischen Ergebnisse zur praktischen Anwendung und erste Reliabilitätsdaten der OPD. In dieser Arbeit zeigen sie auch die augenblicklichen Entwicklungslinien der Forschung in der OPD auf und beschreiben erste Projekte. Deutlich wird dabei, daß sich die OPD hinsichtlich ihrer Reliabilitätsmerkmale mit vergleichbaren Instrumenten messen lassen kann, daß aber in bestimmten Bereichen genauere Differenzierungen und begriffliche Klärungen nötig sind.

Tilman Grande und die Heidelberger Forschungsgruppe um Gerd Rudolf haben in einer Pilotstudie an stationären Psychotherapiepatienten versucht, neben der einfachen Beschreibung von Häufigkeiten, der Vergabe bestimmter OPD-Kategorien in einer klinischen Stichprobe auch deren innere Beziehung zueinander empirisch zu prüfen. Dies ist ein erster Schritt zur Untersuchung der Validität traditioneller psychodynamischer Konstrukte, wie sie durch die Entwicklung der OPD jetzt leichter möglich geworden ist.

In einem weiteren Beitrag erläutern Henning Schauenburg, Paul Janssen und Peter Buchheim noch einmal das besondere Vorgehen im klinischen Interview, das sich an der OPD orientiert. Das phasenweise konzeptualisierte Vorgehen wird durch eine Sammlung von Beispielfragen und durch eine Synopsis der diagnostisch zu erfassenden Bereiche ergänzt.

Im weiteren beschreiben Wolfgang Schneider und Henning Schauenburg die bisherigen Erfahrungen mit OPD-Trainingsseminaren und geben eine Übersicht über den augenblicklichen inhaltlichen Aufbau.

Den Schluß bildet eine durch die Heidelberger Arbeitsgruppe erarbeitete erste Ergänzung der OPD in Form einer Merkmalsliste zur Erfassung der einzelnen Bestandteile der Strukturachse.

Die Herausgeber hoffen, daß der vorliegende Band einen Einblick in den aktuellen Stand der psychodynamischen Diagnostik vermitteln kann und auch die Diskussion um die Entwicklung innerhalb der OPD verdeutlicht.

Die zunehmende klinische und wissenschaftliche Verwendung der OPD läßt uns hoffen, daß sich auch weiterhin eine lebendige und kontroverse Diskussion zu Fragen relevanter diagnostischer Informationen in der Psychotherapie entwickelt.

Die Herausgeber

Diagnostik und Klassifikation als Grundlage einer internationalen Verständigung in der psychiatrisch-psychotherapeutischen Forschung und Therapie

Henning Schauenburg, Harald J. Freyberger, Norman Sartorius[1]

Die Entwicklung psychiatrischer Klassifikationen hat eine lange historische Tradition und erfüllte immer schon nicht nur wissenschaftliche (epistemologische, epidemiologische), sondern auch politische, ökonomische, evaluative und didaktische Zwecke. Das wichtigste und einflußreichste Projekt in der Psychiatrie ist die zehnte Revision der internationalen Klassifikation der Krankheit mit ihrem Kapitel für psychische Störungen (ICD-10, Kapitel V, WHO 1992).

Daß nun Psychotherapeuten ebenfalls mit der OPD begonnen haben, einen klassifizierenden und operationalisierten diagnostischen Ansatz auszuarbeiten, ist aus vielerlei Gründen bedeutsam. Auch im Bereich der psychodynamischen Orientierung wird eine Klärung der Begriffe, eine Quantifizierung und die Entwicklung einer gemeinsamen Sprache benötigt, die eine internationale Zusammenarbeit in Klinik und Forschung möglich macht. Wieviel Ausdauer und Courage ein solches Unterfangen allerdings erfordert, läßt sich gut an der Geschichte der ICD-10 ablesen.

Entwicklung der ICD-10, Kapitel V

1938 umfaßten die seelischen Krankheiten in der internationalen Klassifikation lediglich eine Kategorie: nämlich alles, was gemeinhin als «verrückt» bezeichnet wurde. Bald wurde diese Einteilung immerhin auf drei unterschiedliche Psychosen und eine Kategorie für Oligophrenie erweitert. Eine weitere Differenzierung erschien zu diesem Zeitpunkt unwichtig.

---

[1] Teile dieser Arbeit basieren auf einem Vortrag von N. Sartorius auf dem 1. Int. Kongreß zur Operationalisierung psychodynamischer Diagnostik, September 1996 in Göttingen.

Etwa 30 Jahre später, mit Veröffentlichung der ICD-9, war die Anzahl der Kategorien auf 25 gewachsen, und jede dieser 25 Kategorien wies zehn Untergruppen auf; psychische Erkrankungen konnten also in 250 «Schubladen» gepackt werden.

1965 begann die Arbeit an der zehnten Revision der ICD, und nach deren Abschluß gibt es heute mehrere tausend Möglichkeiten der Klassifizierung (Sartorius 1991).

So sehr man diese Neigung zur Aufsplitterung auch kritisieren mag, zeigt sie doch auch, daß ständig Neues entdeckt wird und der zunehmend differenzierte Blick auf die psychischen Erkrankungen in der Empirie seinen Widerhall findet.

Aber wie lange hat es gebraucht, diese letzte Klassifikation zu erarbeiten? Zahlen deuten an, daß es sich um einen Prozeß von etwa 30 Jahren handelt.

Zentrales Problem bei der Entwicklung der zehnten Revision war die Notwendigkeit, weltweit Psychiater dazu zu bewegen, einzugestehen, daß sie mit ihren oft recht privaten und idiosynkratischen Krankheitskategorien keineswegs immer «recht» hatten und daß sie sich der kritischen und empirisch fundierten internationalen Diskussion stellen müßten.

Das sogenannte «Programm A», das die ersten Jahre der Arbeit an der ICD-10 bestimmte (1964 – 1976), bestand darin, internationalen psychiatrischen Experten Fälle vorzulegen und sie nicht nur einschätzen zu lassen, ob und wenn ja, welche psychische Erkrankung sie diagnostizieren würden, sondern sie auch aufzufordern, das Interaktionsverhalten (d. h. beispielsweise affektive Äußerungen, Nonverbales etc.) zu beurteilen. In Form von Filmaufnahmen gingen diese Patienten von Land zu Land, und in einem mühsamen Prozeß gelangte man dazu, sich auf ungefähr einheitliche Beschreibungen der gezeigten Fälle zu einigen. Ein Produkt dieses Prozesses war natürlich die Erkenntnis, daß es im Feld der psychiatrischen Diagnostik kein «Rechthaben» geben kann. Danach erfolgte eine intensive Literaturrecherche sowie eine erste Erstellung von Texten, die auf gemeinsamen Konferenzen diskutiert werden konnten.

Erste Entwürfe wurden dann im Feld getestet und die Ergebnisse publiziert (Sartorius et al. 1995). In den achtziger und zu Beginn der neunziger Jahre kursierten weltweit mehrere Entwürfe der klinischen Leitlinien und der Forschungskriterien, die dann schließlich nach erneuter intensiver Erprobung durch Kliniker und Forscher publiziert wurden.

Heute existieren mehrere Fassungen des Kapitels V der ICD-10:

1. *klinisch-diagnostische Leitlinien,* die in zahlreichen Sprachen publiziert wurden, für den klinischen Gebrauch (WHO 1993),

2. *die Forschungskriterien,* zum Einsatz in wissenschaftlichen Studien (WHO 1994),
3. eine Fassung für die *primäre Gesundheitsversorgung*: Sie hat zwei neue Bestandteile, die unter unterschiedlichen kulturellen Bedingungen und in verschiedenen Gesundheitssystemen erprobt werden: 1. werden dem Benutzer einfache Fließdiagramme und Texte zur Verfügung gestellt, die Entscheidungsprozesse darstellen, die zur jeweiligen Diagnose führen, und 2. geben die Dokumente dem Allgemeinarzt und den in der primären Gesundheitsversorgung Tätigen für bestimmte Diagnosen kurze Anmerkungen und Hinweise zu Behandlungsempfehlungen an die Hand (vgl. Müßigbrodt u. a. 1996).
4. Geplant ist weiterhin eine Fassung für *statistische Zwecke*. Sie wird Kodierungen für psychiatrische und somatische Diagnosen enthalten, die in der psychiatrischen Praxis häufig vorkommen. Ebenso sollen darin Referenztabellen zur Identifikation der korrespondierenden Diagnosen aus der ICD-8, ICD-9 und anderen nationalen Klassifikationen (DSM IV, American Psychiatric Association, 1994) erarbeitet werden.

Die Entscheidung, verschiedene Fassungen der Klassifikation vorzulegen, wurde nach umfangreichen Beratungen getroffen, an denen neben Experten, die die Anwendung der Klassifikation untersucht hatten, auch klinische «Benutzer» teilnahmen. Man war der Meinung, daß sich so die Klassifikation besser an die Bedürfnisse und Fertigkeiten der klinischen Anwender anpassen ließe und daß dies den zusätzlichen Aufwand an Zeit und Mühe aufwiegen würde, der durch die Vorbereitung der Texte und die Prüfung ihrer Paßgenauigkeit entstünde.

Das zweite Merkmal des Kapitels V (F) der ICD-10 ist seine Entwicklung in enger Kooperation mit wissenschaftlichen Zentren unterschiedlicher psychiatrischer Traditionen und Sprachräume (Sartorius 1988). Diese Zusammenarbeit sollte zunächst nur der Erleichterung der Übersetzung dienen. Es stellte sich aber heraus, daß diese Übersetzungen und die Diskussion über die Entsprechung von Begriffen in verschiedenen Sprachen die Klarheit der kategoriellen Beschreibungen in allen Sprachen – einschließlich der englischen Ursprungssprache – verbesserte. So konnten letztlich diagnostische Konzepte verschiedener psychiatrischer Schulen von einem Teil der Welt in einen anderen übertragen werden.

Ein weiteres Merkmal der ICD-10 ist ihre «ökumenische Konzeption». Nachdem sie also, wie erwähnt, von Psychiatern unterschiedlicher Schulen und Denkarten entwickelt und in einer Vielzahl von Umgebungen überprüft worden war, wurden die Texte nach und nach auch für die verschiedenen psychiatrischen Richtungen annehmbar, zumal deren Erfahrungen hierin einflossen. Die beträchtliche Erhöhung der Anzahl der Kategorien für die Klassifikation psychischer Störungen erlaubte nicht nur eine logischere Anordnung, sondern auch den Einschluß von Kategorien, deren nosologische Stellung noch unklar ist. Es ist zu erwarten, daß dies dann die Sammlung von Daten über ihre Nützlichkeit und Häufigkeit ermöglicht.

Aufgaben einer internationalen Klassifikation

Was muß aber eine internationale Klassifikation psychischer Erkrankungen eigentlich beinhalten?

Zentral ist, daß sie von den Klinikern auch akzeptiert wird. Hierzu muß vor allem eine Kompatibilität zu den national existierenden Klassifikationen bestehen.

Eine Klassifikation muß weiterhin einfach sein und eine Sprache benutzen, die bereits bekannt ist, da neue Begriffe erfahrungsgemäß oft abgelehnt werden. Sie muß in gewisser Weise also konservativ sein, da alles, was zu weit von der gängigen Praxis entfernt ist, nicht aufgegriffen wird.

Im Fall der ICD-10 wurde außerdem besonders darauf geachtet, daß die Klassifikation nicht einfach aus dem Englischen übersetzt, sondern in sechs verschiedenen Sprachen parallel entwickelt wurde. Dies konnte dazu führen, daß die deutsche Version weltweit als erste publiziert wurde. Für die WHO eine Premiere, zumal Deutsch nicht einmal offizielle Sprache ist (WHO 1993).

Ein weiterer wesentlicher Aspekt solcher diagnostischer Klassifikationen liegt in ihrer Kontinuität. Was zu einem gewissen Zeitpunkt erarbeitet wurde, muß auch in 30 Jahren noch für die Praktiker von Nutzen sein.

Außerdem muß das Instrument ermöglichen, daß es ständig in der Praxis überprüft wird und die praktischen Erfahrungen in die Weiterentwicklung eingehen können.

Darüber hinaus muß eine Kompatibilität zu Parallelinstrumenten gegeben sein, wie sie beispielsweise im Bereich der psychischen Erkrankungen für die globale Beeinträchtigung des Funktionsniveaus (GAF) existieren (American Psychiatric Association 1994).

So wurden im Rahmen der Forschung mit der ICD-10 noch weitere Verfahren entwickelt, die zusammen so etwas wie eine Familie bilden:

Hierzu gehören neben den erwähnten verschiedenen Versionen der ICD-10 auch einige sogenannte «Faszikel», die es erlauben, in bestimmten Bereichen genauere Differenzierungen vorzunehmen. Solche Faszikel gibt es beispielsweise für Kopfschmerzen oder auch für die Oligophrenie. Dies erlaubt den auf diesem Gebiet Arbeitenden, ihre notwendigen differenzierteren Unterteilungen standardisiert zu erheben.

Weiter entstanden standardisierte Erhebungsinstrumente wie das International Personality Disorder Examination – IPDE (Loranger et al. 1994) oder das Composite International Diagnostic Interview – CIDI (Wittchen und Semler 1991).

Eine zusätzliche Gruppe bilden Instrumente, die der Qualitätssicherung dienen, sowie solche, die sich mit dem Ausmaß von Beeinträchtigung bzw. Behinderung befassen.

Im Zusammenhang mit der Erstellung einer Version für die primäre Gesundheitsversorgung wurden Skalen entwickelt, die die Gründe für die Inanspruchnahme psychosozialer Unterstützung erfassen.

Insgesamt handelt es sich also um eine ganze Gruppe von Instrumenten, die miteinander verknüpft sind und die dazu beitragen sollen, die internationale Diskussion um die Ätiologie und die kulturellen und sozialen Bedingungen von psychischen Erkrankungen weiterzuführen sowie die Forschung in diesem Bereich zu fördern.

Probleme der psychiatrischen Klassifikation

Die Arbeit an der ICD kann zu keinem Zeitpunkt als abgeschlossen betrachtet werden. Viele Fragen sind nach wie vor umstritten und harren der Klärung.

Dabei geht es z. B. um das grundsätzliche epistemologische Problem, ob es zulässig ist, gemischte Kategorien zu benutzen, die die ursprüngliche Ebene der «Krankheitsentitäten» verlassen.

Kinder mit ausgeprägten Ängsten weisen beispielsweise häufig sowohl Angst- als auch depressive Syndrome auf. Hier hat man (wie übrigens auch bei den Erwachsenen) solch eine Kategorie des «gemischten Zustandes» eingeführt. Nun ist aber unbestreitbar, daß beide Zustände auch in reiner Form vorliegen. Die Notwendigkeit gemischter Kategorien wird also von der Realität diktiert. Reine Syndrome und Fälle sind dort nicht zu finden. Dennoch bleibt die Frage, ob die «Unreinheit» des wirklichen Lebens sich in einer Klassifikation abbilden soll oder nicht.

Ebenso ist ungeklärt, inwieweit verschiedene Kategorien gleichgewichtig nebeneinander bestehen dürfen. Fordert man, wie es klinisch häufig naheliegt, eine Hierarchie von Kategorien (z. B. indem man der schizophrenen Psychose eines Patienten eine höhere Wertigkeit gibt als der Depression in der Folge der Remission der Psychose), dann muß man eigentlich Kriterien für die Gewichtung der einzelnen Kategorien haben. Wenn es sich hier nicht um willkürliche Entscheidungen handeln soll, können solche Kriterien nur mit ausgedehnten empirischen Studien entwickelt werden, wie sie im Rahmen der Komorbiditätsforschung (Angst 1994) durchgeführt werden.

Weiterhin wird es um die Frage gehen, ob man tatsächlich die augenblicklich bestehenden Tausende von Unterkategorien beibehalten soll oder ob es sich als sinnvoll erweisen könnte, wieder zu einheitlicheren und größeren Gruppen zurückzukehren.

Für die ICD besteht außerdem die ständige Herausforderung, sich mit anderen und neuen klassifikatorischen Prinzipien auseinanderzusetzen.

Die operationalisierte psychodynamische Diagnostik ist ein gutes Beispiel dafür, daß man psychische Erkrankungen auch unter völlig anderen Gesichtspunkten betrachten kann, die für die internationale Gemeinschaft jedoch ebenso von großer Wichtigkeit sein können. Sie greift die von Beginn an geäußerte Kritik psychodynamisch orientierter Kliniker auf, daß mit dem Verzicht auf die Übernahme ätiologischer Modelle psychoanalytischer Provenienz wichtige therapierelevante Elemente in der psychiatrischen Klassifikation verlorengegangen sind. Indem solche Modelle jetzt empirisch überprüft und zur Diskussion gestellt werden, stellen sie einen eigenen Beitrag zur internationalen Verständigung in diesem Bereich dar.

Die letzten Jahre haben deutlich gemacht, daß es im Bereich der psychiatrischen Diagnostik auch eine Reihe von praktischen Schwierigkeiten gibt:

Wie bringt man Kliniker dazu, eine Klassifikation zu benutzen, d. h., wie macht man sie bekannt, und wie schult man sie? Wie kann angesichts so großer Entwicklungszeiträume auch eine personelle Kontinuität oder Weitergabe an jüngere Kollegen erfolgen, wenn die Gründungsväter langsam in Pension gehen? Welche Organisationsform gibt man sich zur Bewahrung der Kontinuität?

Noch einmal: Eine Klassifikation muß die reale Welt widerspiegeln, sich mit ihr entwickeln und das, was tagtägliche Praxis ist, muß in ihr enthalten sein. Wenn dies nicht mehr gegeben ist, ist die Klassifikation wertlos geworden.

Ein besonders gutes Beispiel für die Notwendigkeit der ständigen Weiterentwicklung sind die verschiedenen Syndromata, die heute mit der AIDS-Erkrankung verknüpft sind. Wären sie nicht schnell in das System aufgenommen worden, dann gäbe es heute eine große Anzahl von Kranken, die man nur unter größter «Gewaltanwendung» in diagnostische Schemata pressen könnte.

Natürlich muß man sich fragen, welche Motive, welche Energie können die zukünftige Arbeit an solchen Klassifikationen tragen. War es zu Beginn der Wunsch nach internationaler Verständigung, die Notwendigkeit, auch empirische Klarheit über das «weiche» und leicht willkürlich gehandhabte System psychiatrischer Diagnosen zu bekommen, so werden derartige Beweggründe alleine in der Zukunft vielleicht nicht mehr tragfähig sein. Möglicherweise werden es dann, angesichts verknappender Ressourcen im Gesundheitsbereich, ökonomische Gründe sein, die die Diskussion vorantreiben.

Je länger die Diskussion über Krankheitsklassifikationen voranschreitet, desto mehr darüber hinausgehende Bereiche werden ins Blickfeld gerückt.

Ein Beispiel sind die transkulturellen Unterschiede von psychischen Erkrankungen. Während Kraepelin noch nach Java fahren konnte, um sich die dortige Kultur «zu betrachten», sind wir heute mit der Globalisierung und der Durchmischung kultureller Einflüsse konfrontiert, die ihr eigenes psychisches Risikopotential in sich bergen. Eine «Psychiatrie der Emigration» beginnt erst sich zu entwickeln. Unter den 20 Millionen Flüchtlingen auf der Welt finden sich oft Beeinträchtigungen und psychisches Leid, die durch die phänomenologische Klassifikationen nicht beschrieben werden können.

Auch ist der deskriptive Charakter der ICD nicht unbedingt der Weisheit letzter Schluß. Verbindungen zu Soziologie, Anthropologie und auch Psychologie im weitesten Sinne werden mit Sicherheit eine große Rolle spielen.

In diesem Zusammenhang findet sich hinsichtlich der Klassifikation von «Krankheitssituationen» ein interessanter Ansatz, der Risikofaktoren oder Risikogruppen sowie krankmachende Umweltsituationen beschreiben und definieren will.

Was aus dem Bisherigen deutlich wird, ist, daß die Arbeit an psychiatrischen Klassifikationen, und im weitesten Sinne zählt auch die OPD hierzu, enorm viel Zeit braucht und ein hohes Maß von Frustrationstoleranz verlangt. Nicht nur, daß natürlich immer wieder Zweifel an neuen Vorschlägen geäußert werden. Oft ist es eben auch so, daß generell die Mitarbeit aus unterschiedlichsten Gründen verweigert wird. Hier die Diskussion immer wieder aufzunehmen, erfordert eine gewisse Hartnäckigkeit.

Bei alledem gilt, daß die Arbeit an psychiatrischen Klassifikationssystemen eine internationale bleiben muß: Es geht um eine gemeinsame Sprache in der Psychiatrie. Das bedeutet auch, daß eine Atmosphäre der Kooperation zwischen Psychiatern verschiedener Kulturen gefunden werden muß. In dieser Hinsicht wird es auch für die OPD darauf ankommen, sich mit anderen kulturellen Einflüssen, die es im Bereich der psychodynamischen Psychotherapie ja ebenfalls gibt, auseinanderzusetzen.

In der Zukunft werden politische und gesundheitsökonomische Fragen, wie schon erwähnt, eine noch größere Rolle spielen. Es ist nicht irrelevant, ob eine Krankheitsgruppe wie die cerebrovaskulären Krankheiten in die Gruppe der kardiovaskulären oder in die Gruppe der psychiatrischen Erkrankungen eingeordnet wird. Je nachdem, werden nämlich auch die Gelder für Forschung mobilisiert.

Die praktische Relevanz von Klassifikationen im Sinne eines didaktischen Einflusses ist für die Zukunft ebenfalls erheblich. Als man 1967 eine multiaxiale Klassifikation für das Kindesalter entwickelte, war der Hintergedanke, Praktiker und Kliniker ständig daran zu erinnern, daß ein Kind nicht nur ein psychiatrisches Syndrom hat, sondern auch eine Persönlichkeit, eine Umgebung, eine psychische und Intelligenzentwicklung.

Dies weist darauf hin, daß eine Klassifikation, wenn sie einmal akzeptiert ist, auch die Art und Weise, wie man arbeitet, beeinflußt. Hieran setzen ja auch Kritiker der augenblicklichen ICD an, und die OPD ist ein konstruktiver Vorschlag zu einer Verbesserung unserer Wahrnehmung subtilerer psychischer Mechanismen.

Daß Klassifikationen eine besondere Bedeutung für die wissenschaftliche Arbeit und Verständigung haben, wurde bereits erwähnt. Wir brauchen statistische Erhebungen, wenn wir uns in der Politik und in der Gesellschaft Gehör verschaffen wollen. Wir brauchen eine Legitimierung und eine Evaluierung unserer Arbeit.

Die Auseinandersetzung um psychiatrische Klassifikationen zeigt, daß es leichter ist, Konflikte auszutragen, als in der Konfusion zu leben.

In diesem Sinn ist auch die Entwicklung der OPD ein positiver Schritt, mit dem die Arbeit allerdings erst angefangen hat.

Literaturverzeichnis

American Psychiatric Association (1994): Diagnostical and Statistical Manual for mental disorders, (4th edition) Psychiatric Press, Washington D. C.

Angst, J. (1994): Das Komorbiditätskonzept in der psychiatrischen Diagnostik. In: Dilling, H., Schulte-Markwart, E., Freyberger, H. J. (Hrsg.): Von der ICD-9 zur ICD-10. Huber, Bern.

Loranger, A.W., Sartorius, N., Andreoli, A., Berger, B., Buchheim, P. (1994): The International Personality Disorder Examination. Arch. Gen. Psychiat. 51: 215–224.

Müßigbrodt, H., Kleinschmidt, S., Schürmann, A., Freyberger, H. J., Billing, H. (1996): Psychische Störungen in der Praxis. Leitfaden zur Diagnostik und Therapie in der Primärversorgung nach dem Kapitel V (F) der ICD-10. Huber, Bern.

Sartorius, N. (1988): International perspectives of psychiatric classification. Br. J. Psychiat. 152: 9–14.

Sartorius, N. (1991): The classification of mental disorders in the 10th Revision of the international classification of diseases. European Psychiatry 6: 315–322.

Sartorius, N., Üstün, T. B., Korten, A., Cooper, J. E., Drimmelen, J. van (1995): Progress Toward Achieving a Common Language in Psychiatry, II: Results from the international field trials of the ICD-10 diagnostic criteria for research for mental and behavioral disorders. Am. J. Psychiatry *152:* 1427–1437.

WHO (1993): Internationale Klassifikation psychischer Störungen. ICD-10, Kapitel V (F). Klinisch-diagnostische Leitlinien. 2. korrigierte und bearbeitete Auflage, Huber, Bern.

WHO (1994): Internationale Klassifikation psychischer Störungen. ICD-10, Kapitel V (F). Forschungskriterien. Huber, Bern.

Wittchen, H. V., Semler, G. (1991): Composite International Diagnostic Interview – CIDI. Beltz-Test/PVU, Weinheim.

Die Entwicklung der Diagnostik von neurotischen und psychosomatischen Störungen in der ICD-10

Horst Dilling

Diagnose und Klassifikation haben in den verschiedenen Epochen einen unterschiedlichen Stellenwert gehabt. Um die gegenwärtige Umstellung auf die ICD-10 besser nachvollziehen zu können, seien einige geschichtliche Hinweise an den Anfang gestellt.

Beginnen wir im 18. Jahrhundert! Im dritten Kapitel der «genera morborum» von Carl von Linné (1763) **(Abb. 1)** finden sich eine Reihe von Entzündungen wie Pleuritis, Gastritis, Enteritis, aber auch die Hysteritis, die Inflammatio uteri. Im vierten Kapitel sind unterschiedliche Schmerzformen aufgeführt, unter anderem die Cephalgia, ferner der Pruritus. Es folgt das fünfte Kapitel **(Abb. 2)**, die Mentales, in dem, wie aktuell im Kapitel V der ICD-10, die schweren psychischen Störungen mit Delirium, Paraphrosyne, Amentia, Mania, Daemonia, Vesania und Melancholia aufgeführt sind, aber auch die Bulimia, das Desiderium cibi inexplebile, die Nostalgia und die Anxietas. Schließlich folgen im Kapitel sechs Lassitudo, Asthenia, sodann eine Reihe neurologischer Störungen wie Lähmungen sowie Krankheiten der Sinnesorgane, schließlich aber auch die Atecnia, Libidinis defectus, die Reizlosigkeit zum Beischlaf. Im folgenden siebten Kapitel werden dann motorische Störungen behandelt, unter anderem Krämpfe, aber auch Schlaflosigkeit. In den weiteren vier Kapiteln folgen nur noch körperliche Krankheiten. Die psychischen Störungen, häufig als Symptome identifiziert, sind, von Abschnitt V abgesehen, in dieser Klassifikation also eher unsystematisch in der Aufzählung aller, meist körperlicher Störungen versteckt; es findet sich aber bereits eine größere Anzahl von Störungen, die wir den neurotischen oder psychosomatischen zuordnen würden.

« – Linné schreibt in seinem Vorwort, daß die Krankheiten in dreifacher Weise diagnostiziert werden, aus der Ursache (causa), aus der Wirkung (effectus) und aus den Symptomen (signa). Dabei stünden die Symptome an erster Stelle. –» Also eine sehr frühe operationale Diagnostik!

CAROLI A LINNÉ

EQUIT. AUR.
ARCHIAT. ET PROFESS. R. UPSAL, ACAD. PARIS.
ET ALIAR. MEMBR.

GENERA MORBORUM

IN AUDITORUM USUM

PUBLICATA.

EDITIO ITERATA

FORAS DEDIT ET NOMINA TEUTONICA ADJECIT

JOH. CHRIST. KERSTENS

MED. ET PHILOS. DOCT. ET PROF. ORD. KILON,
ACAD. IMPER. NAT. CUR. SOD.

HAMBURGI ET GUSTRAVIAE

SUMTIBUS BUCHENROEDERI ET RITTERI.

Abbildung 1: Titelbild der deutschen Ausgabe der Genera morborum von Carl von Linné

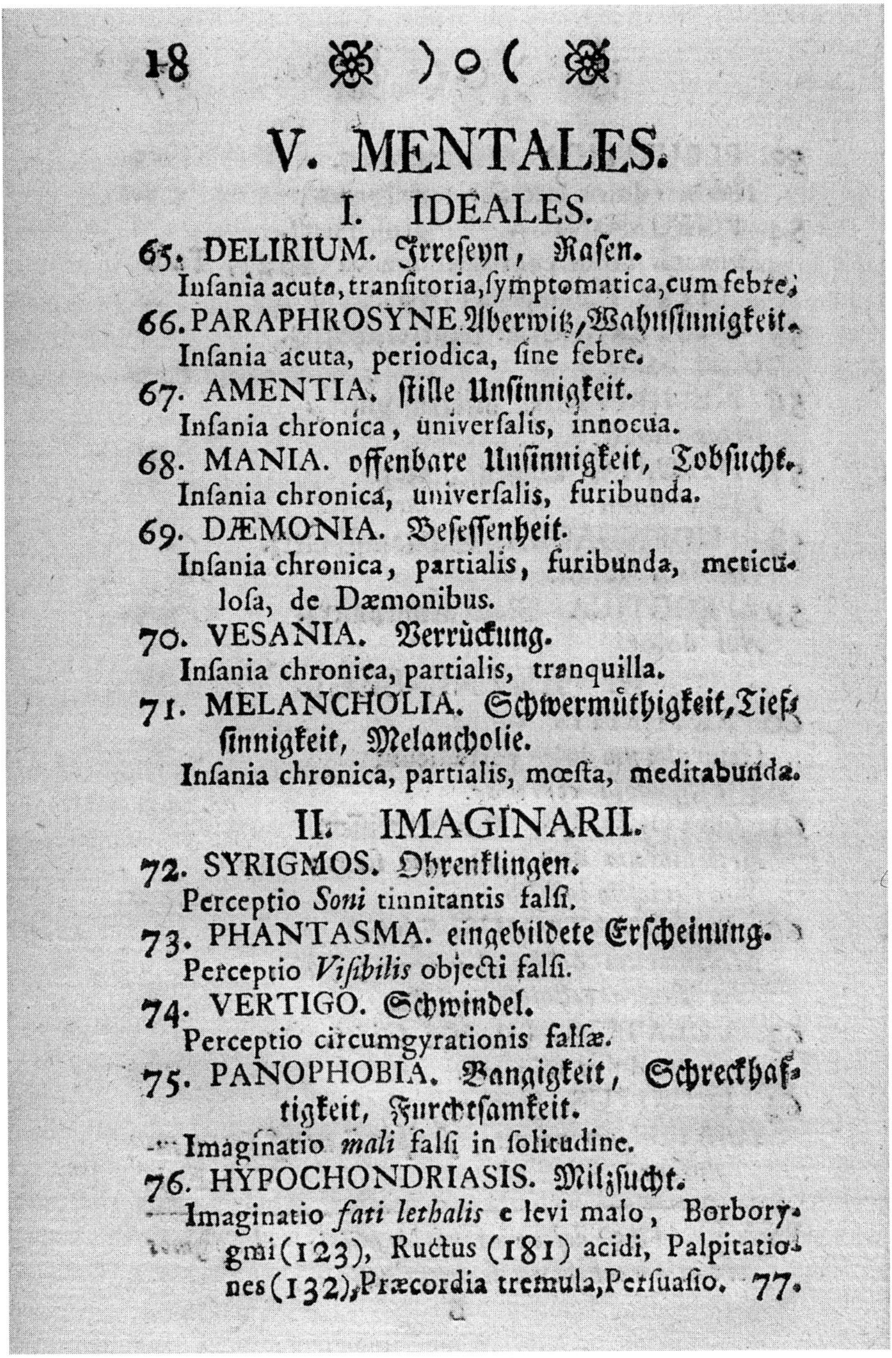

V. MENTALES.

I. IDEALES.

65. DELIRIUM. Irreſeyn, Raſen.
Inſania acuta, tranſitoria, ſymptomatica, cum febre;

66. PARAPHROSYNE Aberwitz, Wahnſinnigkeit.
Inſania acuta, periodica, ſine febre.

67. AMENTIA. ſtille Unſinnigkeit.
Inſania chronica, univerſalis, innocua.

68. MANIA. offenbare Unſinnigkeit, Tobſucht.
Inſania chronica, univerſalis, furibunda.

69. DÆMONIA. Beſeſſenheit.
Inſania chronica, partialis, furibunda, meticu-
loſa, de Dæmonibus.

70. VESANIA. Verrückung.
Inſania chronica, partialis, tranquilla.

71. MELANCHOLIA. Schwermüthigkeit, Tief-
ſinnigkeit, Melancholie.
Inſania chronica, partialis, mœſta, meditabunda.

II. IMAGINARII.

72. SYRIGMOS. Ohrenklingen.
Perceptio *Soni* tinnitantis falſi.

73. PHANTASMA. eingebildete Erſcheinung.
Perceptio *Viſibilis* objecti falſi.

74. VERTIGO. Schwindel.
Perceptio circumgyrationis falſæ.

75. PANOPHOBIA. Bangigkeit, Schreckhaf-
tigkeit, Furchtſamkeit.
Imaginatio *mali* falſi in ſolitudine.

76. HYPOCHONDRIASIS. Milzſucht.
Imaginatio *fati lethalis* e levi malo, Borbory-
gmi (123), Ructus (181) acidi, Palpitatio-
nes (132), Præcordia tremula, Perſuaſio. 77.

Abbildung 2: Ausschnitt der Klassifikation von Carl von Linné, Kapitel V: psychische Störungen

Der Begriff «Neurose» wurde von William Cullen nur wenige Jahre nach Erscheinen der Linnéschen Klassifikation, zuerst 1776, gebraucht, damals allerdings für alle nicht entzündlichen Erkrankungen des Nervensystems (Cullen 1772). Im ganzen 19. Jahrhundert verstand man unter der Bezeichnung «Neurose» Organstörungen ohne Läsionen der Organstruktur, wie Herzneurosen oder Hysterie, also bezeichnet nach dem Organsitz (Bräutigam 1994).

Der Neurologe Charcot hatte in den achtziger und neunziger Jahren des letzten Jahrhunderts die Hysterie hoffähig gemacht, wobei er die von ihm angewandte Hypnose noch als pathologisches Phänomen betrachtete. Als Begründer der kathartischen Therapie muß Pierre Janet angesehen werden, der im Rahmen seiner Hypnosestudien beobachtete, daß vergessene traumatische Erinnerungen neurotische Symptome erzeugen können. Man sieht, die Ankunft der Psychoanalyse lag in der Luft. So sei auch an den Aufenthalt Freuds in Paris bei Charcot und in Nancy bei Bernheim erinnert, der die Hypnose ja, anders als Charcot, therapeutisch anwandte. Stark beeinflußt von den genannten Franzosen gründete Freud, zunächst gemeinsam mit Breuer, seine Neurosenlehre (Ackerknecht 1985).

Um die Jahrhundertwende emanzipierten sich die neurotischen Störungen endgültig von den neurologischen Erkrankungen, was durch ein Zitat von Paul Dubois (1910) illustriert werden kann: «Zu den Neurosen zählt man die Hysterie und die Neurasthenie, und an diese beiden Neurosen denkt man in erster Linie, wenn man von einer Behandlung durch Suggestion oder durch Psychotherapie spricht ... Aber die ganze Klasse der Neurosen gründet sich auf eine negative Konzeption, ... denn sie entstand an jenem Tage, da die pathologische Anatomie mit ihrer Aufgabe, die Krankheiten durch die abnormen Veränderungen der Organe zu erklären, plötzlich vor einer Anzahl krankhafter Zustände haltmachen mußte, deren Entstehungsursache ihr völlig entging.»

Die Neurosenlehre von Freud war weitaus komplizierter als die früheren beschreibenden, wenn auch gelegentlich der Ätiologie nachgehenden Darstellungen neurotischer Störungen. Freud entwickelte seine Lehre vom Unbewußten, von den krankmachenden, seelischen Konflikten und beschrieb die psychischen Abwehrmechanismen. Durch spezifische Symptome wurden die einzelnen Neurosenformen als «Symptomneurosen», wie Angst-, Zwangs- und Konversionsneurosen, gekennzeichnet. Als größere Gruppen unterschied Freud, unter therapeutischen Aspekten, «Übertragungsneurosen» und «narzißtische Neurosen», ohne aber im übrigen an der Neurosenklassifikation besonderen Gefallen zu finden. Jahrzehntelang war denn auch die Diagnostik bei Psychoanalytikern in erster Linie individuelle Beschreibung, Idiographie; man beschrieb zwar Neurosenstrukturen (Riemann 1961), insbesondere die sogenannten «Charakterneurosen» (Hoffmann 1986), phänomenologisch war man aber nur sehr wenig daran interessiert, eine mit der Psychiatrie kompatible Diagnosenklassifikation zu verwenden. Psychoanalyse war im wesentlichen antidiagnostisch (Janssen 1994).

Zwischen der sogenannten Schulpsychiatrie mit ihrem Protagonisten Kurt Schneider und der im wesentlichen außerhalb der Universitäten angesiedelten Psychotherapie bestanden also schwerwiegende Dissonanzen. So ging der damals sehr prominente Psychiater Hoche (1931) sehr unsanft mit den Erkenntnissen Freuds um und sagte der psychoanalytischen Lehre in seinem Aufsatz «Gegen Psychoanalyse» nur noch ein sehr kurzes Leben voraus.

Als Dokumentation der engen Verbindung zwischen Neurologie und Psychiatrie in der sogenannten Neuropsychiatrie kann das Würzburger Diagnosenschema (Wilmanns 1931) gelten, das von R. Jung (1948) ergänzt wurde. Darin werden zwar abnorme Reaktionen und psychopathische Persönlichkeiten aufgeführt, nicht aber neurotische Störungen, die dem einen oder anderen zugeordnet wurden, deren eigenständige Existenz aber abgelehnt wurde. In der Zeit des Nationalsozialismus dann wurden neurotische Störungen nicht mehr unter psychoanalytischem Vorzeichen betrachtet, sondern bestenfalls neopsychoanalytisch.

Daß ICD-8 und ICD-9 nicht das Verständnis der deutschen Psychiatrie von neurotischen und psychosomatischen Erkrankungen verkörperten, wird bei Betrachtung der Unterschiede zum Würzburger Diagnosenschema deutlich, das ja bis lange nach dem Zweiten Weltkrieg von den meisten psychiatrischen Kliniken benutzt wurde und erst um etwa 1970 von der ICD-8 (Degkwitz et al. 1975) und um 1980 von der ICD-9 (Degkwitz et al. 1980) abgelöst wurde. Die sicherlich direkt oder indirekt auch von Freud und seinen Schülern beeinflußte Darstellung psychogener Störungen in der ICD-9 konstituiert in den Neurosen und, noch weiter gefaßt, in den psychogenen Störungen einen großen Bereich, der von den psychotischen Störungen (ICD-9 290–299) abgetrennt wird, so daß sich eine Dichotomie entwickelte.

Die Dichotomie in nichtpsychogene und psychogene Störungen geht wesentlich auf die englische und amerikanische Psychiatrie zurück, die ja nach dem Exodus der deutschen und österreichischen Psychoanalyse bzw. Psychotherapie zunächst sehr stark von psychogenetischen Konzepten bestimmt wurde. Wenn wir also das Kapitel V der ICD-9 betrachten, so finden wir unter den Ziffern 300 weitere zahlreiche Diagnosen, die sich zwanglos in die psychoanalytische Terminologie integrieren lassen.

Nach dem Zweiten Weltkrieg war die deutsche Psychiatrie und Psychotherapie zunächst von internationalen Entwicklungen ausgeschlossen. Erst im

Verlaufe von Jahrzehnten nach dem Zweiten Weltkrieg normalisierten sich die Beziehungen wieder. Diagnostisch müssen die sechziger und siebziger Jahre als eine kritische Epoche angesehen werden. Neben der psychoanalytischen Kritik an jeglicher Diagnosenstellung kamen damals antipsychiatrische Tendenzen zum Tragen, die das diagnostische «Etikettieren» an den Pranger stellten. Aus Kritik und Anregungen biologisch orientierter Psychiater, die bei der neuen Verfügbarkeit von Psychopharmaka auch entsprechende wissenschaftliche Untersuchungen durchführen wollten, entwickelte sich in den Vereinigten Staaten die sogenannte operationale Diagnostik, eine an symptomatischen Kriterien und am Krankheitsverlauf orientierte beschreibende Diagnostik (Abb. 3). In dieser Diagnostik, die parallel zur ICD-9 als DSM-III/DSM-III-R (Wittchen 1989) entstand, verzichtete man auf den Begriff der neurotischen Störung und damit auch auf psychodynamische Gesichtspunkte in der Diagnostik, aber auch auf die Lerngeschichte der Kranken (Dilling und Dittmann 1990).

Diese neuen diagnostischen Ansätze einer deskriptiven, kriterienorientierten Diagnostik wurden von der WHO aufgenommen und gingen in das Kapitel V (F) der neuen, seit Beginn der achtziger Jahre entstehenden ICD-10 ein. In einem ersten Entwurf verzichtete man nicht nur, wie zuvor bereits in den USA, auf die Dichotomie Psychosen-Neurosen, sondern man ließ sogar den Psychosen-, vor allem aber den Neurosenbegriff, auch als diagnostische Vokabel, ganz fallen. Unter weltweiten Protesten, besonders auch der analytischen Psychotherapeuten, wurde wenigstens das Wort «Neurose» in die neue Klassifikation mehr oder weniger reintegriert, wenngleich die theoretische Definition der neurotischen Störung, zumindest die psychodynamische Definition, als unbewiesene Theorie beiseite gelassen wurde. So heißt der Abschnitt F4 zwar «neu-

A. »atheoretischer« Ansatz (mental »disorders«) – Ätiologieunabhängigkeit

B. – fakultative oder obligate Verwendung einer bestimmten Anzahl diagnostisch relevanter typischer Kriterien
   – Auftreten und exakte Angaben über zeitlichen Verlauf der Symptome
   – Anwendung bestimmter Verknüpfungsregeln (Algorithmen)
   – Formulierung von Ein- und Ausschlußbedingungen

C. Überprüfung einer ausreichenden Reliabilität (und Validität) aller Kategorien

D. Komorbiditätsprinzip, d. h. Stellung so vieler Diagnosen wie notwendig für die vollständige Abbildung der Symptomatik

E. Prinzip der Multiaxialität, d. h. getrennte diagnostische Erfassung bestimmter Aspekte auf verschiedenen Achsen

Abbildung 3: Konzepte der operationalen Diagnostik

Affektive Störungen
– Aufgabe der Differenzierung zwischen neurotischer und endogener Depression
– verlaufs- und schweregradorientierter Ansatz

Neurotische Störungen
– Auflösung traditioneller Neurosenkategorien
– Neufassung der Anpassungsstörungen

Persönlichkeitsstörungen
– Ausweitung des Störungsbegriffes (neu definierte Störungen, multiaxialer Ansatz)

Abbildung 4: Inhaltliche Veränderung einzelner Störungsgruppen ICD-10 gegenüber ICD-9

rotische, Belastungs- und somatoforme Störungen», der hier verwendete Neurosenbegriff ist aber von den Autoren der ICD-10 als reine Etikettierung gemeint.

Als wichtiges Argument für die Eliminierung des Neurosenbegriffs im DSM-III und später in der ICD-10 diente die in der voroperationalen Ära unzureichende Reliabilität und Validität der zugehörigen diagnostischen Kategorien. Unter dem Anspruch eines atheoretischen Ansatzes, der allerdings in vielen Bereichen durch die Berücksichtigung explizit biologischer Störungskonzepte, aber auch die Berücksichtigung aktueller Belastungsfaktoren, nicht durchgängig aufrechterhalten wurde, wurde die frühere Trennung zwischen neurotischen und psychotischen Störungen aufgegeben.

In der ICD-10, Kapitel V (F) (Dilling et al. 1993; Freyberger und Dilling 1993) finden sich die psychogenen bzw. neurotischen Störungen in den Abschnitten F3, F4, F5 und F6. Die wichtigsten Änderungen zwischen ICD-9 und ICD-10 in Zusammenhang mit unserem heutigen Thema beziehen sich auf die folgenden drei Bereiche: affektive, neurotische und Persönlichkeitsstörungen (Abb. 4). Am schwierigsten war es, das Konzept der «neurotischen Depression», 300.4, in die ICD-10 zu überführen; die früher so diagnostizierte Störung, die größte Erkrankungsgruppe nichtpsychotischer Störungen in der Praxis, aber auch in vielen psychiatrischen und psychotherapeutischen Kliniken, wurde in «Dysthymia», aber auch in «leichtere und mittelgradige depressive Episoden» und in «rezidivierende depressive Störungen» aufgefächert.

Die meisten neurotischen Störungen finden sich im Abschnitt F4. Mombour (1994) hat diesen Abschnitt vor einigen Jahren mit dem Hexeneinmaleins im Faust verglichen: geblieben sind immerhin Reaktionen, posttraumatische Belastungsstörungen und Anpassungsstörungen, und, etwas durch die Luft gewirbelt und dann in veränderter Ordnung wieder auf den Boden gesetzt, zahlreiche neurotische Störungen (Abb. 5).

27

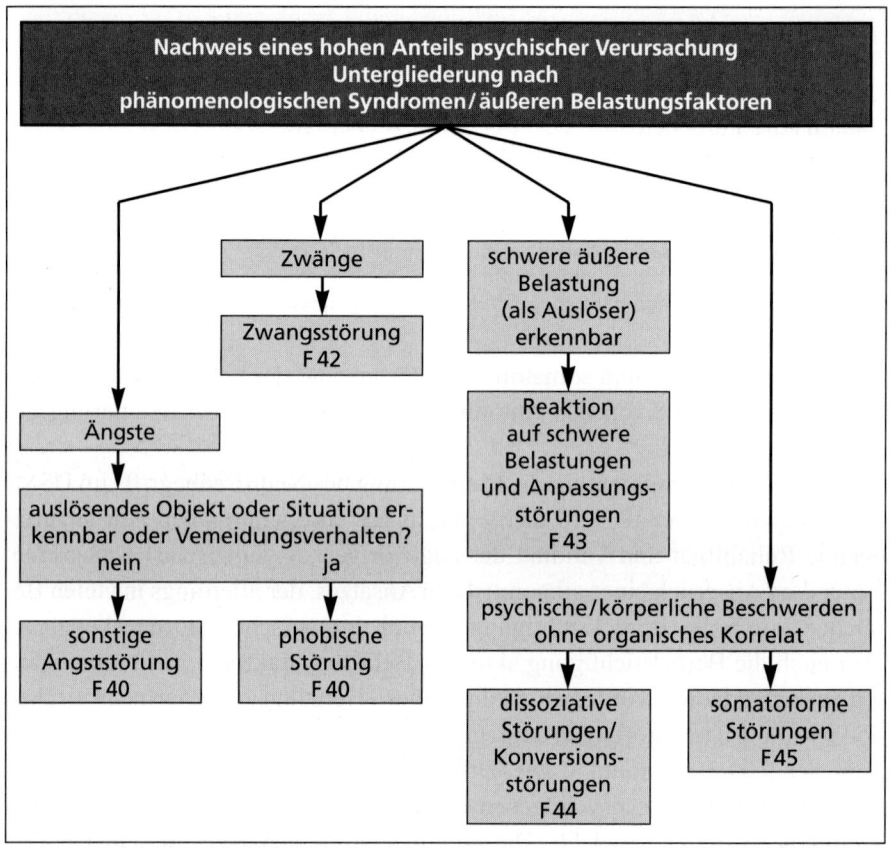

Abbildung 5: ICD-10 Kapitel V (F). Verzweigungsbaum für F 4: Neurotische, Belastungs- und somatoforme Störungen

Die früheren Krankheitsentitäten der ICD-9 wurden hinsichtlich der Symptomatologie stärker differenziert, so daß anstelle beispielsweise der früheren «Angstneurose» unterschiedliche «Angst- und Panikstörungen» getreten sind **(Abb. 6)**, anstelle der «Phobie» bei ICD-9 «Agora-, soziale und sonstige Phobien» **(Abb. 7)**, falls nicht doch eine «sonstige Angststörung» in Frage kommt, anstelle der früheren «hysterischen Neurose» eine Reihe von dissoziativen Störungen, wie «Amnesie», «Stupor», «Bewegungsstörungen», unter Umständen auch die «Somatisierungs- und die somatoforme Schmerzstörung».

Die «Neurasthenie», die in der ICD-10, wohl Diagnosengewohnheiten im Osten Europas zuliebe, ein Revival erfuhr, und das «neurotische Depersonalisationssyndrom» werden in der ICD-10 ähnlich wie in der ICD-9 abgebildet, für die «Hypochondrie» wird das Konzept aus dem Kapitel der somatoformen

Störungen des DSM weitgehend übernommen. Leider ist die «Dysmorphophobie» in ICD-10 nicht getrennt beschrieben, wie in DSM-IV der Fall.

Im Abschnitt F5 finden sich die «psychogenen Eß- und Schlafstörungen». Die Eßstörungen wurden in der ICD-10 in typische und atypische mit nicht vollständiger Symptomatik eingeteilt. Vor dem Hintergrund dieser unbefriedigenden Lösung wird in der deutschen Bearbeitung der Leitlinien die Möglichkeit offengelassen, die Gruppe der asketischen bzw. restriktiven Anorexien zu identifizieren sowie demgegenüber die Anorexien mit Heißhungerattacken und Erbrechen bzw. auch mit exzessivem Laxantienmißbrauch. Dieses entspricht dem Restricting-Type und dem Binge-Eating bzw. Purging Type im DSM-IV (Saß et al. 1996) bei der Anorexia nervosa. Dem-entsprechend unterscheiden die Ame-

ICD-9	ICD-10	
300.0 Angstneurose	**F 40**	**phobische Störungen**
	F 40.0	Agoraphobie
	.00	ohne Panikstörung
	.01	mit Panikstörung
	F 40.1	soziale Phobien
	F 41	**andere Angststörungen**
	F 41.0	Panikstörung
	F 41.1	generalisierte Angststörung
	F 41.2	Angst- und depressive Störung, gemischt
	F 43	**Anpassungsstörungen**
	F 43.2	Anpassungsstörungen
	.22	Angst- und depressive Reaktion, gemischt

Abbildung 6: Vergleich von Angststörungen zwischen ICD-9 und ICD-10

ICD-9	ICD-10	
300.2 Phobien	**F 40**	**phobische Störungen**
	F 40.0	Agoraphobie
	.00	ohne Panikstörung
	.01	mit Panikstörung
	F 40.1	soziale Phobien
	F 40.2	spezifische (isolierte) Phobien
	(F 41	**sonstige Angststörungen)**
	(F 41.0	Panikstörung)
	(F 41.1	generalisierte Angststörung)
	(F 41.3	sonstige gemischte Angststörungen)
	(F 41.8	sonstige näher bezeichnete Angststörungen)

Abbildung 7: Vergleich von phobischen Störungen zwischen ICD-9 und ICD-10

29

rikaner bei der «Bulimia nervosa» zwischen dem Purging Type und dem Nonpurging Type.

Die im engeren Sinne psychosomatischen Störungen wie «Asthma bronchiale» und «Colitis ulcerosa» werden in der ICD-10 nicht mehr im Kapitel der psychischen Störungen abgebildet wie früher in ICD-9 unter 306, sondern den Abschnitten der internistischen bzw. sonstigen somatischen Erkrankungen zugeordnet. Zur Kennzeichnung dieser Gruppe findet sich lediglich im Kapitel V die Restkategorie F54 «Psychische Faktoren oder Verhaltenseinflüsse bei andernorts klassifizierten Erkrankungen», mit der unter Nennung der entsprechenden somatischen Krankheit die Störungen erfaßt werden sollen, die «wahrscheinlich eine wesentliche Rolle in der Ätiologie körperlicher Erkrankungen spielen und meist unspezifisch und langanhaltend sind», ohne die Kriterien einer anderen Störung im Kapitel V zu erfüllen. Eine klare Abgrenzung psychosomatischer Störungen wie in ICD-9 wurde deshalb abgelehnt, da der Terminus bedeuten könnte, daß psychologische Einflüsse bei anderen körperlichen Erkrankungen keine Rolle spielen würden, umgekehrt ausgedrückt spielen psychologische Einflüsse demnach bei sehr vielen Erkrankungen eine Rolle. Eine eindeutige Kennzeichnung psychosomatischer Erkrankungen ist damit aber nicht mehr möglich, was sicherlich wegen der sich wandelnden Ansichten über diese Krankheiten nicht nur nachteilig zu beurteilen ist.

Man mag bedauern, daß die «Persönlichkeitsstörungen» nicht wie in DSM als gesonderte Achse erscheinen, sondern als psychische Störung auf der ersten Achse, was meist auf Komorbidität hinausläuft. Hier wäre ein neues dimensionales Konzept auf gesonderter Achse sehr willkommen.

Neu gegenüber der ICD-9 wird die «emotional instabile Persönlichkeitsstörung» (F60.3) eingeführt, die relativ spät in der ICD-10-Entwicklung noch in einen «impulsiven Typus» (F60.30) und einen «Borderline-Typus» (F60.31) unterteilt wurde. In der klinischen Praxis wird gerade die Borderline-Diagnose häufig als Modediagnose mißbraucht, auch um bei beginnender Schizophrenie dieser belastenderen Diagnose auszuweichen. «Borderline» ist zwar ein seit langem eingeführter Begriff, trotzdem ist aber zu bedauern, daß auch die WHO keine positive Benennung dieses Untertypus, etwa vom «inkonsistenten Typus», gefunden hat. Der Diagnostiker sollte sich darüber im klaren sein, ob er diese Diagnose nach dem psychoanalytischen Verständnis stellt etwa im Sinne von Kernberg (1996) oder deskriptiv syndromatisch, wie von den Autoren der ICD-10 beabsichtigt.

Als neue Kategorien finden sich in F6 die «ängstlich vermeidende Persönlichkeit» (F60.6), die «artifizielle Störung» (F68.1) und in Anlehnung an neuere Konzepte der Verlaufsforschung bei nicht psychotischen und psychiatrischen Störungen die «andauernden Persönlichkeitsänderungen nach Extrembelastungen» (F62.0) oder «nach einer psychischen Erkrankung» (F62.1). Hier wie bei der «akuten Belastungsreaktion», der «posttraumatischen Belastungsstörung», wie auch der «Anpassungsstörung» mit ihren Unterformen gilt die theoriefreie ätiologisch indifferente Beschreibung von Störungen nicht. Dieses ist als Fortschritt anzusehen gegenüber früheren Auffassungen etwa in der deutschen Psychiatrie, daß nämlich Persönlichkeit als etwas Unveränderbares angesehen wurde, woraus man letztlich auch die Legitimation zur sogenannten Euthanasie von Menschen mit schweren Persönlichkeitsstörungen, damals Psychopathen genannt, ableitete. Dieses Dogma führte dann nach dem Kriege oft zur Ablehnung von Ansprüchen Geschädigter, denn man argumentierte, eine posttraumatische Persönlichkeitsänderung könne nicht durch die Extrembelastung im KZ während des Zweiten Weltkriegs entstanden sein, vielmehr läge bei den Verfolgungsopfern eine angeborene psychopathische Anlage vor.

Neben dem Versuch, die im Einzelfall vorliegenden Symptome in vergleichbar reliablen, operational gut abgrenzbaren diagnostischen Kategorien zu lokalisieren, unterscheidet sich der ICD-10-Ansatz in einem weiteren Aspekt von strukturdiagnostischen Modellen. Dieses ist das Komorbiditätsprinzip, das heißt die Diagnose mit der größten aktuellen Bedeutung steht im Vordergrund, und es werden weitere Diagnosen zugelassen, so viele, wie zur Beschreibung des betreffenden Falles notwendig werden. Häufig hängt die Zahl der Diagnosen auch mit dem Schweregrad der Gesamtgestörtheit zusammen. Hinzu kommt, daß in bestimmten Bereichen Komorbidität häufiger, in anderen seltener diagnostiziert wird. So ist bei der Diagnose «Schizophrenie» eher mit geringerer Komorbidität zu rechnen, während bei «Angststörungen», «dissoziativen Störungen», «Zwangsstörungen» und «affektiven Störungen» mit beträchtlichen Komorbiditätsraten zu rechnen ist. Erwägen könnte man hier eine Regel, daß nur Störungen, die nicht nahe miteinander verwandt sind, als Komorbidität aufgeführt werden dürfen, ähnliche und systematisch nahe beieinander liegende Störungen dagegen nicht. Die Gefahr liegt nämlich nahe, daß man schließlich nur noch Symptomgruppen einander zuordnet, nicht aber versucht, charakteristische Störungsbilder zu bestimmen.

In diesem Bereich zeigen sich zwischen ICD-10 und DSM-IV beträchtliche Divergenzen, da durch unterschiedliche Diagnosenhierarchisierungen oder unterschiedliche diagnostische Ausschlußkriterien stark differierende Prävalenzraten, gerade im Bereich neurotischer Störungen, auftreten. Als Beispiel sei «Agoraphobie» und «Panikstörung» erwähnt; oder «Angst- und depressive Störung» (Wacker 1995). – Ein weiterer Unterschied zwischen beiden Systemen bezüglich der Höhe von Prävalenzraten könnte dadurch entstehen, daß DSM-IV eine zweite Achse für Persönlichkeitsstörungen fordert, während ICD-10 Persönlichkeitsstörungen nicht gesondert kodieren läßt.

Die deskriptive, vom Krankheitsphänomen ausgehende Diagnostik kann aber nur ein Teilaspekt der Diagnostik sein, die Darstellung weiterer Achsen bzw. weiterer Aspekte ist erforderlich. In der ICD-10 wird dieses durch zwei weitere Achsen versucht, die Bestimmung des Funktionsniveaus in unterschiedlichen Lebensbereichen und die Nennung besonderer, belastender psychosozialer Ereignisse, wichtige Ergänzungen für den sozialpsychiatrischen Bereich. Im Sinne der Diagnostik vom Patienten, die eine Indikationsstellung zur Psychotherapie erfordert, ist dieses unzureichend. Hier kann die ICD-10 nur den allgemeinen kriterienorientiert beschreibenden diagnostischen Ansatz bieten. Weitere Aspekte müssen zusätzlich folgen, die für die Indikationsstellung zur Psychotherapie besonders relevant sind: psychodynamische Hinweise für eine psychosoziale Ätiologie der Störung, Merkmale der Persönlichkeitsentwicklung wie Strukturniveau, Ich-Funktion, Abwehr und Beziehungsfähigkeit, krankheitsrelevante Lernprozesse und verhaltensbezogene affektive und kognitive Einstellungen, die die Symptomentwicklung beeinflussen, gegebenenfalls auch eine Chronifizierung der Störungen begünstigen, ferner die Krankheitsverarbeitung des Patienten, also seine Anpassungsmechanismen an die störungsbedingten psychosozialen Folgen sowie Behandlungserwartungen und Behandlungsmotivation, schließlich auch die Einstellung und Verhaltensweisen des psychosozialen Umfeldes. Über die Dimension der syndromalen Diagnostik nach Achse I, auch über die Achse II und III der WHO hinaus, müssen also eine Reihe von weiteren Achsen entwickelt und verwendet werden. Hatten die psychoanalytischen Psychotherapeuten sich bereits an der sogenannten Forschungskriterienstudie beteiligt (Freyberger et al. 1996), so gaben sie mit der Entwicklung der operationalisierten psychodynamischen Diagnostik (OPD) endgültig ihre Abstinenz gegenüber psychiatrisch-diagnostischen Fragestellungen auf (Dilling und Freyberger 1994). In etwa vierjähriger Arbeit entstanden fünf Achsen zu Krankheitserleben, Beziehungen, Konflikt, Struktur und deskriptiver Diagnose (Cierpka 1995, Schneider 1995; OPD 1996). Kritisch könnte man anmerken, daß man vielleicht besser mit der Deskription begonnen hätte, die Basisdiagnostik nach ICD-10 stünde also günstiger am Anfang!

Die OPD gibt der Diagnostik zusätzliche Dimensionen zurück, die in der Ideographik eine große Rolle spielten. Die bei alleiniger deskriptiver Diagnostik aufziehende Gefahr der reinen Objektivierung des Patienten, ohne ausreichendes therapeutisches Interesse seitens des Untersuchers, wird zumindest stark abgemildert.

Besonders groß ist diese Gefahr einer Haltung des reinen Subjekt-/Objekt-verhältnisses bei Anwendung von diagnostischen Instrumenten, beispielsweise des CIDI, wo es in manchen Forschungsprojekten nur um die Gewinnung von Symptomdaten geht, ohne das Anliegen, die Person als Ganzes in den Blick zu bekommen. Hier wäre als Instrument die Merkmalsliste (Dittmann et al. 1992) viel geeigneter, da in ihr nach sehr guter psychopathologischer und anamnestischer Kenntnis des Patienten retrospektiv das Gesamtbild bestehend aus vielen Merkmalen aufgezeichnet wird.

Zusammenfassung

1. In den verschiedenen Klassifikationssystemen sind neurotische und psychosomatische Störungen im Rahmen der psychischen Störungen mehr oder weniger deutlich abgebildet. In der ICD-10 erscheinen sie zwar als gesonderter Abschnitt, sind aber in das Gesamtbild aller Störungen integriert.

2. In der deutschen Psychiatrie ist bis mehrere Jahrzehnte nach dem Zweiten Weltkrieg nur bei wenigen psychiatrischen Autoren eine Rezeption psychodynamischen Denkens zu beobachten. So wurde die psychoanalytische Tradition in die deutschsprachige Klassifikation nicht integriert. Indirekt ist diese Tradition aber über die angelsächsische bzw. amerikanische Psychiatrie in die Systeme der ICD-8 und ICD-9 durch die Dichotomie psychotische versus psychogene Störungen eingegangen.

3. Mit Einführung der DSM-III und -IV sowie der ICD-10 setzt sich eine operationale Diagnostik durch, in der für psychogenetische Theorien und Konzepte wenig Raum ist.

4. Im Vergleich zu ICD-9 bietet die ICD-10 eine große Anzahl von sogenannten «neurotischen Störungen» mit wesentlich stärkerer Differenzierung als in der früheren ICD-9. Diese Störungen sind deskriptiv detailliert ausgeführt.

5. Durch die spezifische und eingrenzende Beschreibung der neurotischen Syndrome besteht die Gefahr einer überhöhten Komorbidität in diesem Bereich, obwohl möglicherweise eine solche Komorbidität wegen des engen inneren Zusammenhangs der Symptome nicht immer berechtigt ist.

6. Im Unterschied zu DSM-IV bietet ICD-10 keine gesonderte Achse für Persönlichkeitsstörungen an, was möglicherweise zu einer niedrigeren Prävalenz von Persönlichkeitsstörungen führt, die als Diagnose gleichberechtigt

neben die «neurotischen Störungen» treten. Als ICD-10-Achsen wurden von der WHO «psychosozialer Behinderungsgrad» und «Belastungsfaktoren» vorgeschlagen.

7. Um eine für die Psychotherapieindikation und -prognose erforderliche diagnostische Beschreibung zu erhalten, ist es nötig, zusätzliche Aspekte zu berücksichtigen, was mit Hilfe der OPD erfolgt. In den vergangenen drei oder vier Jahren wurden von einer entsprechenden Arbeitsgruppe vier Achsen, nämlich «Krankheitserleben und -verarbeitung», «Beziehungen», «Struktur» und «Konflikt», entwickelt, welche die auf syndromaler Ebene deskriptiv erfolgende ICD-10-Diagnostik ganz wesentlich ergänzen.

8. Die ICD-10 hat ein gegenüber der ICD-9 als vollständig neu zu bezeichnendes, ätiologisch weitgehend neutrales, aber deskriptiv elaboriertes Neurosenparadigma eingeführt, das unbedingt der Ergänzung durch eine Reihe von dynamischen und sozialen Aspekten bedarf. Dieses leistet die OPD, die für wissenschaftliche Zwecke für die zukünftige Diagnostik neurotischer Störungen, aber auch für die Didaktik in den Curricula Psychotherapie von hoher Bedeutung sein wird. Gegenwärtig sollten mit diesem System Erfahrungen gesucht werden, um dann in einer Reihe von Jahren eine Revision vorlegen zu können.

9. Die veränderte Stellung neurotischer Störungen in der Achse I der ICD-10 mit Aufgabe ätiologischer Theoriestandpunkte brachte den großen Vorteil mit sich, daß die psychodynamisch orientierten Diagnostiker eine Reihe von Achsen erarbeiten konnten, die den Verlust, der durch die ICD-10 entstand, weitaus kompensieren. Dabei ist der theoretische und praktische Zusammenhang zwischen ICD-10 und OPD noch ein Feld zukünftiger Arbeit. Das gegenwärtig sehr gespaltene Neurosenverständnis (Frommer 1996) müßte in Relation zu den Persönlichkeitsstörungen gebracht und die Frage nach der Theorie und praktischen Bedeutung des Neurosenbegriffs neu aufgeworfen werden.

Literaturverzeichnis

Ackerknecht, E. H. (1985): Kurze Geschichte der Psychiatrie, 3. Aufl. Enke, Stuttgart.

Bräutigam, W. (1994): Reaktionen – Neurosen, Abnorme Persönlichkeiten: seelische Krankheiten im Grundriß, 6. Aufl. Thieme, Stuttgart, New York.

Cierpka, M., Buchheim, P., Freyberger, H. J., Hoffmann, S. O., Janssen, P. L., Muhs, A., Rudolf, G., Rüger, U., Schneider, W., Schüßler, G. (1995): Die erste Version einer operationalisierten Psychodynamischen Diagnostik (OPD-I). Psychotherapeut 40: 69–87.

Cullen, W. (1772): Synopsis nosologiae methodicae. 2 Bde. Edinburgh.

34

Degkwitz, R., Helmchen, H., Kockott, G., Mombour, W. (Hrsg.) (1975): Diagnosenschlüssel und Glossar psychiatrischer Krankheiten. Deutsche Ausgabe der ICD, 8. Revision. Springer, Berlin, Heidelberg, New York.

Degkwitz, R., Helmchen, H., Kockott, G., Mombour,W . (Hrsg.) (1980): Diagnosenschlüssel und Glossar psychiatrischer Krankheiten. Deutsche Ausgaben der ICD, 9. Revision. Springer, Berlin, Heidelberg, New York.

Dilling, H., Dittmann, V. (1990): Die psychiatrische Diagnostik nach der 10. Revision der internationalen Klassifikation der Krankheiten (ICD-10). Nervenarzt *61:* 259–270.

Dilling, H., Freyberger, H. J. (1994): Neurosen und psychosomatische Störungen in der ICD-10. In: Strauß, B., Meyer, A. E. (Hrsg.) Psychoanalytische Psychosomatik – Therapie, Forschung und Praxis. Schattauer, Stuttgart, 115–124.

Dilling, H., Mombour, W., Schmidt, M. H. (Hrsg.) (1993): Weltgesundheitsorganisation. Internationale Klassifikation psychischer Störungen. ICD-10 Kapitel V (F) Klinisch-diagnostische Leitlinien. 2. Aufl. Huber, Bern, Göttingen, Toronto, Seattle.

Dittmann, V., Dilling, H., Freyberger, H. J. (Hrsg.) (1992): Psychiatrische Diagnostik nach ICD-10 – klinische Erfahrungen bei der Anwendung. Ergebnisse der ICD-10-Merkmalslistenstudie. Huber, Bern, Göttingen, Toronto.

Dubois, P. (1910): Die Psychoneurosen und ihre seelische Behandlung. Zweite, durchgesehene Auflage. Francke, Bern.

Freyberger, H. J., Dilling, H. (Hrsg.) (1993): Fallbuch Psychiatrie: Kasuistiken zum Kapitel V (F) der ICD-10, 1. Aufl. Huber, Bern, Göttingen, Toronto, Seattle.

Freyberger, H. J., Schneider, W., Thiel, A. (1996): Neurotic and Psychosomatic Disorders (F4, F5). Results from the ICD-10 Field Trial of the Diagnostic Criteria for Research in German-Speaking Countries. Psychopathology *5:* 292–300.

Frommer, J. (1996): Grundlinien einer Systematik der Neurosen und Persönlichkeitsstörungen. Psychotherapeut *41:* 305–312.

Hoche, A. E. (1931): Gegen Psychoanalyse. In: Süddeutsche Monatshefte *11:* 762–767.

Hoffmann, S. O. (1986): Psychoneurosen und Charakterneurosen. In: Kisker, K. P., Lauter, H., Meyer, J.-E., Müller, C., Strömgren, E. (Hrsg.) Psychiatrie der Gegenwart 1. Neurosen, psychosomatische Erkrankungen, Psychotherapie. Springer, Berlin, Heidelberg, New York, Tokyo.

Janssen, P. L. (1994): Psychoanalytische diagnostische Konzepte. In: Dilling, H., Schulte-Markwort, E., Freyberger, H. J. (Hrsg.) Von der ICD-9 zur ICD-10: neue Ansätze der Diagnostik psychischer Störungen in der Psychiatrie, Psychosomatik und Kinder- und Jugendpsychiatrie. Huber, Bern, Göttingen, Toronto, Seattle.

Jung, R. (1948): Ein neurologisch-psychiatrisches Diagnosenschema. Nervenarzt *19:* 552–559.

Kernberg, O. F. (1996): Ein psychoanalytisches Modell der Klassifizierung von Persönlichkeitsstörungen. Kategoriale versus dimensionale Modelle von Persönlichkeitsstörungen. Pychotherapeut *41:* 288–296.

Linné, C.v. (1763): Genera morborum in auditorium usum. Buchenroeder & Ritter, Hamburg, Güstrow.

Mombour, W. (1994): Das Konzept der neurotischen und psychophysiologischen Störungen F 4 und F 5. In: Dilling, H., Schulte-Markwort, E., Freyberger, H. J. (Hrsg.) Von der ICD-9 zur ICD-10: neue Ansätze der Diagnostik psychischer Störungen in der Psychiatrie, Psychosomatik und Kinder- und Jugendpsychiatrie. Huber, Bern, Göttingen, Toronto, Seattle.

OPD Arbeitskreis (Hrsg.) (1996): Operationalisierte Psychodynamische Diagnostik: Grundlagen und Manual. Huber, Bern, Göttingen, Toronto, Seattle.

Riemann, F. (1961): Grundformen der Angst und die Antinomien des Lebens. Eine tiefenpsychologische Studie über die Ängste des Menschen und ihre Überwindung. Reinhardt, München Basel.

Saß, H., Wittchen, H. U., Zaudig, M. (1996): Diagnostisches und Statistisches Manual Psychischer Störungen DSM-IV. Hogrefe, Göttingen, Bern, Toronto, Seattle.

Schneider, W., Buchheim, P., Cierpka, M., Freyberger, H. J., Hoffmann, S. O., Janssen, P. L., Muhs, A., Rudolf, G., Rüger, U., Schüßler, G. (1995): Entwicklung eines Modells der operationalen psychodynamischen Diagnostik (OPD). Psychotherapie Psychosomatik Medizinische Psychologie *45:* 121–130.

Wacker, H. R. (Hrsg.) (1995): Angst und Depression: eine epidemiologische Untersuchung. Huber, Bern, Göttingen, Toronto, Seattle.

Wilmanns, K. (1930): Entwurf einer für die Reichsstatistik bestimmten Diagnosentabelle der Geisteskrankheiten. Allg. Z. Psychiatr. *93:* 223–234.

Wittchen, H. U., Saß, H., Zaudig, M., Koehler, K. (Deutsche Bearbeitung) (1989): Diagnostisches und Statistisches Manual Psychischer Störungen DSM-III-R. Beltz, Weinheim, Basel.

Die neue Rolle der Persönlichkeitsstörungen in DSM-III und DSM-IV

Henning Saß, Isabel Houben

1. Vorbemerkungen zur operationalisierten Diagnostik

Die Einführung des DSM-III als offizielle diagnostische Klassifikation in den Vereinigten Staaten im Jahre 1980 bedeutete nicht nur einen wichtigen Fortschritt für Diagnostik und Forschung in Psychiatrie wie Psychotherapie, sondern auch ein markantes wissenschaftspolitisches Ereignis (vgl. Köhler und Saß 1984). Eine Hauptaufgabe der psychiatrischen Diagnostik und Nosologie besteht darin, psychische Störungen in geeigneter Weise zu ordnen (Klassifizieren) und zu gewichten (Hierarchie), um bestimmten wissenschaftlichen und praktischen Gesichtspunkten gerecht zu werden (vgl. Wittchen et al. 1989). Dabei sind im psychiatrisch/psychotherapeutischen Bereich anders als in anderen Zweigen der medizinischen Wissenschaft, die von ätiologischen Denkansätzen geleitet sind, vorwiegend klinische Beschreibungen die Grundlage für die Klassifizierung psychischer Störungen. Eine derartige empirisch-deskriptive Konzeption bedeutet zwar keinen gänzlich theoriefreien Zugang zu den psychiatrischen Fragestellungen, doch bezeichnet sie eine entschieden kritische Haltung gegenüber vorbestehenden Theorien und Theoriegebäuden unseres Faches. Die Fundierung des klassifikatorischen Systemes verlagert sich damit von ätiopathogenetischen Grundannahmen zu systematischen Regeln der Anwendung und Operationalisierung für das Stellen einer psychiatrischen Diagnose. Auf diese Weise soll eine verbesserte diagnostische Reliabilität als Vorbedingung einer validen diagnostischen Klassifikation erreicht werden.

Die mit solcher Intention entwickelten operationalen Diagnosesysteme stellen im Grunde eine in Kriterien gefaßte Formalisierung des gegenwärtigen Forschungsstandes und des Lehrbuchwissens in klaren diagnostischen Algorithmen dar (vgl. Saß 1987a). Entsprechend einer neopositivistischen Orientierung liegt das Schwergewicht auf relativ einfach zu beobachtenden und explorierenden Daten des Verhaltens, weniger des Erlebens (vgl. Saß 1990). Komplexere psychopathologische Phänomene, die einen höheren Grad von Theorie und Interpretation erfordern, werden weitgehend vernachlässigt. Vordergründig geschieht dies wegen ihrer geringeren Reliabilität, doch dürfte auch das Streben nach einem strikten Empirismus eine Rolle spielen.

Im übrigen entspricht die Bezeichnung der Systeme als operational nicht ganz der Intention von Bridgman (1927), denn danach wäre zu fordern, daß die Definition die Durchführung einer Testoperation beinhaltet, mit der das zu messende Phänomen untersucht werden kann. Kendell (1978) hat vielmehr darauf hingewiesen, daß es sich eigentlich um semantische Definitionen handelt, deren wesentliches Merkmal in der Aufstellung klarer Regeln der Anwendung mit eindeutigen Ein- und Ausschlußkriterien besteht. Natürlich sind damit auch Gefahren des Reduktionismus verbunden, ähnlich wie McHugh und Slavney (1986) auf Stärken und Schwächen des «Operationalismus und seines Wiener Vetters, des logischen Positivismus» in ihrer Bedeutung für das psychiatrische Denken hingewiesen und vor den Auswirkungen ihres doktrinären Gebrauches gewarnt haben. Parallel zu diesem Prozeß und in Reaktion auf seine immer größere theoretische und praktische Relevanz für Psychiatrie und Psychotherapie hat die WHO die ICD-9 zu ICD-10 weiterentwickelt.

Die wesentlichen historischen Etappen bei der Entwicklung der operationalisierten Diagnoseverfahren waren in den USA die St.-Louis-Kriterien von Feighner et al. (1972), sodann die RDC-Forschungskriterien von Spitzer et al. (1975), schließlich das DSM-III der Amerikanischen Psychiatrischen Vereinigung (1980), das inzwischen über das DSM-III-R (1987) und das DSM-IV (1994) eine enorme Ausdifferenzierung und auch konzeptionelle Reifung erfahren hat.

2. DSM-III und Neurose

Eine wichtige Neuerung, die vor allem in psychoanalytischen Kreisen Aufsehen und Kritik hervorgerufen hat, war der Fortfall der diagnostischen Klasse der Neurosen als Ordnungsbegriff, der mit der mangelnden Übereinstimmung über die Definition dieses Terminus begründet wurde (vgl. Hoffmann 1994). In der Einführung zu DSM-III (1980) führen die amerikanischen Herausgeber aus, daß manche den Begriff auf seinen deskriptiven Gehalt beschränken, während andere auch die Vorstellung eines spezifischen ätiologischen Prozesses einschließen. Wenn überhaupt, so sollte der Ausdruck «neurotische Störung» nur deskriptiv verwendet werden, ähnlich wie es in ICD-9 geschah. Dagegen sollte der Begriff «neurotischer Prozeß» Anwendung finden, wenn der Untersucher das Konzept eines speziellen ätiologischen Vorganges ausdrücken will, zu dem etwa folgende Elemente gehören: unbewußte Konflikte zwischen sich widersprechenden Wünschen oder zwischen Wünschen und Verboten, die eine unbewußte Wahrnehmung von antizipierter Gefahr oder Dysphorie auslösen, was zum Einsatz von Abwehrmechanismen führt, die entweder in Symptome, in Beeinträchtigungen der Persönlichkeit oder beides einmünden. Die Autoren von DSM-III wiesen darauf hin, daß zwar viele psychodynamisch orientierte Untersucher glauben, ein derartiger neurotischer Prozeß spiele stets eine zentrale Rolle für die Entwicklung neurotischer Störungen, es seien jedoch auch andere Vorstellungen über die Entstehung möglich, etwa Modelle über soziale Lernvorgänge, kognitive, behavioristische oder biologische Modelle zur Erklärung der verschiedenen neurotischen Störungen.

Die Abkehr vom Neurosekonzept und die damit verbundene Infragestellung psychodynamisch orientierter Vorstellungen in Diagnose und Therapie dürfte zu einem wesentlichen Stimulus für die unterschiedlichen psychotherapeutischen Schulen zur Überprüfung ihres wissenschaftlichen Status und insbesondere ihrer diagnostischen Gepflogenheiten geworden sein. Insofern steht diese mit DSM-III verbundene Herausforderung am Beginn für wissenschaftliche Bemühungen in der Psychotherapie, die heute in die Entwicklung einer ebenfalls operational orientierten psychodynamischen Diagnostik eingemündet haben. Verkürzt gesagt, der Affront von DSM-III, auf den Neurosebegriff zu verzichten, dürfte zu einem wesentlichen Stachel geworden sein, der jetzt auch zur Entwicklung des OPD-Systemes geführt hat.

3. Modelle der Persönlichkeit

Die Begriffe Persönlichkeit und Persönlichkeitsstörung werden auch heute noch im allgemeinen Sprachgebrauch wie in der Forschung sehr unterschiedlich verstanden. Kurt Schneider (1950) unterschied die Gesamtheit des individuellen seelischen Seins in die Eigenschaftskomplexe der Intelligenz, des Gefühls- und Trieblebens sowie der Persönlichkeit, die er als das Ganze des nichtleiblichen Fühlens, Strebens und Wollens zusammenfaßte. Im psychologischen und psychiatrischen Sinne bedeutet Persönlichkeit ein Bündel überdauernder Verhaltensdispositionen, die im Sinne von relativ stabilen Eigenschaften (traits) dazu führen, daß der einzelne in bestimmten Situationen spezifisch reagiert. Die Summe der Eigenschaften verleihen der Person ihre Individualität über die Zeit hinweg und sind den situationsabhängigen Gefühlszuständen (states) übergeordnet. In das Bedeutungsfeld von Persönlichkeit gehören die Begriffe Temperament und Charakter, wobei Temperament sich eher auf die vitale Antriebsseite und die Emotionalität bezieht, während Charakter die langfristigen Einstellungen, das Wertgefüge und die Normen umfaßt (vgl. Saß 1987b).

Tiefenpsychologische und psychodynamische Ansätze wie die psychoanalytische Persönlichkeitstheorie von Freud und seinen Schülern wollen dagegen eine strikte Klassifizierung vermeiden und gehen davon aus, daß für jeden einzelnen Patienten ein spezifisches Störungsmuster erkennbar wird, wenn die lebensgeschichtlich bedeutsamen Ereignisse und Einflüsse auf die Ich-Entwicklung nachvollzogen werden. Daraus weiterentwickelt sind interpersonelle und soziodynamische Ansätze in der Klinischen Psychologie, die den zwischenmenschlich-interaktiven Anteil an der Persönlichkeitsentwicklung und damit gegebenenfalls auch an der Ausbildung von Persönlichkeitsstörungen stärker betonen, ferner die biosozialen Lerntheorien, die von biologischen, von intrapsychischen und auch von umgebungsspezifischen, sozialen Einflüssen auf die Persönlichkeitsentwicklung ausgehen (vgl. Fiedler 1995).

4. Die Entwicklung der Persönlichkeitsstörungskonzepte

Obwohl Persönlichkeitsstörungen in Klinik und Praxis enorme Bedeutung haben, stellten sie bis in die achtziger Jahre hinein ein wissenschaftlich unterentwickeltes Gebiet dar. Dies hängt nicht zuletzt damit zusammen, daß die Konzeptionen von Persönlichkeitsstörungen schon seit Anfang letzten Jahrhunderts vermischt waren mit moralisch wertenden Begriffen wie Minderwertigkeit, Gesellschaftsfeindlichkeit, Charakterdegeneration (vgl. Saß 1987b). Pinel (1809) gilt als Begründer der wissenschaftliche Beschäftigung mit abnormen Persönlichkeiten. Er versuchte, mit der «Manie sans délire» eine nosologische Entität herauszuarbeiten, bei der eine Beeinträchtigung der affektiven Funktionen bei ungestörten Verstandeskräften vorliege. Verursacht sei dies auf der einen Seite durch Erziehungsmängel, auf der anderen Seite durch eine «perverse, zügellose Veranlagung». Die Annahme, daß Persönlichkeitsstörungen durch den gemeinsamen Einfluß von einerseits Erziehung, Lebensumständen und intrapsychischer Entwicklungsgeschichte und andererseits endogener, durch Veranlagung vorgebener Prädisposition, in bestimmten Situationen auf spezifische Art zu reagieren, entstehen, geht bis heute in die Konzepte zur Ätiologie von Persönlichkeitsstörungen ein.

Die Entwicklung von Persönlichkeitsstörungskonzepten hing immer auch mit der Beschreibung und Beurteilung gesellschaftlich abweichenden, auf soziale Schwierigkeiten stoßenden Verhaltens zusammen, was sich in konnotativen Begriffen wie Dissozialität, Soziopathie, Anethopathie, Psychopathie zeigte. K. Schneider (1923) erkannte die Notwendigkeit soziologisch neutraler, psychopathologisch orientierter Beschreibungen abweichender Persönlichkeiten. Er bezog auch einige nicht sozial störende Persönlichkeitsstörungen oder – in damaliger Terminologie – Psychopathien in seine Konzeption ein und versuchte, in seiner Monographie über die Psychopathischen Persönlichkeiten einen wertneutralen Standpunkt einzunehmen. Er definierte in seiner Psychopathielehre als abnorme Persönlichkeiten solche Menschen, die aufgrund ihrer Persönlichkeitseigenschaften von einer gedachten Norm abweichen. Psychopathische Persönlichkeiten seien darüber hinaus Menschen, die an ihren abnormen Persönlichkeitseigenschaften leiden oder unter deren Persönlichkeitseigenschaften die Gesellschaft leidet. In neuerer Diktion, die von der Struktur her auch allen wichtigen Definitionen für Persönlichkeitsstörungen zugrunde liegt, sind Persönlichkeitsstörungen gekennzeichnet durch psychopathologische Auffälligkeiten, die zu subjektivem Leiden und/oder zu Einschränkungen der zwischenmenschlichen oder beruflichen Kompetenz führen.

5. Die Persönlichkeitsstörungen in den modernen Klassifikationssystemen

In der operationalisierten Diagnostik wird als neutraler Oberbegriff für die Beschreibung aller behandlungsbedürftigen Abweichungen der Persönlichkeitsentwicklung der Begriff Persönlichkeitsstörung verwandt und löst damit mehr oder weniger theoriebeladene, wertende Bezeichnungen ab (vgl. Saß 1986). Die Definition der Persönlichkeitsstörungen in der modernen Diagnostik geht auf K. Schneider zurück, wenn sie das Leiden der betroffenen Person und/oder die Beeinträchtigung der sozialen Kompetenz aufgreift. Diese beiden Elemente der Definition finden sich in ICD-10 und im DSM-System wieder, wenn es etwa in DSM-IV heißt: Eine Persönlichkeitsstörung kann dann diagnostiziert werden, wenn Persönlichkeitszüge tiefgreifend und unflexibel, zeitlich stabil sind, merklich von den Erwartungen der soziokulturellen Umgebung abweichen und in klinisch bedeutsamer Weise zu Leiden oder Beeinträchtigungen in sozialen, beruflichen oder anderen wichtigen Funktionsbereichen führen. **Tabelle 1** zeigt die allgemeinen Kriterien für eine Persönlichkeitsstörung aus DSM-IV.

Tabelle 1: Definition der Persönlichkeitsstörungen in DSM-IV

Überdauerndes Muster von innerem Erleben und Verhalten:
■ merkliche Abweichung von den Erwartungen der soziokulturellen Umgebung ■ tiefgreifend und unflexibel ■ Beginn in Adoleszenz oder frühem Erwachsenenalter ■ stabiler Zeitverlauf ■ führt zu Leiden oder Beeinträchtigung

Sowohl die klassischen als auch die modernen Klassifikationsansätze sind kategorial konstruiert. Die Diagnosestellung sowohl in ICD-10 als auch in DSM-III-R bzw. DSM-IV erfolgt jedoch nach dem typologischen bzw. Prototypenmodell anstelle einer strikten Zuordnung zu eindeutigen nosologischen Kategorien (vgl. Saß 1986). Hierzu wird in Form von Merkmalskatalogen eine Reihe von Verhaltensmerkmalen als Kriterien aufgelistet, die insgesamt eine «idealtypische» Beschreibung der jeweiligen Persönlichkeitsstörung darstellen soll. Die Diagnose darf nur dann gestellt werden, wenn die Person aus dieser Liste von Kriterien eine vorgegebene Mindestzahl erfüllt. Es wird jedoch kein spezifisches Muster vorgeschrieben, so daß zwei Personen dieselbe Diagnose erhalten können, obwohl sie unterschiedliche Kombinationen von Kriterien aufweisen. Dieser polythetische Algorithmus trägt einerseits der Komplexität des Persönlichkeitskonstrukts Rechnung, führt aber andererseits zu einer gewissen Randunschärfe, da jeder Einzelfall nur in Hinblick auf seine Ähnlichkeit mit dem theoretisch angenommenen Prototypen beurteilt wird. Gleichzeitig können Überlappungen entstehen, denn zum einen tauchen gleichlautende Kriterien in den Merkmalslisten verschiedener Persönlichkeitsstörungen auf, zum anderen kommt es vor, daß die Personen einzelne Kriterien für verschiedene Persönlichkeitsstörungen, aber nicht die jeweils geforderte Mindestzahl erfüllen. Oder die Person weist die geforderte Mindestzahl von Kriterien für verschiedene Persönlichkeitsstörungen auf, so daß per definitionem mehrere Diagnosen gestellt werden müssen.

Kategoriale Klassifikationsansätze gehen auf das somatische Krankheitsmodell zurück, nach dem aufgrund des vorliegenden Symptombildes voneinander abgrenzbare Krankheitsentitäten diagnostizierbar sind. Der Patient, der sich aufgrund seiner Symptome in ärztliche Behandlung begibt und eine Diagnose erhält, ist demnach krank und bedarf der Behandlung und Pflege. Bei den Persönlichkeitsstörungen führt dieses Modell zu Schwierigkeiten, denn zum einen leidet der Patient meist nicht unter seiner Persönlichkeit, sondern eher unter den Folgeproblemen, die sich aus seinen Verhaltensweisen ergeben. Zum anderen ist der Übergang zur Normalität fließend, d. h., die Alltagsfunktionen sind nicht zwangsläufig so beeinträchtigt, daß die Person sich in Behandlung begeben muß, obwohl sie die Kriterien einer oder mehrerer Persönlichkeitsstörungen erfüllt. Das gleichzeitige Vorliegen verschiedener abgegrenzter Krankheitseinheiten wird Komorbidität genannt, obwohl im Persönlichkeitsstörungsbereich «Gemeinsames Vorkommen» gerade wegen des ungeklärten Morbiditätsstatus begrifflich vorzuziehen wäre. Dieses in der Diagnostikforschung allgemein akzeptierte Phänomen führt bei den Persönlichkeitsstörungen, deren Kriterien sich teilweise überschneiden, zu erheblichen praktischen Problemen. Es stellt sich die Frage, ob die in den Kriterien vorgegebenen Merkmalsbeschreibungen und die sogenannten «cut-offs», also die Schwellenwerte für die Diagnosestellung, eine reliable und valide Zuordnung erlauben oder ob die Konzepte nicht vielmehr zu heterogen sind, als daß klare Abgrenzungen vorgenommen werden können (vgl. Saß 1986, Herpertz et al. 1994).

Ein zusätzliches Problem bilden terminologische und konzeptionelle Unterschiede zwischen den Klassifikationssystemen. Die in **Tabelle 2** gezeigte Gegenüberstellung der Persönlichkeitsstörungsklassifikation gemäß DSM-IV,

Tabelle 2: Persönlichkeitsstörungen in der Klassischen Typologie und in den modernen Klassifikationssystemen

Kraepelin, Kretschmer, K. Schneider, ICD-9	ICD-10	DSM-IV
Fanatisch	Paranoid	Paranoid
Schizoid	Schizoid	Schizoid
Ø	Ø	Schizotypisch
Explosibel Gemütsarm	Dissozial	Antisozial
	– Bordeline-Typ	
Stimmungslabil	Emotional instabil	Borderline
	– impulsiver Typ	
Geltungsbedürftig	Histrionisch	Histrionisch
Ø	Ø	Narzißtisch
Selbstunsicher	Selbstunsicher	Selbstunsicher
Willenlos	Dependent	Dependent
Zwanghaft	Anankastisch	Zwanghaft
		(Passiv-aggressiv)*
		(Depressiv)*
Depressiv		
Asthenisch	Ø	Ø
Hyperthym	Ø	Ø
Zyklothym	Ø	Ø

* vorgeschlagene Forschungskriterien

ICD-10 und der traditionellen Differentialtypologie macht deutlich, daß sich einige der schon von Kurt Schneider, Kretschmer und Kraepelin beschriebenen Typen von Persönlichkeitsstörungen in den Kategorien von DSM-IV und ICD-10 wiederfinden und daß es auch zwischen den beiden modernen Klassifikationssystemen Entsprechungen gibt, daneben bestehen aber auch konzeptionelle, terminologische und kriterielle Unterschiede. So sind in der ICD-10 die schizotypische und die narzißtische Persönlichkeitsstörung des DSM-IV nicht enthalten, Kriterien der narzißtischen Persönlichkeitsstörung finden sich statt dessen beim paranoiden Typus. Auf der anderen Seite enthält ICD-10 eine emotional-instabile Persönlichkeitsstörung, die in einen impulsiven Typus und einen Borderline-Typus unterteilt ist. Letzterer findet sich als eigenständige Persönlichkeitsstörung in DSM-IV. Aufgrund von unterschiedlich hohen Schwellenwerten, also der für die Diagnosestellung nötigen Mindestzahl von Kriterien, sind auch die Prävalenzraten verschieden, je nachdem, nach welchem System die Diagnose gestellt wurde. Sie fallen zur Zeit noch deutlich höher aus, wenn gemäß der ICD-10 diagnostiziert wird, allerdings ist zu erwarten, daß sich bei systematischer Anwendung der ICD-10-Forschungskriterien, die höhere cut-off-Werte aufweisen, und der Kriterien aus dem neuen DSM-IV die Prävalenzraten annähern.

Die genannten Unterschiede zwischen den Diagnosesystemen beeinträchtigen die Vergleichbarkeit von Studien über Persönlichkeitsstörungen, erschweren aber auch die klinische Diagnostik. In der diagnostischen Praxis werden – wenn überhaupt anhand der Kriterienkataloge diagnostiziert wird – inzwischen vier Klassifikationssysteme benutzt: ICD-9 oder schon ICD-10, DSM-III-R oder DSM-IV, das in seiner deutschen Version 1996 erschienen ist. Für Forschungsprojekte werden standardisierte Interviews wie z. B. das IPDE (Loranger 1994) oder SCID (Spitzer und Williams 1985) angeboten, die die Reliabilität der Diagnosen erhöhen sollen, in der klinischen Praxis aber zu zeitaufwendig und zu schwierig zu handhaben sind. Der Vorteil, daß die modernen Klassifikationssysteme den zum Zeitpunkt der jeweiligen Überarbeitung gültigen Forschungsstand integrieren, kann sich also hinsichtlich der Vergleichbarkeit auch nachteilig auswirken.

Mit der Vielfalt der Klassifikationssysteme, aber auch mit weiter bestehenden Unterschieden in der Anwendung hängt zusammen, daß die Prävalenzraten inkonsistent sind. Nachdem die ersten Klassifikationssysteme erschienen sind, waren die Häufigkeit von Persönlichkeitsstörungsdiagnosen in verschiedenen klinischen Untersuchungen relativ hoch (50–80 %) (Mellsop et al. 1982), in neueren Studien liegen sie bei 20–30 % (Herpertz et al. 1994). Erste Ergebnisse zur Häufigkeit von Persönlichkeitsstörungen in der Allgemeinbevölkerung liegen zwischen 3 und 10 % (Maier et al. 1992). Diese Zahlen sind im Vergleich zu den in der früheren Persönlichkeitsdiagnostik gewohnten Werten relativ hoch. Hinzu kommt das Problem der Überlappung: In der Mehrzahl der Studien zu Persönlichkeitsstörungen erhalten mindestens 50 % der Personen, die eine Persönlichkeitsstörung aufweisen, mehr als eine Diagnose. Hier stellt sich erneut die Frage nach der Eignung der in den Klassifikationssystemen vorgegebenen Ein- und Ausschlußkriterien, der Reliabilität der Diagnosen und ihrer Validität.

6. Klinische Beziehungen von Persönlichkeitsstörungen

Persönlichkeitsstörungen weisen sowohl unter diagnostischen und therapeutischen wie unter ätiopathogenetischen Gesichtspunkten wichtige Beziehungen zu anderen klinischen Einheiten auf. Dabei fungiert, wie in **Abbildung 1** dargestellt, der Terminus Persönlichkeitsstörung als allgemeiner Oberbegriff, in dem frühere Konzepte von Neurosen einschließlich Charakterneurosen und neurotischen Persönlichkeitsstörungen enthalten sind, aber auch Soziopathien und dissoziale Persönlichkeiten, schließlich die unter dem früheren Psychopathiebegriff versammelten Persönlichkeitsvarianten, abnorme Persönlichkeiten und abnorme Persönlichkeitsentwicklungen einschließlich der Triebstörungen. Nehmen wir die Persönlichkeitsstörungen nach diesem Muster als Sammelbegriff für die genannten drei Gruppen von Unterformen, so weist das umfassende Gebiet sehr wichtige klinische Beziehungen sowohl zu den affektiven und schizophrenen Psychosen, zu den organischen Psychosen und zu den anderen psychischen Störungen auf. Dabei sind die Beziehungen, wie durch die Pfeile markiert, durchaus in beiden Wirkrichtungen vorstellbar, denn zum einen beeinflußt das Vorhandensein prämorbider Persönlichkeitsstörungen sowohl Ausprägungsform wie auch Therapierbarkeit und Verlauf der affektiven und schizophrenen Psychosen, ebenso wie in umgekehrter Richtung das Auftreten und vor allem das längere Bestehen einer psychotischen Krankheit auf das Persönlichkeitsgefüge zurückwirkt und postpsychotische Persönlichkeitsveränderungen hervorrufen kann. Dies mag bis zu einer Amalgamierung von prämorbid vorhandenen Persönlichkeitsbesonderheiten mit den aus der psychotischen Erkrankung hervorgegangenen Deformierungen des Persönlichkeitsgefüges zu einer dauerhaften Persönlichkeitsänderung führen.

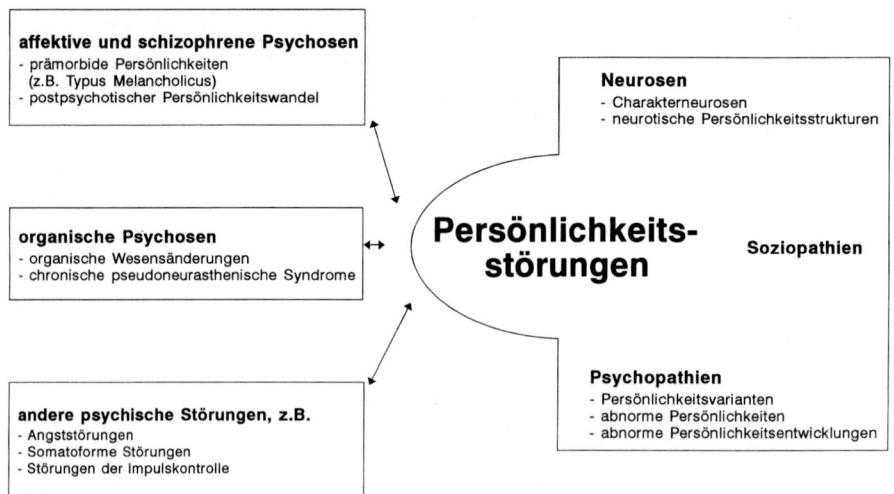

Abbildung 1: Klinische Beziehungen der Persönlichkeitsstörungen

Wichtig sind auch bestimmte prämorbid auffindbare Persönlichkeitsvorbedingungen, die im Umfeld von affektiven und schizophrenen Erkrankungen beobachtet wurden. So hat Tellenbach (1961) den Typus melancholicus beschrieben, der von v. Zerssen (1988) empirisch bestätigt wurde. Darüber hinaus konnte v. Zerssen (1988) als prämorbide Persönlichkeitskonfiguration von Menschen mit manischen Erkrankungen einen Typus manicus herausarbeiten. Herpertz et al. (1997) diskutieren die Frage nach der Zuordnung der auf Beschreibungen Kurt Schneiders (1950) und Kretschmers (1921) zurückgehenden sogenannten subaffektiven Persönlichkeitsstörungen, die in den modernen Klassifikationssystemen nicht enthalten sind, sondern als atypische affektive Störungen registriert werden. Mundt (1985) unterteilte unter dem Gesichtspunkt der Intentionalität bei den schizophrenen Störungen vier Prägnanztypen der prämorbiden Persönlichkeit, die er als einfach adynamen, offenen, reizbaren und gespannten Charakter bezeichnete (vgl. Saß 1992).

Teilweise enge Beziehungen können auch zwischen organischen Krankheitsbildern und nachfolgenden Wesensänderungen einerseits sowie bestimmten Ausprägungsformen und Veränderungen der Persönlichkeit andererseits bestehen. Organische Wesensänderungen und chronische pseudoneurasthenische Syndrome weisen erhebliche Überlappungen mit Zügen emotionaler Instabilität oder asthenischen Versagensbereitschaften bei bestimmten Formen von Persönlichkeitsstörungen auf. Die vergleichende Betrachtung dieser Beziehungen kann für psychodiagnostische Fragen, für die Therapieplanung und schließlich auch für die forensische Beurteilung (Saß 1991) von Bedeutung sein.

Schließlich gibt es zwischen den anderen psychischen Störungen, die in den Klassifikationssystemen etwa bei den Angststörungen, den somatoformen Störungen oder den Störungen der Impulskontrolle rubriziert sind, vielfältige Beziehungen, die sich vor allem in prognostischer und therapeutischer Hinsicht auswirken können. Komorbidität von Persönlichkeitsstörungen mit den genannten Syndromen ist beim therapeutischen Vorgehen, insbesondere auch bei kombinierter psychotherapeutisch-medikamentöser Behandlung zu berücksichtigen. Häufig wird dies modifizierend auf den weiteren Verlauf einwirken.

All diese klinischen Verknüpfungen des Persönlichkeitsbereiches mit den psychiatrischen Erkrankungen im engeren Sinne haben bei der Konzipierung von DSM-III dazu geführt, daß die Persönlichkeitsstörungen auf einer gesonderten Achse erfaßt wurden. Auf diese Weise soll die systematische Untersuchung und Klassifizierung von Entwicklungsstörungen der Persönlichkeit auch bei solchen Patienten sichergestellt werden, die an einer klar definierten Achse-I-Erkrankung leiden.

7. Die multiaxiale Diagnose in DSM

Die im DSM-System vorgesehene multiaxiale Beurteilung ist für die psychotherapeutische Arbeit von großer Bedeutung. Hierin sind wichtige Informationen enthalten, die dem Untersucher bei der Behandlungsplanung und Prognose helfen können. Die multiaxiale Klassifikation in DSM-IV (APA 1984) enthält fünf Achsen, die dazu dienen, zu einer sorgfältigen Beurteilung des Gesamtstörungsbildes mit den möglichen Einflüssen der Persönlichkeit, körperlicher Erkrankungen und des psychosozialen Umfelds auf die psychische Störung und deren Schweregrad, Verlauf und Prognose zu kommen.

Auf Achse I werden klinische Störungen und andere klinisch relevante Probleme erfaßt. Dies bezieht sich auf alle Zustände und Störungen, außer den Persönlichkeitsstörungen und der geistigen Behinderung, die in der DSM-IV-Klassifikation enthalten sind. Vorausgesetzt wird dabei, daß sich auf Achse I die Hauptdiagnose oder der Konsultationsgrund findet, es sei denn, eine möglicherweise vorhandene Achse II-Störung wird mit dieser Bewertung versehen. Auf Achse II werden Persönlichkeitsstörungen und die geistige Behinderung codiert. Gleichzeitig kann Achse II genutzt werden, um auffällige Persönlichkeitszüge, die die Störung auf Achse I beeinflussen, jedoch nicht die Kriterien einer Persönlichkeitsstörung erfüllen, zu vermerken. Achse III erfaßt aktuelle körperliche Erkrankungen, die für den Umgang mit der psychischen Störung des Betroffenen oder für deren Verständnis relevant sind. Die Trennung in Achse- I-, II- und III-Störungen bedeutet in der Konzeption des DSM-IV nicht, daß die unterschiedlichen, auf den drei Achsen codierten Störungen keine Zusammenhänge zueinander aufweisen.

Auf Achse IV werden psychosoziale und umgebungsbedingte Probleme vermerkt, die die Diagnose, Therapie und Prognose einer psychischen Störung beeinflussen können. Diese sind zur vereinfachten Handhabung in Unterkategorien eingeteilt, die sich auf Probleme mit der Hauptbezugsgruppe, im sozialen Umfeld, berufliche und Ausbildungsprobleme, wirtschaftliche und Wohnungsprobleme, Probleme beim Zugang zur Krankenversorgung und im Umgang mit dem Rechtssystem beziehen.

Auf Achse V wird auf einer Skala von 1–100 eine globale Erfassung des Funktionsniveaus (GAF) vorgenommen. Die Konzeption des DSM sieht vor, daß eine diagnostizierbare und somit therapierelevante psychische Störung nur dann vorliegt, wenn sie in einem erheblichen Maße zu Beeinträchtigungen der psychosozialen Alltagsfunktionen führt (Saß et al. 1996). Hierbei sind psychische, soziale und berufliche Funktionen auf einem hypothetischen Kontinuum von psychischer Gesundheit bis Krankheit gedacht.

8. Die Erfassung der Abwehrfunktionen und Coping-Stile

In den Kriterienlisten und Achsen, die DSM-IV für weitere Forschung vorschlägt, findet sich im Anhang eine häufig übersehene weitere Beurteilungsskala, die gerade für das OPD-Vorhaben von besonderer Bedeutung sein könnte. Diese dient der Erfassung der Abwehrmechanismen und Coping-Stile, die vom Patienten häufig benutzt werden. Sie werden verstanden als automatische psychische Prozesse, die den Personen häufig nicht bewußt sind, die jedoch vor Angst oder vor dem Bewußtwerden innerer oder äußerer Gefahren schützen sollen. Sie werden in einem Glossar eindeutig definiert und konzeptuell und empirisch in Untergruppen zusammengefaßt, die als Abwehr-Niveaus bezeichnet werden. Die Definitionen der Abwehrmechanismen und Coping-Stile entsprechen weitgehend tiefenpsychologischen Konzeptionen, es fließen jedoch auch lerntheoretische Überlegungen ein. **Tabelle 3** zeigt die Abwehrmechanismen und Coping-Stile zu jedem der Abwehr-Niveaus, unterteilt in adaptive bzw. leicht gestörte und gestörte bzw. dysfunktionale Formen.

Tabelle 3: Abwehrniveaus und individuelle Abwehrmechanismen

adaptive bzw. leicht gestörte Formen	
Hochadaptives Niveau	– Affiliation – Altruismus – Antizipation – Humor – Selbstbehauptung – Selbstbeobachtung – Sublimation – Unterdrückung
Niveau mit psychischen Hemmungen (Kompromißbildungen)	– Affektisolation – Dissoziation – Intellektualisierung – Reaktionsbildung – Ungeschehenmachen – Verdrängung – Verschiebung
Niveau mit leichter Vorstellungsverzerrung	– Entwertung – Idealisierung – Omnipotenz
gestörte bzw. dysfunktionale Formen	
Verleugnungs-Niveau	– Projektion – Rationalisierung – Verleugnung
Niveau mit schwerer Vorstellungsverzerrung	– Autistische Phantasie – Projektive Identifikation – Spalten des Selbstbildes und des Bildes von anderen
Handlungsniveau	– Apathischer Rückzug – Ausagieren – Hilfe-zurückweisendes Klagen – Passive Aggression
Niveau mit Abwehr-Dysregulation	– Psychotische Verleugnung – Psychotische Verzerrung – Wahnhafte Projektion

Laut DSM-IV erlauben die Abwehrmechanismen des hochadaptiven Niveaus einen bewußten Umgang mit Gefühlen, Gedanken und deren Konsequenzen. Sie fördern ein Gleichgewicht zwischen widerstreitenden Motiven und führen so zu einer optimalen Adaptation im Umgang mit Belastungen. Das Niveau mit psychischen Hemmungen umfaßt Abwehrmechanismen, die potentiell bedrohliche Gedanken, Gefühle, Erinnerungen, Wünsche oder Ängste aus dem Bewußtsein ausgrenzen. Auf dem Niveau mit leichter Vorstellungsverzerrung finden sich Verzerrungen des Selbstbildes, des Körperbildes oder anderer Vorstellungen, die zur Selbstwertregulierung verwendet werden könnten. Zu den dysfunktionalen oder gestörten Abwehr-Niveau-Formen gehört das Verleugnungs-Niveau, das dadurch charakterisiert ist, daß unangenehme oder unannehmbare Belastungen, Impulse, Vorstellungen, Affekte oder Verantwortung außerhalb des Bewußtseins gehalten werden. Auf diesem Niveau kann es zu Fehlattributionen auf äußere Ursachen kommen. Beim Niveau mit schwerer Vorstellungsverzerrung kommt es zu groben Verzerrungen oder Fehlattributionen des Selbstbildes oder des Bildes von anderen. Auf dem Handlungsniveau finden sich Abwehrfunktionen, die mit inneren oder äußeren Belastungsfaktoren mittels Handeln oder Rückzug umgehen. Das Niveau mit Abwehrdysregulation ist schließlich charakterisiert durch ein Versagen der Abwehrregulation, so daß eine Eindämmung der Reaktionen auf Belastungen nicht mehr möglich ist und es zu einem Bruch mit der objektiven Realität kommt.

Tabelle 4 zeigt schließlich an einem Beispiel eine vollständige DSM-IV-Diagnose unter Angabe der gegenwärtig vorherrschenden Abwehr-Funktionen und Coping-Stile. Auf Achse I findet sich als Hauptdiagnose oder Konsultationsgrund eine mittelschwer ausgeprägte, rezidivierende Major Depression. Begleitend liegt ein Abusus von Sedativa, Hypnotika oder Anxiolytika vor. Auf Achse II wurde eine Borderline-Persönlichkeitsstörung diagnostiziert. Gleichzeitig sind antisoziale Persönlichkeitszüge vermerkt, die zwar Schweregrad, Verlauf und Prognose der Achse-I-Störung beeinflussen können, jedoch die Kriterien für eine zweite Persönlichkeitsdiagnose nicht erfüllen. Auf Achse III finden sich als körperliche Erkrankungen im Zusammenhang mit der Hauptdiagnose Wunden an den Handgelenken. An psychosozialen Umgebungsfaktoren sind auf Achse IV eine Verhaftung sowie ein Rauswurf aus dem Elternhaus angegeben, und Achse V erfaßt die Einschätzung des gegenwärtigen globalen Funktionsniveaus auf einen Wert von 45. Dieser bedeutet, daß ernste Symptome (z. B. Suizidgedanken, schwere Zwangsrituale, häufige Ladendiebstähle) *oder* eine ernste Beeinträchtigung der sozialen, beruflichen oder schulischen Leistungsfähigkeit (z. B. keine Freunde; Unfähigkeit, eine Arbeitsstelle zu behalten) vorliegen.

Schließlich werden in das Diagnoseschema die gegenwärtig beobachteten Abwehrfunktionen und Coping-Stile in der Reihenfolge ihrer Auftretenshäufigkeit aufgelistet. In unserem Beispiel entsprechen diese einem durch schwere Vorstellungsverzerrungen gekennzeichneten Abwehrniveau mit Spaltung, projektiver Identifikation, Ausagieren, Entwertung, Omnipotenz, Verleugnung und Projektion.

Tabelle 4: Beispiel einer DSM-IV-Diagnose mit Dokumentation der Abwehr-Funktionen

Achse I:	296.32	Major Depressionen, Rezidivierend, Mittelschwer
	305.40	Sedativa-, Hypnotika oder Anxiolytika-Mißbrauch
Achse II:	301.40	Borderline-Persönlichkeitsstörung
		Antisoziale Persönlichkeitszüge
Achse III:	881.02	Wunden an den Handgelenken
Achse IV:		Kürzliche Verhaftung
		von den Eltern aus dem Haus geworfen
Achse V:		Globales Funktionsniveau: 45 (gegenwärtig)

A. Gegenwärtige Abwehrfunktionen oder Coping-Stile:
(Listen Sie der Reihe nach auf, beginnend mit den vorherrschenden Abwehr- oder Coping-Stilen)

1. Spaltung

2. projektive Identifikation

3. Ausagieren

4. Entwertung

5. Omnipotenz

6. Verleugnung

7. Projektion

B. Vorherrschendes gegenwärtiges Abwehr-Niveau:
Schwere Vorstellungsverzerrung

9. Schlußbemerkung

Trotz aller Bedenken und Kritik, die mit dem Aufkommen der operationalisierten Klassifikationssysteme im Bereich von Psychiatrie und Psychotherapie verbunden waren, überwiegen doch nach einhelliger Meinung die Vorteile. Dies betrifft gleichermaßen wissenschaftliche Fragen wie die Vergleichbarkeit von Studien, die nationale und internationale Kommunikation oder den Dialog zwischen unterschiedlichen Forschungsrichtungen und Schulen. Gerade im Gebiet der Persönlichkeitsstörungen, die aus theoretischen und praktischen Gründen besondere Probleme von Reliabilität und Validität aufwerfen, sind durch das DSM-System wie auch durch die daran orientierte, neue ICD-10 wesentliche Impulse für eine Verbesserung der Diagnostik gegeben worden. Dies hat zu einem immensen Anwachsen einschlägiger Untersuchungen und Publikationen geführt und auch die Entwicklung systematisch angelegter, vergleichender Therapiestudien ermöglicht. Zu Recht wurde allerdings auch auf die reduktionisti-

51

schen Tendenzen, die mit den operationalisierten, vorwiegend deskriptiven Diagnosekriterien verbunden waren, hingewiesen. Insbesondere Gesichtspunkte der biographischen Prägung der Persönlichkeit, der psychodynamischen Entwicklung, der wesentlichen Konfliktkonstellationen und der Bewältigungsmöglichkeiten oder der gesunden Ressourcen drohten aus dem Blickfeld zu geraten. Die inzwischen optional in DSM-IV eingeführten Skalen zur Erfassung der Abwehrmechanismen und der Coping-Stile sind ein erster Beginn, um solchen Bedenken, die insbesondere von psychodynamisch orientierten Psychotherapeuten geäußert wurden, Rechnung zu tragen. Ihre Weiterentwicklung wird aufmerksam zu beobachten sein. Hier finden sich wichtige Berührungspunkte mit den Zielen, die auch die im vorliegenden Buch dargestellte operationalisierte psychodynamische Diagnostik verfolgt.

Literaturverzeichnis

American Psychiatric Association (1980): Diagnostic and statistical manual of mental disorders. 3rd edition (DSM-III). American Psychiatric Association, Washington DC. Deutsche Bearbeitung und Einführung von Koehler, K., Saß, H. (1984) Beltz, Weinheim.

American Psychiatric Association (1987): Diagnostic and statistical manual of mental disorders. 3rd edition revised (DSM-III-R). American Psychiatric Association, Washington DC. Deutsche Bearbeitung und Einführung von Wittchen H. U., Saß, H., Zaudig, M., Koehler, K. (1989). Beltz, Weinheim.

American Psychiatric Association (1994): Diagnostic and statistical manual of mental disorders. 4th edition (DSM-IV). American Psychiatric Association, Washington DC. Deutsche Bearbeitung und Einführung von Saß, H., Wittchen, H. U., Zaudig, M. (1996). Hogrefe, Göttingen.

Bridgman, P. W. (1927): The logic of modern physics. Macmillan, New York.

Feighner, J. P., Robins, E., Guze, S. B., Woodruff, R. A., Winokur, G., Munoz, R. (1972): Diagnostic criteria for use in psychiatric research. Archives of General Psychiatry *26:* 57 – 63.

Fiedler, P. (1995): Persönlichkeitsstörungen. 2. Auflage. Weinheim, Beltz – Psychologie Verlags Union.

Herpertz, S., Steinmeyer, E. M., Saß, H. (1994): «Patterns of comorbidity» among DSM-III-R and ICD-10 personality disorders as observed with a new inventory for the assessment of personality disorders. European Archives of Psychiatry and Clinical Neurosciences *244:* 161 – 169.

Herpertz, S., Steinmeyer, E. M., Pukrop, R., Woschnik, M., Saß, H. (1997): Persönlichkeit und Persönlichkeitsstörungen. Eine facettentheoretische Analyse der Ähnlichkeitsbeziehungen. Zeitschrift für Klinische Psychologie *26:* 109 – 117.

Hoffmann, S. O. (1994): Die Krankheit «Neurose» ein altes klinisches Konzept am Ende des 20. Jahrhunderts am Ende? In: Strauß, B., Meyer, A. E. (Hrsg.) Psychoanalytische Psychosomatik. Schattauer, Stuttgart, S. 125 – 134.

Kendell, R. E. (1978): Die Diagnose in der Psychiatrie. Enke, Stuttgart.

Koehler, K., Saß, H. (1984): DSM-III in deutscher Übersetzung: Droht eine Amerikanisierung der deutschsprachigen Psychiatrie? In: Diagnostisches und Statistisches Manual psychischer Störungen – DSM-III. Beltz, Weinheim und Basel, Seite IX – XVI.

Kretschmer, E. (1921): Körperbau und Charakter. Springer, Berlin.

Loranger, A. W., Sartorius, N., Andreoli, A. et al. (1994): The International Personality Disorders Examination. Archives of General Psychiatry, *51:* 215 – 224.

Maier, W., Lichtermann, D., Klingler, T., Heun, R., Hallmayer, J. (1992): Prevalences of personality disorders (DSM-III-R) in the community. Journal of Personality Disorders 6(3): 187–196.

McHugh, P. R., Slavney, P. R. (1986): Psychiatrische Perspektiven. Eine methodologische Einführung. (Aus dem Englischen übersetzt und bearbeitet von Koehler, K. und Saß, H.) Springer, Berlin.

Mellsop, G. W., Varghese, F., Stephens, J., Hicks, A. (1982): The reliability of axis II of DSM-III. American Journal of Psychiatry 139: 1360–1361.

Mundt, Ch. (1985): Das Apathiesyndrom der Schizophrenen. Springer, Berlin.

Pinel, P. (1809): Traité médico-philosophique sur l'aliénation mentale. 2eme ed. Brosson, Paris.

Saß, H. (1986): Zur Klassifikation der Persönlichkeitsstörungen. Nervenarzt 57: 193–203.

Saß, H. (1987a): Die Krise der psychiatrischen Diagnostik. Fortschr. Neurol. Psychiat. 55: 355–388.

Saß, H. (1987b): Psychopathie-Soziopathie-Dissozialität. Zur Differentialtypologie der Persönlichkeitsstörungen. Springer, Berlin, Heidelberg, New York, London, Paris, Tokyo.

Saß, H. (1990): Operationalisierte Diagnostik in der Psychiatrie. Nervenarzt 61: 255–258.

Saß, H. (1991): Forensische Erheblichkeit seelischer Störungen im psychopathologischen Referenzsystem. In: Schütz, H., Kaatsch, H. J., Thomsen, H. (Hrsg.): Medizinrecht – Psychopathologie – Rechtsmedizin – Diesseits und jenseits der Grenzen von Recht und Medizin – Festschrift für Günter Schewe. Springer Verlag Berlin. S. 266–281.

Saß, H. (1992): Strukturelle und dynamische Persönlichkeitsvarianten im Vorfeld idiopathischer Psychosyndrome. In: Mundt, Ch, Saß, H. (Hrsg.) Für und wider die Einheitspsychose. Thieme-Verlag, Stuttgart. S. 37–48.

Saß, H., Steinmeyer, E. M., Ebel, H., Herpertz, S. (1995): Untersuchungen zur Kategorisierung und Dimensionierung von Persönlichkeitsstörungen. Zeitschrift für Klinische Psychologie 24: 239–251.

Saß, H., Zaudig, M., Houben, I., Wittchen, H.-U. (1996): Zur Situation der operationalisierten Diagnostik in der deutschsprachigen Psychiatrie. Einführung zur deutschen Ausgabe des DSM-IV. In: Diagnostisches und Statistisches Manual Psychischer Störungen. Deutsche Bearbeitung: Saß, H., Wittchen, H.-U., Zaudig, M., Hogrefe, Göttingen. S. IX–XXIV.

Schneider, K. (1923): Die psychopathischen Persönlichkeiten. Thieme, Leipzig.

Schneider, K. (1950): Die psychopathischen Persönlichkeiten. 9. Aufl. Deuticke, Wien.

Spitzer, R. L., Endicott, J., Robins, E .(1975): Researche diagnostic criteria for a selected group of functional psychoses (2nd ed) Biometrics Research Division New York.

Spitzer, R. L., Williams, J. B. (1985): Structured Clinical Interview for DSM-III, Patient Version. Biometrics Research Department, New York State Psychiat. Institute, New York.

Tellenbach, H. (1961): Melancholie. Problemgeschichte, Endogenität, Typologie, Pathogenese, Klinik. (4. Aufl. 1983) Springer, Berlin.

Wittchen, H.-U., Saß, H., Zaudig, M., Koehler, K. (1989): Von DSM-III zu DSM-III-R – Erfahrungen und Perspektiven. In: Diagnostisches und statistisches Manual psychischer Störungen, DSM-III-R. Weinheim, Beltz. S. IX–XXI.

Zerssen, D. v. (1988): Der «Typus manicus» als Gegenstück zum «Typus melancholicus» in der prämorbiden Persönlichkeitsstruktur affekt-psychotischer Patienten. In: Janzarik W (Hrsg.): Persönlichkeit und Psychose. Enke, Stuttgart S. 150–171.

Die Bedeutung neuerer psychoanalytischer und psychodynamischer Konzepte für die Befunderhebung und Klassifikation von Persönlichkeitsstörungen

Otto F. Kernberg

Ich habe den Eindruck, daß eine operationalisierte psychodynamische Diagnostik einen wichtigen Beitrag zur Diagnostik in der Psychiatrie und Psychotherapie liefern kann, und es freut mich sehr, hier die Gelegenheit zu haben, dieses System zu diskutieren.

Zunächst möchte ich meine Einstellungen gegenüber der Klassifikation von Persönlichkeitsstörungen darlegen und dann mein Modell der psychoanalytischen Klassifikation von Persönlichkeitsstörungen vorstellen (Kernberg 1996).

Beginnen werde ich mit einer Kritik an dem kategorialen Ansatz der psychiatrischen DSM-III- und DSM-IV-Klassifikation von Persönlichkeitsstörungen (1980, 1989, 1994, 1996), der meiner Meinung nach der schwächste Teil dieses Klassifikationssystems ist.

Dieser Ansatz bietet dem Psychiater zwar die Möglichkeit, häufig gesehene Persönlichkeitsstörungen klar zu umreißen und mit ihnen vertraut zu werden, er hat aber den Nachteil, daß er besonders bei schweren Persönlichkeitsstörungen durch ein hohes Maß von zum Teil über 60 % Komorbidität belastet ist (Akhtar 1992; Stone 1993a). Weiterhin ist dieser Ansatz durch eine Politisierung der Entscheidungsfindung in den Ausschüssen beeinflußt, was dazu geführt hat, daß einige Persönlichkeitsstörungen unter bestimmten Bezeichnungen in das offizielle DSM-System aufgenommen wurden, während andere – wie die hysterische Persönlichkeitsstörung – ausgeschlossen wurden (Jonas und Pope 1992; Kernberg 1992; Oldham 1994). Es fehlt vor allem die Möglichkeit, die Persönlichkeitsstörungen nach dem Schweregrad zu klassifizieren und dabei auch ihre innere Kontinuität zu berücksichtigen.

Aus allen diesen Gründen habe ich mich im Laufe der Jahre dazu entschlossen, ein alternatives System auf psychoanalytischer Basis aufzustellen.

Eine psychoanalytische Klassifikation auf rein dynamischer Basis wäre ebenfalls sehr problematisch, da die konventionelle Klassifikation in eine orale, anale, genitale, präödipale und ödipale Problematik aus folgenden Gründen langsam zusammenfällt.

Bei den leichteren Persönlichkeitsstörungen – der hysterischen, der zwanghaften, der depressiv-masochistischen –, treten präödipale Strukturen wie zum Beispiel die prädominant anale Struktur der Zwangsneurose zutage, die im Laufe der Behandlung als Abwehr der unterliegenden ödipalen Problematik erscheinen. Wir sehen also bei den leichteren Störungen am klarsten eine präödipale Problematik, so daß die scheinbare präödipale Dominanz eine Abwehrstruktur darstellt.

Bei den schwereren Persönlichkeitsstörungen sehen wir eine Mischung oder Kondensierung zwischen ödipalen und präödipalen Strukturen mit einer starken Präödipalisierung der ödipalen Konflikte.

Da eine so enge Beziehung zwischen ödipaler und präödipaler Problematik bei allen Persönlichkeitsstörungen besteht, erscheinen mir diese Voraussetzungen als Basis für eine Klassifikation als sehr problematisch.

Dazu kommen noch die Entwicklungen innerhalb der psychoanalytischen Theorie in den letzten zehn oder zwanzig Jahren, die auf eine sehr frühe Ödipalisierung aufmerksam machen, entgegen der klassischen Annahme, daß die präödipalen Entwicklungsbedingungen in den ersten drei oder vier Lebensjahren liegen und erst im vierten Jahr die ödipale Situation dominant wird. Nicht nur angesichts der Entwicklung der Kleinianischen oder britischen Theorien, sondern auch angesichts der Entwicklungen innerhalb der französischen Psychoanalyse kann so eine Position innerhalb der Psychoanalyse heute kaum mehr aufrechterhalten werden, zumal sich eine Annäherung zwischen den Neuentwicklungen in der britisch-amerikanischen sowie in der französischen Psychoanalyse abzeichnet. Aus all diesen Gründen glaube ich, daß dynamische Kriterien nicht als Basis einer Klassifikation ausreichen.

Um so wichtiger sind mir strukturelle Kriterien. Wenn ich von Struktur spreche, meine ich im psychoanalytischen Sinne eine primitive oder fortgeschrittene Reorganisation, so wie ich sie im Konzept der Borderline-Persönlichkeitsorganisation oder der neurotischen Persönlichkeitsorganisation beschrieben habe (Kernberg 1978, 1988, 1996).

Ich glaube, daß dieses strukturelle Konzept – aber auch das strukturelle Konzept im weiteren Sinne der normalen Entwicklung der Struktur des Über-Ichs – von großer praktischer Bedeutung für die Klassifikation ist. Ebenso scheint mir auch das Konzept von Ich-Stärke oder Ich-Schwäche, also strukturelle Kriterien, sehr wichtig und grundlegend innerhalb einer psychoanalytischen Klassifikation zu sein.

Unter Symptomatik verstehe ich direktes, an der Oberfläche erkennbares Verhalten, und ich meine, daß die Kombination von Oberfläche und Struktur uns gleichzeitig Stärke und Tiefe gibt. Es wäre jedoch ein Fehler, Klassifikation ganz einfach auf oberflächliche Phänomene zu begrenzen.

Hier komme ich nochmals zu meiner fundamentalen Kritik an der DSM-III und DSM-IV-Klassifikation zurück. Dieses Zählen bzw. Quantifizieren von Persönlichkeitszügen – wenn man drei oder vier hat, dann hat man die Störung, wenn man nur zwei hat, dann hat man sie nicht – führt meiner Meinung nach zu einem vollkommen unwissenschaftlichen Denken, das in jedem anderen Fach der Medizin als unpräzise angesehen würde – so als ob z. B. Gelbsucht danach klassifiziert würde, ob der Patient ein bißchen gelblich oder intensiv gelb ist, anstatt die Funktion der Leberzelle zur Beurteilung heranzuziehen.

Anders ausgedrückt: an der Oberfläche erkennbares Verhalten kann völlig unterschiedliche Funktionen im Rahmen einer differenzierten Strukturbildung haben. Ein typisches Beispiel ist Scheu oder Schüchternheit: Scheu kann eine Abwehr gegen Exhibitionismus einer hysterischen Persönlichkeit sein, sie kann ein Ausdruck von Mißtrauen bei einer paranoiden Persönlichkeit sein, sie kann aber auch eine allgemeine Zurückgezogenheit bei einer schizoiden Persönlichkeit zum Ausdruck bringen. Die Erscheinungsformen an der Oberfläche allein können nicht für die Diagnostik entscheidend sein, obwohl sie in Verbindung mit der Struktur von Bedeutung sind.

Diese Überlegungen bringen mich natürlich auf die Diskussion in den Vereinigten Staaten, die zwischen den Vertretern der kategorialen und dimensionalen Klassifikationsmodelle (Benjamin 1992, 1993; Costa und Widiger 1994; Widiger und Frances 1994; Widiger et al. 1994) im Gange sind.

Während DSM-III und DSM-IV auf absolut kategorialen Ansätzen basieren, untersuchen heute die führenden Forscher auf diesem Gebiet die Persönlichkeit auf dimensionaler Basis. Ich glaube, daß es erforderlich ist, sowohl kategoriale als auch dimensionale Kriterien bei der Klassifikation mit einzubeziehen, und daß gerade eine psychoanalytische Theorie, die auf Struktur und Symptomatik basiert ist, hierfür eine geeignete Grundlage bildet. Struktur ist deshalb von besonderer Bedeutung, da sie – wie in der Psychoanalyse – mit einer Theorie der Entwicklung der Struktur verbunden ist, oder anders ausgedrückt: die Psychoanalyse erlaubt, eine Theorie der psychischen Entwicklung mit einer Theorie der psychischen Struktur zu verbinden.

Die Klassifikation von Persönlichkeitsstörungen erfordert eine allgemeine Persönlichkeitstheorie, die sowohl eine Entwicklungstheorie als auch eine Theorie der normalen und pathologischen Struktur enthält. Das von mir vorgeschlagene Modell der psychoanalytischen Klassifikation von Persönlichkeitsstörungen beinhaltet bedeutende Beiträge von anderen psychoanalytischen Forschern und Theoretikern, u. a. von Rainer Krause (Krause 1988; Krause und Lutolf 1988), Volkan (1976,1987), Stone (1980, 1990, 1993a) und Akhtar (1989, 1992).

Nachdem ich hiermit meine theoretischen Konzepte kurz zusammengefaßt habe, komme ich jetzt auf die praktischen Aspekte der Entwicklungstheorien, die den Persönlichkeitsstörungen zugrunde liegen können, und zwar auf den Ursprung der psychischen Struktur, so wie sie in der psychoanalytischen Objekt-Beziehungs-Theorie aufgefaßt wird.

Der Ursprung der psychischen Struktur liegt, entsprechend dieser Theorie, in den frühesten Objektbeziehungen, die unter der Aktivierung von Affekten stattfinden. Gerade die frühen Objektbeziehungen, die sich unter der Wirkung von Spitzenaffekten entwickeln, führen zu Gedächtnisstrukturen, in denen die Objektbeziehung als eine dyadische Struktur verankert wird, die aus einer Selbstrepräsentanz, einer Objektrepräsentanz und affektiven Bindungen zwischen Selbstrepräsentanz und Objektrepräsentanz besteht (Kernberg 1994).

Diese Theorie ist gleichzeitig eine affektive und kognitive Theorie, da die kognitiven Strukturen die Voraussetzungen bilden, um Selbst- und Objektrepräsentanzen zu formulieren und in Erinnerungsspuren zu verwandeln.

Das heißt also, daß schwere oder auch leichte Störungen eine Ursache für den fehlerhaften Aufbau solcher frühen Objektbeziehungen sein könnten.

Affekte, so wie wir sie heute konzipieren, sind genetisch bestimmte, angeborene, psycho-physiologische Strukturen mit einer biologischen Kommunikationsfunktion, die in der Mimik des Kleinkindes und seiner angeborenen Fähigkeit, Gefühle zu zeigen und der angeborenen Fähigkeit der Mutter, diese Gefühle sofort vom Gesichtsausdruck des Kleinkindes abzulesen, zum Ausdruck kommt.

Affekte stehen gleichzeitig für fundamentale subjektive positive und negative Empfindungen, für neuro-vegetative und psychomotorische Erscheinungen, und sie basieren auf komplexen neuro-chemischen Prozessen. Sie stehen im Zusammenhang mit der Aktivation von kombinierten neurobiologischen Strukturen wie zum Beispiel der typischen Aktiviation des hypothalamischen, hypophysären Nebennierensystems unter dem Einfluß von früher schwerer Separation.

Veränderungen in den Neurotransmittersystemen bei schweren Persönlichkeitsstörungen verweisen auf die Möglichkeit, daß Neurotransmitter mit spezifischen Verzerrungen in der Affektaktivierung zusammenhängen (Stone 1993 a, b). Veränderungen in den adrenergen und cholinergen Systemen können z. B. mit einer allgemeinen affektiven Instabilität einhergehen, impulsives, aggressives, selbstdestruktives Verhalten kann durch ein reduziertes Funktionieren im Serotonin-System gefördert werden (de Vagvar et al. 1994; Steinberg et al. 1994; Stone 1993 a, b; van Reekum et al. 1994; Yehuda et al. 1994). Wenn eine Verbindung zwischen den biologischen Determinanten von affektiven Reaktionen und den psychologischen Auslösern von spezifischen Affekten besteht, so könnten genetische Dispositionen für Temperamentsunterschiede bei der Aktivierung von Affekten durch Veränderungen in den Neurotransmittersystemen vermittelt werden.

Es ist anzunehmen, daß die Persönlichkeit zunächst von affektiven Strukturen determiniert wird, die es erlauben, Objektbeziehungen zu entwickeln und zu internalisieren. Diese frühen Objektbeziehungen integrieren sich langsam. Selbst- und Objektrepräsentanzen sind die Basis für die spätere Entwicklung eines integrierten Selbstkonzepts und eines integrierten Konzepts von signifikanten anderen (Kernberg 1978). Der Aufbau dieser Objektbeziehungsstrukturen bestimmt dann die Struktur des Ichs, des Über-Ichs und des Es. Dieses dreiteilige System, die strukturelle Theorie Freuds, ist auf internalisierten Objektbeziehungen aufgebaut, die die Bausteine der psychischen Struktur darstellen.

Gleichzeitig kondensieren sich in dieser Konzeption Affekte, die entweder von einer positiven, freudigen, zufriedenstellenden oder von einer schmerzhaften, ärgerlichen, wütenden, angstvollen Art sind, so daß wir die duale psychoanalytische Triebtheorie von Libido und Aggression als eine hierarchisch übergeordnete Integration von Affektsystemen ansehen können (Kernberg 1992, 1994). Internalisierte Objekte entwickeln also psychische Struktur und hierarchisch integrierte Affekte. Das erste Motivationssystem sind Affekte, und Affekte sind Triebkomponenten menschlichen Verhaltens, denn Triebe stellen sich immer konkret als affektgeladene internalisierte Objektbeziehungen dar.

In der klinischen Praxis wird deutlich, daß Persönlichkeitsstörungen verschiedener Intensitätsgrade vom pathologischen Ich, pathologischen Es und pathologischen Über-Ich charakterisiert werden.

Die Pathologie des Es zeigt sich in einer Prädominanz von Aggression gegenüber der Libido, die sowohl von genetischen, konstitutionellen Prädispositionen als auch von aggressiven Affekten herrühren kann sowie von traumatischen Situationen, die negative Affekte auslösen. In dieser Hinsicht sind Affekte eine Brücke zwischen biologischer und psychosozialer Ursache von Persönlichkeitsstörungen (Kernberg 1994). In bezug auf die Pathologie des Es unterscheiden sich die schweren Persönlichkeitsstörungen von weniger schweren Störungen durch die Prädominanz von schwerer Aggression.

Was die Pathologie des Ichs anbetrifft, so sind schwere Persönlichkeitsstörungen durch eine fehlende Integration des Selbstkonzepts und der Konzepte von signifikanten anderen charakterisiert, was wir klinisch «Identitätsdiffusion» nennen, diagnostisch leicht erkennen können und die uns einen ersten Hinweis auf die Schwere der Persönlichkeitsstörung gibt. Ich-Schwäche zeigt sich aber nicht nur durch Identitätsdiffusion, sondern auch durch Prädominanz von primitiven Abwehrmechanismen wie die Spaltung und deren Abkömmlingen (projektive Identifikation, Verleugnung, primitive Idealisierung, Omnipotenz, omnipotente Kontrolle und Abwertung), die die frühesten Entwicklungsstufen des Ichs charakterisieren und typisch für schwere Persönlichkeitsstörungen sind im Gegensatz zu Verdrängung und reiferen Abwehrmechanismen, die leichtere Persönlichkeitsstörungen charakterisieren. Dazu kommen bei schwerer Ichstörung noch die Manifestationen einer allgemeinen Ich-Schwäche, Mangel an Impulskontrolle und Angsttoleranz und das Fehlen sublimatorischer Fähigkeiten im Gegensatz zu beschränkten Hemmungen oder Reaktionsbildungen bei leichten Persönlichkeitsstörungen.

Die Psychopathologie des Über-Ichs zeigt sich besonders deutlich bei narzißtischen Persönlichkeitsstörungen, bei denen wir eine Schwäche des Über-Ichs spezifisch beobachten können. Eine schwere Desorganisation und Auflösung des Über-Ichs sehen wir im Syndrom des malignen Narzißmus und in der antisozialen Persönlichkeitsstörung im engen Sinne.

In die Betrachtung der pathologischen Struktur fließen also eine Kombination von verschiedenen dimensionalen Kriterien ein, die für die Persönlichkeitsorganisation entscheidend sind.

Bevor ich näher auf mein eigenes Modell einer psychoanalytischen Klassifikation von Persönlichkeitsstörungen eingehe, möchte ich noch kurz aktuelle Forschungsansätze in unserer Arbeitsgruppe erwähnen.

Die Klassifikation, die ich hier vorstelle, wird unterstützt von Forschungen und Instrumenten, insbesondere Fragebögen, die auf den eben genannten Theorien aufgebaut sind. Hier beschäftigt uns vor allem ein Fragebogeninstrument, das «Inventar der Persönlichkeitsorganisation» (IPO, 1996), das wir beabsichtigen, mit Instrumenten der Operationalisierten Psychodynamischen Diagnostik (OPD, 1996) zu vergleichen.

Wir haben faktorenanalytische Studien durchgeführt, um die diagnostischen und prognostischen Implikationen der Über-Ich-Pathologie, insbesondere die Beziehung pathologischer Aggression, narzißtischer Störungen und antisozialen Verhaltens näher zu untersuchen. Wir interessieren uns für die prognostischen Implikationen der Über-Ich-Pathologie, die uns als wichtigster prognostischer Faktor bei der psychotherapeutischen Behandlung von Persönlichkeitsstörungen erscheint und natürlich auch für die allgemeinen therapeutischen Strategien bei schweren Persönlichkeitsstörungen, die wir der Borderline-Persönlichkeitsorganisation zuordnen. Meiner Meinung nach weist eine psychoanalytische Theorie der Klassifikation einen direkten Weg zu einer Methode zur Behandlung dieser Patienten, wie wir sie in unserem «Manual der Psychodynamischen Psychotherapie für Patienten mit Borderline-Persönlichkeitsstörungen» (Kernberg et al. 1989) vorschlagen.

Dieses Klassifikationsmodell verbindet kategoriale und dimensionale Kriterien. Denn eine Klassifikation, die nicht dimensionale und kategoriale Dimensionen verbindet, erscheint mir vom klinischen Standpunkt aus unpraktisch und sogar unrealistisch, obwohl es in dieser Hinsicht derzeit in den Vereinigten Staaten noch große Auseinandersetzungen zwischen den experimentellen Psychologen und den klinischen nicht-psychoanalytisch orientierten Psychiatern gibt.

Im Mittelpunkt meiner eigenen Klassifizierung von Persönlichkeitsstörungen steht die Dimension des Schweregrads der Störung. Die Abstufungen nach der Schwere der Störung führen zu einer Differenzierung in:

a) psychotische Persönlichkeitsorganisation
b) Borderline-Persönlichkeitsorganisation
c) neurotische Persönlichkeitsorganisation.

Unter «psychotischer Persönlichkeitsorganisation» verstehe ich z. B. Patienten mit chronischer Schizophrenie in der Remission oder mit anderen atypischen paranoiden Psychosen oder auch mit einem Erscheinungsbild, das man früher als «pseudo-neurotische Schizophrenie» bezeichnete, also Psychosen, die nur oberflächlich so aussehen, als ob sie Persönlichkeitsstörungen wären.

Strukturell handelt es sich bei der «Psychotischen Persönlichkeitsorganisation» um Patienten, die unter der Aktivierung von Spitzenaffekten eine Verschmelzung von Ich und Objektrepräsentanz verspüren, d. h. symbiotische Übertragungen erleben und ihre Fähigkeit zur Realitätsprüfung verloren haben (Kernberg 1981, 1988 b).

Den mittleren Bereich meines Klassifikationsmodells bildet die «Borderline-Persönlichkeitsorganisation», ein Konzept, das praktisch für «schwere Persönlichkeitsstörung» steht (Kernberg 1978) oder auch als ein Sammelkonzept im Sinne eines «Borderlinespektrums» zu verstehen ist, das alle schweren Persönlichkeitsstörungen einbezieht.

Typische Persönlichkeitsstörungen, die hierzu gehören, sind die Borderline-Persönlichkeitsstörung im Sinne des DSM, die schizoide, schizotypische, paranoide und hypomane Persönlichkeitsstörung, die Hypochondrie, die narzißtische und die antisoziale Persönlichkeitsstörung. All diese Patienten zeigen Identitätsdiffusion, Manifestationen von primitiven Abwehrmechanismen und viele Anzeichen von verschiedenen ausgeprägten Über-Ich-Defiziten (antisoziales Verhalten). Eine spezifische Gruppe dieser Patienten ist durch eine weitgehende Desorganisation des Über-Ichs gekennzeichnet, namentlich die narzißtische Persönlichkeitsstörung, das Syndrom des pathologischen Narzißmus und die antisoziale Persönlichkeitsstörung.

In meinem Modell unterscheide ich ein «höheres» von einem «niedrigen Niveau» der Persönlichkeitsorganisation, wobei das höhere Niveau dieser Borderline-Persönlichkeitsorganisation größere Fähigkeit zur sozialen Anpassung und zu wirklicher Abhängigkeit von anderen sowie weniger Ich-Schwäche bzw. mehr Ich-Stärke aufweist.

Ganz oben im Bereich der «neurotischen Persönlichkeitsorganisation» finden sich die leichteren Persönlichkeitsstörungen mit guter Identität, das heißt mit guter Integration des Selbstkonzepts und des Konzepts von wichtigen anderen, mit Ich-Stärke und im allgemeinen normaler Über-Ich-Funktion (Kern-

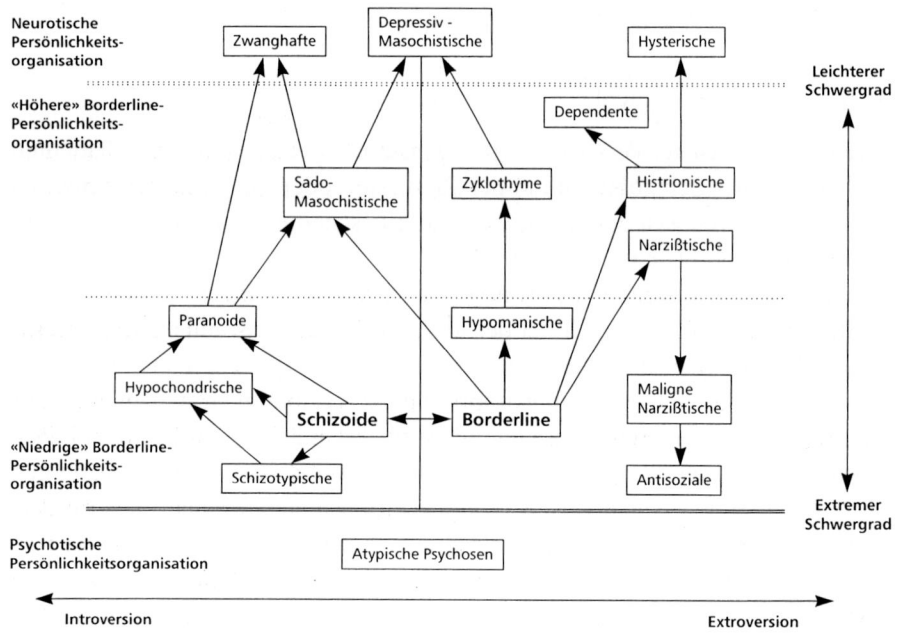

Abbildung 1: Klinische Beziehungen von Persönlichkeitsstörungen

berg 1978, 1981, 1988 a, 1988 b). Es handelt sich auch um Patienten, bei denen die ödipalen Konflikte, die man überall findet, doch so dominant sind, daß die Abwehrstruktur ihrer Persönlichkeit hauptsächlich gegen diese ödipale Problematik gerichtet ist, in Verbindung mit dominierenden sexuellen Konflikten – im Gegensatz zur vorherrschenden Pathologie der Aggression bei schwereren Persönlichkeitsstörungen.

Die schizoide und die Borderline-Persönlichkeitsstörung können als zwei grundlegende Persönlichkeitsstörungen beschrieben werden, da sie die «reinsten» Erscheinungsformen der allgemeinen Charkteristika der Borderline-Persönlichkeitsorganisation aufweisen mit Spaltung der internalisierten Objektbeziehungen und Dominanz primitiver Abwehrmechanismen. Der Unterschied zwischen der schizoiden und der Borderline-Persönlichkeit besteht darin, daß bei der Borderline-Persönlichkeit internalisierte primitive Objektbeziehungen und die Konflikte von idealisierten und verfolgenden Objektbeziehungen, sozusagen zwischen Libido und Aggression, in zwischenmenschlichen Beziehungen in Form von impulsiven Interaktionen erfolgen, während bei der schizoiden Persönlichkeit sich dieselbe Problematik in der Phantasie, im Innenleben der Patienten abspielt (Akhtar 1992; Stone 1994).

Der Unterschied zwischen «Borderline» und «schizoid» ist auch ein Unterschied zwischen Extraversion und Introversion. Extraversion und Introversion sind meiner Meinung nach eine Dimension des Temperaments, d. h., sie hängen hauptsächlich von genetisch und konstitutionell bestimmten Aktivierungen von Affektsystemen ab, und Temperament ist hauptsächlich Ausdruck der Intensität, des Rhythmus und der Schwelle von Affektentladungen. Ich glaube, daß eine psychoanalytische Einstellung biologische Prädispositionen nicht ausschließen kann und natürlich auch in der Theorie nicht vermeidet, da für Freud (1915) die Triebe natürlich angeboren waren.

Die Psychodynamik der schizoiden Persönlichkeit wurde besonders von Fairbairn (1954) beschrieben und die der Borderline-Persönlichkeit im engeren Sinne von Jacobson (1978), Mahler (1971, 1975) und zum Teil von mir (Kernberg 1976, 1978).

Auf der Abbildung geht eine Linie von der Borderline-Persönlichkeit zur histrionischen oder infantilen Persönlichkeit, einer leichteren Form von Persönlichkeitsstörungen und weiter zu einer noch leichteren, der abhängigen Persönlichkeit und dann schließlich bis in den Bereich der neurotischen Persönlichkeitsorganisation hin zur hysterischen Persönlichkeit. Diese Verbindungslinie soll zum Ausdruck bringen, daß eine innere Kontinuität zwischen Borderline-, histrionischer und hysterischer Persönlichkeit besteht; der Unterschied ist auch darin zu erkennen, daß in der hysterischen Persönlichkeit (Kernberg 1992) sich regressives, infantiles Verhalten auf den sexuellen Bereich erstreckt, während in der histrionischen und abhängigen Persönlichkeit eine allgemeine Regression oder Regressivität der Objektbeziehungen vorliegt, und natürlich in der Borderline-Persönlichkeit schweres Chaos, Unvereinbarkeit und schwere Spaltungen aller Objektbeziehungen anzutreffen sind.

Eine zweite Verbindungslinie geht von der Borderline-Persönlichkeit zur hypomanischen, zyklothymen und depressiv-masochistischen Persönlichkeit. Man erkennt hier Persönlichkeitsstörungen, die direkt von pathologischen Affektladungen bestimmt sind und biologisch-genetische Zusammenhänge mit der manisch-depressiven Erkrankung erkennen lassen.

Die schwerste Störung finden wir in der hypomanischen, eine leichtere in der zyklothymen Persönlichkeit. In der depressiv-masochistischen Persönlichkeit sehen wir die pathologische Affekt-Disposition in eine normale Ich- und Über-Ich-Struktur eingebettet und besonders in ein hypertrophisches überwuchertes Über-Ich, in dem die Aggression gegen sich selbst gerichtet ist (Kernberg 1992). Ich erwähne diese Störung besonders, da sie aus politischen Gründen aus dem DSM-III und -IV entfernt wurde.

Eine dritte Dimension der Schwere reicht von der Borderline- Persönlichkeit zur narzißtischen Persönlichkeit. In der narzißtischen Persönlichkeit entwickelt sich ein pathologisches, grandioses Selbst, das die Spaltung des normalen Selbstkonzepts auf Kosten einer schweren Desintegration der internalisierten Repräsentanzen von signifikativen anderen ersetzt (Akhtar 1989; Plakun 1989; Ronningstam und Gunderson 1989).

Hier verläuft eine Linie zum Syndrom des malignen Narzißmus, in dem das pathologische grandiose Selbst mit Aggressionen infiltriert ist und bei weiterer Zunahme von immer schwereren Aggressionen und antisozialem Verhalten bis zur antisozialen Persönlichkeit reicht, die keine Prognose mehr für psychotherapeutische Behandlung hat (Kernberg 1992). Die antisoziale Persönlichkeitsstörung im strengen Sinne (Akhtar 1992; Bursten 1989; Hare 1986; Kernberg 1988b) zeigt im allgemeinen in einer psychoanalytischen Untersuchung schwere zugrundeliegende paranoide Tendenzen mit einer völligen Unfähigkeit für irgendeine nicht ausbeutende Besetzung «bedeutsamer anderer». Das völlige Fehlen der Fähigkeit für Schuldgefühle, für die Sorge für sich selbst und andere, die Unfähigkeit, sich mit jeglichem moralischen oder ethischen Wert im Selbst oder in anderen zu identifizieren, und die Unfähigkeit, eine Dimension von persönlicher Zukunft zu entwerfen, charakterisiert diese Persönlichkeitsstörung.

Auf der «schizoiden» Seite der Introversion des Modells steht die Entwicklung der paranoiden, hypochondrischen und schizotypischen Persönlichkeit, die eine schwerere Form der schizoiden Persönlichkeit darstellt. Man mag sich

die Frage stellen, ob es wirklich berechtigt ist, diese beiden Persönlichkeitsstörungen noch zu unterscheiden, wobei es allerdings eine Gruppe von schizoiden Patienten gibt, in denen die Spaltung so weit fortgeschritten ist, daß sie
nicht nur die Affektivität, sondern die Kognitionen beeinträchtigt. Psychodynamisch läßt sich nachweisen, daß kognitive Entwicklungen eine Spaltung erfahren können, so daß die Patienten so aussehen, als ob die formelle Struktur ihrer
Sprache verändert wäre – eine schizophren anmutende Sprache, die sich durch
Deutung der Konflikte wieder normalisiert. So können die Theorien über Spaltung kognitiver Prozesse bewiesen werden.

Die paranoide Persönlichkeit und die hypochondrische Persönlichkeit stellt
sich mir als schizoide Persönlichkeit mit einer Akzentverschiebung auf die Aggression dar, die in der paranoiden Persönlichkeit auf die Außenwelt, und in der
hypochondrischen Persönlichkeit auf den Körper projiziert wird. Klinisch sehen wir oft sehr viele gemischte Formen mit schizoiden, paranoiden und hypochondrischen Zügen. Hier findet sich eine Übereinstimmung mit der Beschreibung des A-Clusters in der DSM-III- und DSM-IV-Klassifikation.

Leichtere Ausprägungen der paranoiden Persönlichkeit zeigen sich in der
sado-masochistischen Persönlichkeit, bei der Aggression sowohl nach außen
projiziert als auch agiert wird und gegen sich selbst gerichtet ist und von der aus
eine Linie dann weiter zur depressiv-masochistischen Persönlichkeit geht, die
auf der Ebene der neurotischen Persönlichkeitsorganisation liegt. Auf dieser
höheren Ebene ist auch die Zwangspersönlichkeit lokalisiert, zu der eine Verbindung von der paranoiden Persönlichkeit ausgeht, bei der allerdings die
Aggression ins Über-Ich integriert ist, bei einer entsprechenden neurotischen
Struktur, die natürlich über eine viel bessere Anpassung verfügt.

Hier sehen wir die typischen analen Persönlichkeitszüge als Abwehr gegen
die ödipalen Probleme, während sie in der depressiv-masochistischen Persönlichkeit auf einer oralen Regression beruhen und auch als Abwehr gegen ödipale Problematik gerichtet sind. Auf der Ebene der neurotischen Persönlichkeitsorganisation finden wir somit die hysterische Persönlichkeit als direkt und
unverhüllt ödipale Konstellation, die depressiv-masochistische Persönlichkeit
mit einer dominanten oralen Regression und die zwanghafte Persönlichkeit mit
einer analen Regression.

Die Beziehung zwischen diesen Persönlichkeitsstörungen, ihre innere Kontinuität, ist auch klinisch von praktischer Bedeutung. Patienten, die sich am Anfang ihrer Behandlung auf Borderline-Niveau befinden, können, wenn es ihnen
durch die Behandlung bessergeht, die Merkmale einer histrionisch oder hysterischen Störung erreichen. Patienten, die schwere narzißtische Persönlichkeiten
sind, mit schwerer Ich-Schwäche, aber keine Aggressionsproblematik zeigen,

also so wirken, als ob sie ganz einfach Borderline-Persönlichkeiten wären, können sich im Verlauf der Behandlung als narzißtische Persönlichkeit entpuppen. Oft verliert sich die Diagnose der narzißtischen Persönlichkeit während der Behandlung, wenn nur eine allgemeine Ich-Schwäche besteht und das pathologische grandiose Selbst mit einem psychodynamischen Therapieansatz früh entdeckt und bearbeitet werden kann.

Ich habe das Modell meiner psychoanalytischen Klassifikation von Persönlichkeitsstörungen dargestellt und mit einzelnen Beispielen illustriert, wie die zugrundeliegenden theoretischen Theorien in den verschiedenen Persönlichkeitsstrukturen zum Ausdruck kommen und einem psychoanalytischen Verstehen und Behandeln zugänglich gemacht werden können.

Literaturverzeichnis

Akhtar, S. (1989): Narcissistic personality disorder: descriptive features and differential diagnosis. In: Kernberg, O. F. (Hrsg.) Narcissistic personality disorder: Psychiatric clinics of North America. Saunders, Philadelphia, S. 505 – 530.

Akhtar, S. (1992): Broken structures. Aronson, Northvale.

American Psychiatric Association(1989): Diagnostic and statistical manual of mental disorders (3rd. ed. rev.) DSM-III-R. Washington DC: APA 1987. Deutsche Bearbeitung und Einführung von Wittchen, H. U., Saß, H., Zaudig, M., Koehler, K., Beltz, Weinheim.

American Psychiatric Association (1996): Diagnostic and statistical manual of mental disorders (4th. ed.) DSM-IV. APA, Washington DC.1994. Deutsche Bearbeitung und Einführung von Wittchen, H. U., Saß, H., Zaudig, M., Koehler, K., Beltz Weinheim.

Arbeitskreis OPD (Hrsg.) (1996): Operationalisierte Psychodynamische Diagnostik: Grundlagen und Manual. Huber, Bern.

Benjamin, L. S. (1992): An interpersonal approach to the diagnosis of borderline personality disorder. In: Clarkin, J. F. et al (Hrsg.) Borderline personality disorder. Guilford, New York, S. 161 – 198.

Benjamin, L. S. (1993): Interpersonal diagnosis and treatment of personality disorders. Guilford, New York.

Bursten, B. (1989): The relationship between narcissistic and antisocial personalities. In: Kernberg, O. F. (Hrsg.) Narcissistic personality disorder: psychiatric clinics of North America. Saunders, Philadelphia, S. 571 – 584.

Clarkin, F. J., Foelsch, P. A., Kernberg, O. F. (1997): Manual for the Inventory of Personality Organization (IPO). Copyright: The Personality Disorder Institut, Department of Psychiatry, Cornell University Medical Collage.

Costa, P. T., Widiger, T. A. (1994): Introduction. In: Costa PT, Widiger T (eds) Personality disorders and the five-factor model of personality. American Psychological Association, Washington, S. 1 – 10.

DeVagvar, M. L. et al (1994): Impulsivity and serotonin in borderline personality disorder. In: Silk, K. R. (Hrsg.) Biological and neurobehavioral studies of borderline personality dis-order. American Psychiatric Press, Washington, S. 23 – 40.

Fairbairn, W. (1954): An object-relations theory of the personality. Basic, New York.

Freud, S. (1915): Triebe und Triebschicksale. GW Bd 10.

Hare, R. D. (1986): Twenty years of experience with the Cleckley psychopath. In: Reid, W. H. et al (Hrsg.) Unmasking the psychopath. Norton, New York, S. 3–27.

Jacobson, E. (1978): Das Selbst und die Welt der Objekte. Suhrkamp, Frankfurt a. M.

Jonas, J. M., Pope, H. G. (1992): Axis I comorbidity of borderline personality disorder: clinical implications. In: Clarkin, J. F. et al (Hrsg.) Borderline personality disorder. Guilford, New York, S. 149–160.

Kernberg, O. F. (1976): Object relation theory and clinical psychoanalysis. Aronson, New York.

Kernberg, O. F. (1978): Borderline-Störungen und pathologischer Narzißmus. Suhrkamp, Frankfurt a. M.

Kernberg, O. F. (1980): Internal world and external reality. Aronson, New York.

Kernberg, O. F. (1981): Objektbeziehungen und Praxis der Psychoanalyse. Klett-Cotta, Stuttgart.

Kernberg, O. F. (1988 a): Innere Welt und äußere Realität: Anwendungen der Objektbeziehungs-theorie. Verlag Internationale Psychoanalyse, München, Wien.

Kernberg, O. F. (1988 b): Schwere Persönlichkeitsstörungen: Theorie, Diagnose, Behandlungsstrategien. Klett-Cotta, Stuttgart.

Kernberg, O. F. (1989 a): The narcissistic personality disorder and the differential diagnosis of antisocial behavior. In: Kernberg, O. F. (Hrsg.) Narcissistic personality disorder: psychiatric clinics of North America. Saunders. Philadelphia, S. 553–570.

Kernberg, O. F. (1989 b): Psychodynamic psychotherapy of borderline patients. Basic books, New York.

Kernberg, O. F. (1992): Aggression in personality disorder and perversions. Yale Univ Press, New Haven.

Kernberg, O. F. (1993): The psychoanalytic treatment of borderline patients. In: Paris, J. (Hrsg.) Borderline personality disorder. American Psychiatric Press, Washington, S. 261–284.

Kernberg, O. F. (1996): Ein psychoanalytisches Modell der Klassifizierung von Persönlichkeitsstörungen. Psychotherapeut 41: 288–296 .

Krause, R. (1988): Eine Taxonomie der Affekte und ihre Anwendung auf das Verständnis der frühen Störungen. Psychother. Med. Psychol. 38: 77–86.

Krause, R., Lutolf, P. (1988): Facial indicators of transference processes in psychoanalytical treatment. In: Dahl, H., Kächele, H. (Hrsg.) Psychoanalytic process research strategies. Springer, Berlin, Heidelberg, New York, S. 257–272.

Mahler, M. (1971): A study of the separation-individuation process and its possible application to borderline phenomena in the psychoanalytic situation. Psychoanalytic Study of the Child 26: 403–424.

Mahler, M., Pine, F., Bergmann, A. (1975): The psychological birth of the human infant. Basic Books, New York.

Oldham, J. M. (1994): Borderline personality disorder. American Psychiatric Press, Washington.

Paris, J. (1994): Borderline personality disorder. American Psychiatric Press, Washington.

Perry, J. C., Herman, J. L. (1993): Trauma and defense in the etiology of borderline personality disorder. In: Paris, J. (Hrsg.) Borderline personality disorder. American Psychiatric Press, Washington, S. 123–140.

Plakun, E. (1989): Narcissistic personality disorder: a validity study and comparison to borderline personality disorder: psychiatric clinics of North America. Saunders, Philadelphia, S. 603–620.

Ronningstam, E., Gunderson, J. (1989): Descriptive studies on narcissistic personality disorder. In: Kernberg, O. F. (Hrsg.) Narcissistic personality disorder: psychiatric clinics of North America. Saunders, Philadelphia, S. 585–602.

Steinberg, B. J. et al (1994): The cholinergic and noradrenergic neurotransmitter systems and affective instability in borderline personality disorder. In: Silk, K.R. (Hrsg.) Biological and neurobehavioral studies of borderline personality disorder. American Psychiatric Press, Washington, S. 41–62.

Stone, M. (1980): The borderline syndromes. McGraw-Hill, New York.

Stone, M. (1990): The fate of borderline patients. Guilford, New York.

Stone, M. (1993 a): Abnormalities of personality. Norton, New York.

Stone, M. (1993 b): Etiology of borderline personality disorder: psychobiological factors contributing to an underlying irritability. In: Paris, J. (Hrsg.) Borderline personality disorder. American Psychiatric Press, Washington, S. 87–102.

Van Reekum, R. (1994): Impulsivity in borderline personality disorder. Silk, K. R. (Hrsg.) Biological and neurobehavior studies of borderline personality disorder. American Psychiatric Press, Washington, S. 1–22.

Volkan, V. (1976): Primitive internalized object relations. International Univ Press, New York.

Volkan, V. (1987): Six steps in the treatment of borderline personality organization Aronson, Northvale.

Widiger, T. A., Frances, A.J. (1994): Toward a dimensional model for the personality disorders. In: Costa, P. T., Widiger, T. (Hrsg.) Personality disorders and the five-factor model of personality. American Psychological Association, Washington, S. 19–40.

Widiger, T. A. et al (1994): A description of the DSM-III-R and DSM-IV personality disorders with the five-factor model of personality. In: Costa, P. T., Widiger, T. (Hrsg. Personality disorders and the five-factor model of personality. American Psychological Association, Washington, S. 41–56.

Yehuda, R. et al (1994): Peripheral catecholamine alterations in borderline personality disorder. In: Silk, K. R. (Hrsg.) Biological and neurobehavioral studies of borderline personality disorder. American Psychiatric Press, Washington, S. 63–90.

Zur Diagnose der Charakterstruktur mit dem «Karolinska Psychodynamic Profile» (KAPP)

Robert M. Weinryb

> «Charakter erkennt man an drei Dingen:
> bei Geschäften, Wein und Konversation.»
> Jüdisches Sprichwort (Rosten, 1980)

Im Gegensatz zum jüdischen Sprichwort stützt sich der psychoanalytische Ansatz bei der Untersuchung der Charakterstruktur im wesentlichen auf die Konversation als Mittel zur Gewinnung klinischen Materials. Die Psychoanalyse betont sowohl in der Theorie als auch in der klinischen Praxis einen Längsschnittansatz, der es ihr ermöglicht, stabile psychische Funktionen und Charakterzüge, aber auch deren Veränderung zu studieren. Traditionell haben psychoanalytische Forscher die Fallgeschichte gegenüber standardisierten Einschätzungsinstrumenten als Forschungsbasis bevorzugt wegen der Schwierigkeit, individuelle Lebensstile und psychische Funktionen mittels standardisierter Skalen zu erfassen.

Solche Skalen haben aber auch gewisse Vorzüge: Sie erlauben eine wiederholte Anwendung, den Vergleich von Gruppen und damit auch die Evaluation von Behandlungsmaßnahmen. Darüber hinaus erleichtern sie eine sinnvolle Kommunikation zwischen Klinikern und Forschern. Aus diesem Grund sind reliable und valide Meßinstrumente für Charakterzüge und vergleichbare psychologische Konstrukte vonnöten.

Der Begriff Charakter bezeichnet dessen typische individuelle Verhaltensweisen oder Haltungen, die diese als relativ zeitstabil und in gewissem Ausmaß als vorhersehbar ausweisen. Es ist möglich, wenn auch nicht wahrscheinlich, sich einen Menschen vorzustellen, der keinerlei psychiatrische oder psychologische Symptome aufweist. Es ist schlechterdings jedoch nicht vorstellbar, sich einen Menschen ohne Charakter vorzustellen, zumal auch eine solche Eigenschaft ihrerseits einen Charakter darstellen würde. Ähnlich dem menschlichen Chamäleon Leonhard Zelig, den Woody Allen in seinem gleichnamigen Film porträtiert und der die jeweilige Persönlichkeit desjenigen annimmt, mit dem er gerade zusammen ist: eines Schwarzen, eines Asiaten, eines Griechen, eines Boxers, eines Psychiaters, eines Arztes oder eines Rabbis. Wie Zelig sagt: «Es ist immer sicherer, so zu sein wie die anderen» (McCann 1990); dies verweist auf die adaptive Eigenschaft der Charakterstruktur. Wenn auch die Vorhersagbarkeit von Zeligs Charakter natürlich relativ begrenzt ist.

Innerhalb eines psychoanalytischen Bezugsrahmens bezeichnet der Begriff «Charakter» typische Eigenschaften eines Individuums, während der Begriff «Persönlichkeit» zwar ähnliches beschreibt, aber eher dem Feld der akademischen Psychologie zuzuordnen ist (Eysenck 1970). Beide Konzepte werden innerhalb ihres Bezugsrahmens im übrigen kontrovers diskutiert (Panel 1983; Pervin 1985).

Obwohl also charakteristische individuelle Eigenschaften schwer zu definieren sind, werden sie dennoch als wichtig angesehen, da sie, zumindest in einem gewissen Ausmaß, die Vorhersage von Verläufen verschiedener Art, z. B. im Rahmen von psychotherapeutischen Behandlungen, ermöglichen. «Charakter ist ein dispositives oder prädiktives Konzept. Es sagt uns, was jemand normalerweise vermutlich tun wird» (Schafer 1979). Sarason (1966, S. 14) zitiert Cattels Stellungnahme:

«Persönlichkeit ist das, was eine Vorhersage darüber erlaubt, was eine Person in einer bestimmten Situation tun wird ... Persönlichkeit bezieht sich auf jegliches sowohl offenes als auch unterschwelliges Verhalten eines Individuums.» (Kursivsetzung im Original.)

Die Konzepte «Charakter» und «Persönlichkeit» müssen jeweils in spezifischen Bezugsrahmen definiert werden. Hall und Lindzey (1978, S. 9) formulieren: «... *Keine Definition von Persönlichkeit kann generell verwendet werden.* Damit ist gemeint, daß die Art, wie ein Mensch ‹Persönlichkeit› definiert, vollständig von seinem theoretischen Bezugsrahmen abhängt. ... Deshalb schlagen wir vor, daß *Persönlichkeit durch die spezifischen empirischen Konzepte definiert wird, die die Persönlichkeitstheorie des Beobachters ausmachen.* Die Persönlichkeit besteht konkret aus einer Anzahl von Werten oder deskriptiven Begriffen, die ein bestimmtes zu untersuchendes Individuum beschreiben, das im Sinne derjenigen Variablen oder Dimensionen untersucht wird, die in der benutzten Theorie eine zentrale Position einnehmen.» (Kursivschrift im Original.)

In einem ähnlichen Sinn betont Schafer aus psychoanalytischer Sicht: «Die Bezeichnung dieses oder jenes Charaktertypus ist nur durch einen Prozeß der Selektion und Abstraktion möglich, die der Untersucher aufgrund eines bestimmten Standpunktes durchführt ... Dieser Standpunkt reflektiert die theore-

tische, technische und literarische Auswahl des Beobachters ... Es gibt nicht
einfach irgendwelche charakterologischen Tatsachen, die darauf warten, aufgegriffen zu werden. Jeder Beobachter konstruiert die Realität» (Schafer 1979).
In der psychoanalytischen Literatur ist das globale Charakterkonzept wesentlich umstrittener als das Konzept der Charakterzüge (Boesky 1985; Panel
1983). Die beiden Begriffe entsprechen verschiedenen Abstraktionsstufen:
Charakterzüge sind enger mit beobachtbaren Verhaltensweisen verknüpft,
während die Charakterorganisation auf einer abstrakteren Ebene angesiedelt ist
(Baudry, in Panel 1983). Charakterzüge sind leicht beschreibbar und von daher
auch weitgehend allgemein akzeptiert und klinisch genutzt. Auf der anderen
Seite gibt es keine allgemein akzeptierte psychoanalytische Theorie der Charakterorganisation. Einige Autoren halten das Konzept für nützlich (z. B.
Baudry 1984), während es andere als nutz- und bedeutungslos qualifizieren, da
es insgesamt zwiespältig und nur schwer mit der psychoanalytischen Theorie,
insbesondere dem strukturellen Modell von Ich, Es und Über-Ich, vereinbar sei
(z. B. Boesky 1985; Brenner 1982).

Charakterzüge bezeichnen also wesentliche Aspekte individuell stabiler und
wiederholter Muster von Interaktion und Verhalten, betrachtet durch einen
außenstehenden Beobachter. Insofern sind sie nur zu einem gewissen Ausmaß der
Introspektion und der bewußten Wahrnehmung zugänglich. «Sie bezeichnen im
allgemeinen Arten der Beziehungsaufnahme oder der Reaktion auf Situationen,
Lebensweisen oder Einstellungen» (Baudry 1984, S. 462). Von innen betrachtet,
sind sie ein Teil des individuellen Selbstbildes (Baudry 1984). Dabei implizieren
Charakterzüge immer auch gewisse Handlungen (Boesky 1985; Schafer 1979).

«Was in einem Menschen drinsteckt, kommt auch heraus, so oder so», wie
es in einem anderen jüdischen Sprichwort heißt (Rosten 1980).

Ein Bestandteil von Charakterzügen sind (überwiegend) unbewußte Phanta-
sien, Szenarien, die mit Menschen der Umgebung gelebt werden. In diesem
Sinne gibt es Bezüge zum Konzept der Übertragung. Sandler argumentiert, daß
Charakterzüge «... auch die Wege bezeichnen, mit denen wir Antworten unse-
rer signifikanten Objekte oder besser deren alltägliche Repräsentanten hervor-
rufen» (1981). Manchmal ermöglicht die unbewußte Gegenübertragung des
Psychoanalytikers in Form einer Rollenantwort, d. h. der Übernahme einer
Rolle, die der Patient ihm zuweist, ohne daß der Analytiker sich dessen bewußt
ist, die Entdeckung von Charakterzügen und von Hinweisen auf ihren Ursprung
(Sandler 1976). In diesem Sinn ist auch der objektbeziehungstheoretische
Standpunkt für die Untersuchung von Charakterzügen von Bedeutung.

Die gleichzeitige Verwendung des Begriffs Struktur («Charakterstruktur»)
resultiert aus der Tatsache, daß aufgrund des relativ stabilen Modus und der nur

schweren Veränderung von Charakterzügen diesen «strukturelle» (Rapaport und Gill 1959) oder «mikrostrukturelle» (Applegarth 1989; Baudry 1989) Eigenschaften zugewiesen werden.

Die Unterscheidung zwischen Symptomen und Charakterzügen ist nicht eindeutig. Im allgemeinen jedoch bezeichnen «Symptome Arten und Weisen des Leidens, Charakterzüge jedoch Arten des Verhaltens» (Stein 1969, S. 682). In Anerkenntnis dieser Tatsache unterscheidet das DSM-III zwischen klinischen Syndromen auf der Achse I und Persönlichkeitsstörungen auf der Achse II (American Psychiatric Association 1980). Im Gegensatz zu Symptomen werden Charakterzüge meist mehr oder weniger ich-synton erlebt. «Ein Symptom scheint bedeutungslos zu sein, während der neurotische Charakter ausreichend vernünftig begründet sein sollte, um nicht pathologisch oder bedeutungslos zu erscheinen. Für neurotische Charakterzüge werden oft Gründe angeführt, die unmittelbar als absurd zurückgewiesen werden, würde man sie auf Symptome anwenden, ...» (Reich 1928, S. 110). Oder mit anderen Worten «[Ich-syntone Züge] sind für die Person die fundamentale Basis für Verständnis und Sicherheit. Metaphorisch gesprochen sind sie das Auge, das alles entsprechend seiner eigenen Struktur sieht, außer sich selbst» (Schafer 1979). Das Individuum leidet gewöhnlich nicht unter ich-syntonen Zügen, wohl aber oft die Umgebung oder der Betreffende hinsichtlich der Konsequenzen seiner Charakterzüge.

Psychodynamische Einschätzungsinstrumente

Da Charakterzüge beobachtbar sind, werden sie seit langem in der psychoanalytischen Literatur beschrieben, und es gibt verschiedentliche Versuche, sie zu klassifizieren. Einen aktuellen Überblick geben Kets de Vries und Perzow 1991. Verglichen mit der großen Anzahl von Instrumenten, die innerhalb der Psychologie zur Einschätzung von Persönlichkeitszügen oder (innerhalb der Psychiatrie) von Psychopathologie entwickelt wurden, gibt es vergleichsweise wenig Ansätze, die eine standardisierte Einschätzung psychoanalytisch konzeptualisierter Merkmale wie eben der Charakterstruktur ermöglichen.

Frühere psychoanalytische Instrumente basierten auf der klassischen Triebtheorie oder Ich-Psychologie (Bellak 1968; Bellak und Goldsmith 1984; Freud et al. 1965), in der mentale Funktionen in Begriffen von Fixierungen und Ich-Funktionen beschrieben werden. Diese metapsychologischen Theorien weisen einen gewissen Abstand zu klinisch beobachtbaren Phänomenen auf. Sowohl ihre klinische Anwendbarkeit als auch ihre theoretische Wichtigkeit wurden in

Frage gestellt (Gill 1976; Klein 1976; Schafer 1976; Schafer 1983). Um einen wirklichen Nutzen zu haben, war für die Anwendung der entsprechenden Instrumente oft ein ausführliches Ratertraining notwendig (Dahl 1984).

Die klinische Einschätzung psychischer Funktionen bringt beträchtliche Probleme mit sich. Ich-syntone mentale Funktionsweisen werden, wie erwähnt, von den Probanden oft als selbstverständlich angesehen, so daß diese oft Schwierigkeiten haben, sie zu identifizieren und zu berichten. Insofern muß die klinische Einschätzung im wesentlichen aus Schlußbildungen diverser Hinweise bestehen. Dies ist im Gegensatz zu psychiatrischen Symptomen der Fall, deren die Betreffenden sich oft bewußt sind und die sie berichten können, beispielsweise Phobien, Traurigkeit, Halluzinationen. Aus diesem Grund ist es schwierig, im Bereich psychodynamischer Einschätzungsmethoden eine gute Reliabilität zu erreichen.

Malan berichtet hohe Übereinstimmungen zwischen Beurteilern, die seiner eigenen Methode zur psychodynamischen Fokusbildung, die auf vom Interviewer niedergeschriebenen Gesprächszusammenfassungen beruht, folgten (Malan 1976). Andere Studien fanden dagegen eine niedrige Interrater-Übereinstimmung, wenn den Beurteilern freigestellt war, ihre Einschätzungen mit eigenen Worten und auf unterschiedlichen Niveaus der Schlußbildung zu formulieren (z. B. DeWitt et al. 1983; Seitz 1966).

Der Bedeutung von Objektbeziehungen wird im gegenwärtigen psychoanalytischen Denken eine große Rolle zugewiesen (Balint 1968; Kernberg 1976). Zusammen mit anderen psychoanalytischen Beandlungskonzepten wie der Übertragung und dem Widerstand (die näher an beobachtbaren klinischen Phänomenen angesiedelt sind als Wünsche, Gefühle und Handlungen) bietet deshalb die Objektbeziehungstheorie einen theoretischen Rahmen zur Konstruktion von Beurteilungsinstrumenten.

Aus diesem Grund ist der Einfluß des Ansatzes in jüngeren psychoanalytischen Meßinstrumenten besonders spürbar, obwohl der Bezug nicht immer explizit erwähnt wird. Diese Instrumente sind oft relativ strukturiert, d. h., der Kliniker muß einer gewissen Prozedur folgen und hat keine Freiheiten hinsichtlich der Formulierung und hinsichtlich des Abstraktionsgrades. Dennoch scheint der Bedarf an intensivem Training bei diesen Instrumenten keineswegs geringer zu sein. Jedoch erleichtert das strukturierte Vorgehen die Übereinstimmung zwischen Beurteilern und erhöht die Interrater-Reliabilität.

Aus heuristischen Gründen wird im folgenden zwischen Instrumenten zur Inhaltsbeurteilung und solchen zur Strukturbeurteilung unterschieden. Natürlich sind Inhalt und Struktur aufeinander bezogen: Durch die Beurteilung der Struktur können Hinweise auf spezifische psychodynamische Inhalte, z. B. typische Ängste und deren Beantwortung durch den Probanden, gefunden werden. Und in der anderen Richtung erlauben unterschiedliche Handlungen (Inhalte) eines Individuums den Schluß auf zugrundeliegende Strukturen. «Ob man etwas Inhalt oder Struktur nennt, hängt nicht davon ab, was man beobachtet, sondern welche Fragen man stellt ...» (Schafer 1979, S. 888).

So fokussieren Gill und Hoffman (The Patients Experience of the Relationship with the Therapist – PERT; das Erleben der Beziehung zum Therapeuten durch den Patienten) (Gill und Hoffman 1982) und Luborsky et al. (Zentrales Beziehungskonfliktthema – ZBKT) (Crits-Christoph et al. 1993; Crits-Christoph et al. 1988; Fried et al. 1992; Luborsky und Crits-Christoph 1988; Luborsky und Crits-Christoph 1990; Luborsky et al. 1986) auf die Übertragung.

Die ZBKT-Methode beschreibt Wünsche, Reaktionen der Objekte und daraus resultierende Reaktionen des Subjekts. Die Kategorien können für jeden Patienten maßgeschneidert, aber auch in Form von standardisierten Kategorienlisten erstellt werden (Barber et al. 1990).

Perry et al. entwickelten ein Instrument zur Einschätzung von Konflikten (Idiographische Konfliktformulierungsmethode – ICF; Psychodynamische Konfliktbeurteilungsskala – PCRS) (Perry 1988 b) und zur Einschätzung von Wünschen und Ängsten (Perry 1989). Die ICF versucht die Einschätzung von Patientenwünschen sowie die daraus resultierenden Folgen in Begriffen von symptomatischen und vermeidenden Konsequenzen, von Vulnerabilität auf spezifische Belastungen und bestmöglichem Anpassungsniveau an Konflikte zu beschreiben. Dies geschieht in individualisierter Weise für jeden Patienten. Zugrunde liegt eine standardisierte Liste von 49 Wünschen und 39 Befürchtungen. In der PCRS werden 14 vordefinierte Konflikte eingeschätzt.

Die FRAME-Methode von Teller und Dahl (1986) bemüht sich um die Einschätzung wiederholter typischer und sequentieller Ereignisse, die u. a. für Wünsche, Ängste und Grundannahmen eines Patienten stehen.

Basierend auf einem kognitiv psychoanalytischen Ansatz entwickelten Weiss und Sampson (Weiss et al. 1986) die «Plandiagnose», die die untergründigen Ziele von Patienten in einer Therapie, die inneren Hindernisse bei der Erreichung dieser Ziele von «pathogenic beliefs» («pathogene Überzeugungen») sowie die Versuche des Patienten einschätzt, den Therapeuten hinsichtlich seiner Fähigkeit, die pathogenen Überzeugungen zu widerlegen, zu testen. Ferner werden Einsichten formuliert, die für den Patienten bei der Überwindung seiner pathogenen Überzeugungen hilfreich sein könnten (Rosenberg et al. 1986; Weiss et al. 1986).

Hinsichtlich des Vergleiches der verschiedenen inhaltsorientierten Instrumente gibt es noch wenige empirische Untersuchungen. In der Zeitschrift «Psychotherapy Research» (4/1994) werden sieben Übertragungsmeßinstrumente verglichen. Luborsky et al. fassen zusammen, daß die Instrumente sich alle relativ ähnlich sind (1994). Im selben Band der Zeitschrift werden auch die oben beschriebenen Inhaltsinstrumente ausführlich dargestellt (Barber und Crits-Christoph 1993; Luborsky et al. 1993).

Unter den eher strukturorientierten Instrumenten sind Vaillants Beurteilungen der Abwehrmechanismen (Vaillant 1971, 1992, 1993), Perrys «Defense Mechanisms Rating Scales» (Perry 1988 a, 1990; Perry and Cooper 1986, 1989 a und 1989 b) sowie Pipers «Quality of Object Relations Scale» (Azim et al. 1991; Piper et al. 1991 a, 1991 b, 1990) zu erwähnen.

Das Karolinska Psychodynamic Profile (KAPP)

Die Arbeit an diesem Instrument entwickelte sich aus der Notwendigkeit einer Einschätzungsmethode, die zur Messung relativ stabiler und psychischer Funktionen und Charakterzüge in der klinischen Praxis und bei Falldarstellungen in psychiatrischen Teams, Supervision, Ausbildung und Forschung genutzt werden konnte (Weinryb und Rössel 1991).[1] Wir, das sind der Autor und der Co-Autor des KAPP, Robert Rössel, haben wiederholt die Erfahrung gemacht, daß in Falldarstellungen in unterschiedlichen Zusammenhängen eine unnötig große Mehrdeutigkeit der verwendeten Begriffe vorlag. Da Worte Konstrukte bezeichnen, führte dies oft zu Situationen, in denen die Mitglieder zwar darin überstimmen konnten, daß ein Patient einen bestimmten Charakterzug aufwies. Der fragliche Zug hatte jedoch oft für die einzelnen Beteiligten eine sehr verschiedene Bedeutung, d. h. man stimmte hinsichtlich des verwendeten Begriffs, aber nicht hinsichtlich des Konstruktes überein.

Unser Ziel war es deshalb, ein Instrument zu konstruieren, das basierend auf dem psychoanalytischen Mainstream dazu beitragen konnte, diese konzeptuelle Mehrdeutigkeit zu reduzieren. Ein solches Instrument sollte sich am psychody-

---

[1] Die ursprüngliche englische Version des Manuals wurde publiziert als: Weinryb, R. M. u. Rössel, R. J. (1991). Karolinska Psychodynamic Profile – KAPP. Acta Psychiatrica Scandinavica, 83 (suppl 363), 1–23.
Übersetzungen existieren auf *schwedisch:* Weinryb, R. M. , Rössel, R. J. (1991) Karolinska Psychodynamic Profile – KAPP. Stockholm: Pilgrim Press; *spanisch:* Weinryb, R. M. , Rössel, R. J. (1993). Perfil Psicodinamica de Karolinska – KAPP. Madrid: Aran. *italienisch:* Weinryb R. M., Rössel, R. J. (1993). Karolinska Psychodynamic Profile. Psichiatria e Psicoterapia Analitica, 12, 85–114; *dänisch:* Weinryb, R. M., Rössel, R. J. (1994): Karolinska Psychodynamic Profile – KAPP. Roskilde: IPTP's Forlag. Eine *französische* Version liegt vor, wurde aber bisher noch nicht publiziert.

namischen Denken und Handeln orientieren, auf klinische Daten bezogen und deshalb auch vergleichsweise einfach zu erlernen und reliabel anzuwenden sein. Schlußbildungen, die für die Einschätzung der klinischen Daten vonnöten sind, sollten sich auf einem mittleren Level bewegen. Es war unser Ziel, psychische Funktionen und Charakterzüge breit abzubilden und nicht auf spezifische Konflikte, Abwehrmechanismen, Wünsche oder Ängste zu fokussieren, obwohl es durchaus möglich ist, manchmal spezifische Verknüpfungen zu unterschiedlichen Arten psychischen «Funktionierens» herzustellen. Kurz gesagt, wir wollten auf stabile und nur langsam veränderbare «Traits» abheben, d. h. auf die psychische Struktur.

Aber warum ein neues Instrument? Bei Betrachtung vorliegender Instrumente fanden wir, daß sie sich zu stark an metapsychologischen Annahmen orientierten: So sind Anna Freuds Skalen zu komplex und mühselig für den klinischen Alltag, Bellaks Ich-Funktionseinschätzungen sind zu spezifisch, die Abwehrratings von Vaillant und Perry oder die Objektbeziehungsskala von Piper sind zu «inhaltsorientiert», genauso wie Perrys Konfliktformulierungsmethode oder das ZBKT von Luborsky bzw. die Vorgehensweisen von Teller und Dahl oder Weiss und Sampson.

Die Konstruktion des Profils

Bei der Zusammenstellung des Profils stützten wir uns auf unsere klinische und theoretische Erfahrung als Psychiater/Psychologe und als Psychoanalytiker wie auch auf unsere Lebenserfahrung. Wir wollten mit den unterschiedlichen Unterbereichen des Profils erfassen, wie sich mentale Funktionen und Charakterzüge in der Selbstwahrnehmung und in den zwischenmenschlichen Beziehungen, einschließlich denjenigen zum klinischen Interviewer, abbildeten. Damit stellte sich die Frage, welche Bereiche in das Profil aufgenommen werden sollten.

Von Beginn an sahen wir einige Bereiche aus unserer Lebenserfahrung und klinischen Praxis und aus der Theorie als selbstverständlich an, z. B. die Fähigkeit zu Intimität und reifer Abhängigkeit, die Bewältigung aggressiver Affekte und das Umgehen mit Frustration und inneren Impulsen. Die letzten beiden fanden wir, obwohl miteinander in Verbindung stehend, im klinischen Denken oft nicht ausreichend voneinander getrennt. Andere Bereiche entwickelten sich aus den Beobachtungen einer kleinen Pilotstudie mit Patienten nach operativer Behandlung einer Colitis ulcerosa (Weinryb und Rössel 1986). Hierzu zählen die Kategorien der «Normopathie», der Alexithymie und anale Charakterzüge.

Bei wieder anderen Aspekten hatten wir den Eindruck, daß sie in typischen klinischen Interviews, aber auch in den existierenden Skalen und Profilen nicht genügend berücksichtigt werden, obwohl sie theoretisch und klinisch von den meisten als wichtig angesehen werden: z. B. Sexualität, Körperwahrnehmung und die individuelle Einschätzung der eigenen sozialen Bedeutung.

Ausgehend von diesen ursprünglichen Bereichen definierten wir dann Unterskalen zu deren Operationalisierung. Einige Basiskategorien wie «Depressions- und Angsttoleranz» sowie «Narzißmus» wurden im Verlauf spezifischeren Unterskalen zugeordnet.

So kann die «Depressionstoleranz», obwohl dieser Begriff nicht verwendet wird, als ein Aspekt der Unterskala «Umgang mit Abhängigkeit und Trennung» angesehen werden. Ähnliches gilt für die Angsttoleranz, die z. B. als Teilaspekt der Unterskala «Frustrationstoleranz» angesehen wird.

Das Konzept des Narzißmus in seiner sowohl normalen als auch in seiner pathologischen Ausprägung geht in viele Unterskalen ein, sei es mehr unter emotionalen, sei es mehr unter physischen Aspekten.

Aus der Definition der Unterskalen entwickelte sich die Beschreibung unterschiedlicher Ebenen des Funktionierens, d. h. eine Abstufung dieser Skalen. Dabei wurden psychische Funktionen und Charakterzüge auf einem Kontinuum von normalem zu pathologischem Verhalten liegend konzeptualisiert. Ziel war es, daß die einzelnen Unterskalen einen Bereich erfassen sollten, der von relativ normalem Funktionieren zu zunehmender Gestörtheit fortschreitet. Bei bestimmten Persönlichkeitszügen wie «Kontrollwünschen», «Frustrationstoleranz», «Impulskontrolle» und «Umgang mit aggressiven Affekten» muß man sich das Kontinuum allerdings eher U-förmig vorstellen, d. h., ausgehend von relativer Normalität gibt es eine Ebene stärkerer Hemmungen (reaktionsbildende und phobische Charakterzüge) auf der einen Seite bzw. pathologisches Ausagieren auf der anderen Seite (Kernberg 1970). In den Skalen zu kontrollierenden Persönlichkeitszügen und zur Wahrnehmung der Körpererscheinung und -funktion können abgewehrte Impulse, Wünsche und Bedürfnisse gleichzeitig mit der dagegen gerichteten Abwehr ausgedrückt werden, oder beide können sich abwechseln, wenn die Störung tiefergehend ist. Hier versuchten wir sehr genau vorzugehen, damit die klinische und theoretische Relevanz dieses Konzeptes ausreichend gewürdigt wird.

Während wir die unterschiedlichen Ausprägungen auf den Unterskalen entwickelten, diskutierten wir für die jeweiligen Funktionsweisen Beispiele aus unserer klinischen Erfahrung und unserer Lebenserfahrung. So versuchten wir uns zu einigen Skalen imaginäre Karikaturen typischer Extremvarianten vorzustellen («Der Diplomat» oder «Der zwanghafte Bankangestellte»). Manchmal

Qualität interpersoneller Beziehungen

1. Intimität und Bezogenheit
Beschreibt verschiedene Arten der Beziehung zu anderen – reichend von Beziehungen, die durch Intimität, Bezogenheit und Reflexion geprägt sind, bis hin zu einseitigen Beziehungen, die auf lediglich narzißtischen Bedürfnissen beruhen.

2. Abhängigkeit und Trennung
Beschreibt verschiedene Typen der Abhängigkeit – reichend von relativer Unabhängigkeit als erwachsener Form der Abhängigkeit bis hin zu kindlicher Abhängigkeit.

3. Kontrollierende Persönlichkeitszüge
Beschreibt verschiedene Wege, auf denen das Bedürfnis nach Macht und Kontrolle ausgedrückt werden kann – reichend von reifen und flexiblen Einstellungen über verdeckte, indirekte Machtansprüche und Kontrollwünsche zu unreifen und zwanghaft rigiden Formen, wie sie sich in entsprechenden Beziehungen zu Menschen und Dingen ausdrücken können.

Spezifische Aspekte des psychischen Funktionierens

4. Frustrationstoleranz
Beschreibt die Fähigkeit, Spannungen und Unlust, die aus Konflikten zwischen als drängend erlebten Wünschen und inneren sowie äußeren Grenzsetzungen gegen diese resultieren, auszuhalten. Die Unterskala beschreibt verschiedene Wege, mit Frustration umzugehen – reichend von Toleranz und der Fähigkeit, mit Frustration zurechtzukommen, über reaktives Vermeiden (z. B. Ich-Einschränkungen) bis hin zur offenen Schwierigkeit, unangenehme Gefühle überhaupt zu ertragen.

5. Impulskontrolle
Beschreibt Wege, mit andrängenden Gefühlen, Wünschen und Bedürfnissen verschiedener Art umzugehen, und die Art, in der dieses Umgehen sich in Handlung ausdrückt – reichend von einer reifen Balance zwischen Wünschen und Realität über eine unangemessene Betonung der «Sachzwänge» auf Kosten der Wünsche bis hin zur manifesten Schwierigkeit, die Realität überhaupt bei der Verfolgung von Befriedigungen zu berücksichtigen.

6. Regression im Dienste des Ichs
Beschreibt die Fähigkeit, im Dienste des Ichs zu regredieren – reichend von der befriedigenden Fähigkeit, das Realitätsprinzip zeitweise außer Kraft zu setzen, sei es spielerisch, freiwillig oder unter Kontrolle, bis hin zur Schwierigkeit, dies generell zu tun.

7. Umgehen mit aggressiven Affekten
Die Unterskalen reichen von einer adaptiven und zielgerichteten Einstellung über ungünstige aggressive Hemmungen bis hin zu impulsivem und destruktivem Verhalten.

Affektdifferenzierung in bezug auf Erleben und Ausdruck

8. Alexithyme Züge
Diese Unterskala reicht von einer guten Fähigkeit, gefühlsmäßige Aspekte und emotionale Zustände in subtiler und differenzierter Weise zu identifizieren, zu erleben und auszudrücken, bis hin zu großen Schwierigkeiten, hinsichtlich solcher Unterscheidungen und Ausdrucksmöglichkeiten.

9. Normopathische Züge

Diese Unterskala reicht von der guten Fähigkeit, persönliche und individuelle Bedürfnisse und Wünsche aktiv auszudrücken, bis hin zur Unfähigkeit des Ausdruckes persönlicher Phantasien, der ersetzt wird durch das zwanghafte Festhalten an sozialen Konventionen.

Die Bedeutung des Körpers als Aspekt des Selbstwertgefühls

10. Körperselbstwahrnehmung und ihre Bedeutung für den Selbstwert
Schätzt die überdauernden bewußten und unbewußten Körperbilder der Probanden und ihre Bedeutung für den Selbstwert ein.

11. Wahrnehmung der körperlichen Funktion und ihrer Bedeutung für den Selbstwert
Schätzt die überdauernden bewußten und unbewußten Bilder von Körperfunktionen und ihre Bedeutung für den Selbstwert beim Probanden ein.

12. Gegenwärtiges Körperbild
Schätzt das aktuelle bewußte und unbewußte Bild zum eigenen Körper, der physischen Erscheinung und der körperlichen Funktionen und ihre Auswirkung auf den Selbstwert ein.

Sexualität

13. Sexuelle Funktionen
Schätzt die funktionellen sexuellen Möglichkeiten eines Probanden in Hinsicht auf sexuelle Aktivität mit einem Partner ein.

14. Sexuelle Zufriedenheit
Schätzt sexuelles Interesse, Wünsche und Zufriedenheit in der Partnerbeziehung ein. Die Unterskala reicht von einer aktiven Einstellung gegenüber Sexualität hin zu stärkerer Hemmung und Passivität.

Die individuelle Sicht der eigenen Bedeutung

15. Gefühl von Zugehörigkeit

16. Gefühl von Gebrauchtwerden

17. Zugang zu Rat und Hilfe
Diese drei Unterskalen schätzen die Fähigkeit eines Probanden ein, in soziale Beziehungen einzutreten, wobei es hier vor allem um die subjektive Erfahrungen dieser Fähigkeit, nicht um objektive Fakten geht.

Charakterorganisation

18. Persönlichkeitsorganisation
Schätzt den Grad der Differenzierung und Integrierung internalisierter Objektbeziehungen sowie habituelle Abwehrstrategien ein. Die Unterskala reicht von der neurotischen zur psychotischen Persönlichkeitsorganisation.

Abbildung 1: Die KAPP-Unterskalen

kannten wir solche Menschen, manchmal entwarfen wir sie fiktiv, dann wieder fanden wir sie in der Literatur wie Oscar Wildes Dorian Gray. Im Anschluß stellten wir die gefundenen Ebenen und Beispiele erneut der Theorie gegenüber. Dies führte dazu, daß wir Beispiele aus einer früheren Entwicklungsphase wieder ausschlossen, weil sie später als unnötig mehrdeutig erschienen, falsche Aspekte illustrierten oder theoretisch keinen Sinn machten. In der Schlußversion bemühten wir uns überwiegend um Beispiele aus dem realen Alltagsleben.

Nachdem die erste Version fertiggestellt war, beurteilten die Autoren und einige beteiligte Kliniker eigene Patienten, um das Profil auf seine Praktikabilität hin zu prüfen. Hierbei wurden erneut Mehrdeutigkeiten gefunden, und einige Formulierungen mußten verändert werden. Das Profil selber wie auch die Unterskalen und der Ausprägungslevel wurden jedoch nicht verändert.

Beschreibung des KAPP

Das KAPP umfaßt 18 Unterskalen, die in **Abbildung 1** kurz beschrieben werden. Die Unterskalen sind ordinalskaliert, d. h., die Intervalle zwischen den Funktionsleveln sind nicht als gleich angesehen, jedoch sollen sie eine Abstufung von relativer Normalität zu einem zunehmenden Maß an Gestörtheit abbilden. Jede Unterskala umfaßt eine Definition und drei definierte Level. Zwei zusätzliche Zwischenstufen können genutzt werden, so daß eine Fünf-Punkte-Skala (1; 1,5; 2; 2,5 und 3) entsteht, wobei 1 den «normalen» und 3 den «am wenigsten normalen» Pool repräsentiert. Da das Konzept der Normalität in diesem Zusammenhang notwendigerweise abstrakt bleibt, wurde der Umfang des ersten Levels so breit gewählt, daß auch «normal neurotische» Funktionsweisen eingeschlossen sind. Die Definition der einzelnen Stufen wird mit erläuternden Beispielen komplettiert. **Abbildung 2** gibt ein Beispiel für eine Subskala. Persönlicher Lebensstil und psychische Einstellungen sperren sich gegen die Beschreibung einer klinischen Meßprozedur. Die Unterteilung und Darstellung der Realität auf Unterskalen ist notwendig künstlich, begrenzt und in gewisser Weise auch willkürlich. Die von uns aufgezeigten psychischen Strukturen sind also nicht unabhängig existierende spezifische Funktionen, sondern Konstrukte.

Die drei Stufen auf den Unterskalen sind nicht direkt auf das Ausmaß von Psychopathologie im psychiatrischen Sinne bezogen, obwohl es hier manche Übereinstimmung gibt. Auch ist natürlich nicht der Grad von Störung auf einer Subskala notwendig mit dem auf anderen Skalen verknüpft. Es ist deshalb wichtig, jede einzelne Subskala unabhängig zu beurteilen und sich nicht von generalisierten Eindrücken, die während eines Interviews auftauchen mögen, beein-

1. Intimität und Bezogenheit

Die Fähigkeit, wechselseitige Beziehungen zu anderen herzustellen, aufrechtzuerhalten und zu vertiefen.

1. Kann langdauernde und wechselseitige, befriedigende Beziehungen eingehen. Die einzigartige Persönlichkeit des anderen wie auch seine emotionale und faktische Bedeutung sind wesentlich. Die Beziehungen können konflikthafte und ambivalente Aspekte enthalten.

(Rücksicht auf den anderen trotz möglicher Probleme und Konflikte. Vorherrschender und andauernder Wunsch danach, die Bedürfnisse des anderen und nicht nur die eigenen zu befriedigen. Dieser Wunsch scheint manchmal zu fehlen, z. B. während Streitereien oder hitzigen Diskussionen, kehrt aber in Form von Wiedergutmachungswünschen und Schuldgefühlen sowie dem Bedürfnis, Dinge zu klären und eine Versöhnung zu erreichen, wieder.)

2. Kann Beziehungen mit anderen eingehen, diese haben aber einen anklammernden, fordernden oder einseitig bedürfnisbezogenen Charakter. Die emotionale und praktische Bedeutung des anderen ist von hervorragender Wichtigkeit, die Persönlichkeit des anderen erscheint sekundär (Teilobjektbeziehung). Dies bedeutet, daß der andere austauschbar erscheint und die Beziehung nicht wechselseitig ist.

(Promiske und parasitäre Beziehungen mit einseitiger Ausbeutung. Die Persönlichkeit und die Bedürfnisse des anderen werden zum Teil verstanden, aber die Sorge für den anderen ist eher gering und wird den eigenen Bedürfnissen untergeordnet. Die Beziehung ist austauschbar, Hauptzweck ist die Befriedigung eigener Bedürfnisse. Wenn der andere nicht länger in der Lage ist, diese zu befriedigen, wird er zurückgewiesen oder durch jemand anderen ersetzt. Der andere wird als Trophäe oder Errungenschaft verwendet, die der Erhöhung des eigenen Selbstwertes und der eigenen Sicherheit dient, d. h. der Partner ist ein Statussymbol, eine «Plombe».)

3. Kann keine dauerhaften Beziehungen wechselseitiger Bezogenheit herstellen oder hat erhebliche Schwierigkeiten damit.

(Zum Beispiel ernsthafte Probleme, andere als Individuen mit eigenen Wünschen und Bedürfnissen zu sehen. Mangel an Sorge für andere. Was als Sorge für andere erscheint, ist wesentlich Ausdruck von Verlustangst. Andere Menschen werden zu Instrumenten der Befriedigung eigener Wünsche. Offene Schwierigkeit in der Herstellung von Beziehungen mit anderen außer den Primärobjekten (z. B. Eltern). Erwachsene Wechselseitigkeit in Beziehungen fehlt, z. B. ein erwachsener Sohn, der bei seinen Eltern lebt und sie als Dienstleistende nutzt und der niemals eine tiefere Beziehung außerhalb der Familie hatte. Mögliche Beziehungen außerhalb der Familie sind oft durch Kälte, Distanz und Vermeidung von emotionalem Engagement und Intimität gekennzeichnet. Schizoide, pathologisch narzißtische, antisoziale, «psychopathische» und psychotische Beziehungsweisen.)

Abbildung 2: Beispiel für eine KAPP-Unterskala

flussen zu lassen, selbst wenn natürlich manche Profile unwahrscheinlicher sind als andere. Innerhalb eines Levels der Persönlichkeitsorganisation oder einer Kategorie einer psychiatrischen Diagnose kann aber beispielsweise das KAPP-Profil durchaus von einem Individuum zum anderen beträchtlich variieren.

Das KAPP-Interview

Das Interview, das zur Informationsgewinnung für die Einschätzung der Unterskalen nötig ist, ähnelt psychodynamischen klinischen Interviews insofern, als sämtliches Material der Interviewsitzung zur Einschätzung genutzt wird, d. h. sowohl verbale Äußerungen als auch nonverbales Verhalten. Einige Aspekte sind jedoch für das Interview spezifisch. Das KAPP-Interview beruht auf Kernbergs «strukturellem Interview» (Kernberg 1984) und fokussiert stark auf Dort-und Jetzt- (augenblickliches Funktionsniveau) und auf Hier- und Jetzt-Aspekte (während des Interviews), dabei wird besonderer Wert auf die Manifestation von Charakterzügen gelegt, wie sie sich in der Beziehung zum Interviewer ausdrücken. Es handelt sich nicht um ein strukturiertes Interview, sondern um freie Konversation. Dennoch soll der Interviewer natürlich darauf achten, all die Aspekte abzudecken, die nötig sind, um eine Einschätzung der Unterskalen zu gewährleisten. Außerdem sollten offene Fragen dazu dienen, Bereiche anzusprechen, über die der Patient sich nicht spontan äußert. Material zur Kindheit und zu anderen frühen Erfahrungen wird nur zu dem Zweck erhoben, um das Verständnis bestimmter gegenwärtiger Charakterzüge des Patienten zu untermauern; die Hauptrichtung geht also vom Hier und Jetzt zum Dort und Damals und nicht umgekehrt. Die Erhebung von Kindheitsmaterial und frühen Erfahrungen ist kein primäres Ziel des KAPP-Interviews.

Wie beim strukturellen Interview von Kernberg auch, sind klarifizierende Fragen sowie die Konfrontation mit den Widersprüchlichkeiten des Materials und gelegentlich auch Deutungen von großer Wichtigkeit. Der Interviewer muß ständig zwischen einer mehr zuhörenden Haltung und stärkerer Aktivität oszillieren, und zwar mehr als im üblichen psychodynamischen Interview. Um die psychischen Funktionen des Patienten zu erhellen, sollte der Interviewer immer wieder nach konkreten Beispielen zu einzelnen Aspekten fragen. Diese sollten sorgfältig weiterverfolgt werden, bis ein klares Bild über die Erlebens- und Handlungsweise des Patienten in einem speziellen Bereich entstanden ist. Das bedeutet gewöhnlich, daß ein Patient mit einer neurotischen Persönlichkeitsorganisation viel Raum zur Selbstreflexion erhält und die Konversation zwischen Patient und Interviewer sich eher relativ gleichmäßig entwickelt. Bei schwerer gestörten Patienten ist dies nicht der Fall: Klärende Fragen und Konfrontation müssen sehr viel häufiger eingesetzt werden, um ein adäquates Bild zu bekommen. Ein solches Interview dauert normalerweise etwa zwei Stunden, kann aber in Einzelfällen auch längere Zeit in Anspruch nehmen.

Die Einschätzung der erhobenen Formation beruht im weiteren nicht nur auf dem Gesagten, sondern auch auf dem, was nicht verbal bzw. in der gesamten Interaktion ausgedrückt wurde. Der Patient kann also nicht einfach «beim Wort» genommen werden, sondern das Gesagte muß in seinem Zusammenspiel mit der gesamten Interaktion gesehen werden. In diesem Zusammenhang sind die Gegenübertragungsreaktionen des Interviewers von großer Wichtigkeit, insofern sie Hinweise auf nicht verbal ausgedrückte innerpsychische Prozesse geben können. Der Interviewer sollte versuchen, vom Patienten Material zu erhalten, das seine Hypothesen, wie sie aus der Gegenübertragungsreaktion entwickelt werden, bestätigt oder zurückweist. Hierbei kann es unausweichlich zu Situationen kommen, in denen die Gegenübertragungsreaktion nicht durch Material des Patienten bestätigt wird. Es muß dann eine globale und umfassende Einschätzung des Funktionsniveaus auf den Subskalen erfolgen. Eine Einschätzung ausschließlich auf Gegenübertragungsreaktionen zu begründen, ist nicht gerechtfertigt.

Training und klinische Erfahrungen in psychodynamischer Psychotherapie sowie eine Vertrautheit mit dem Instrument selbst sind notwendige, aber nicht hinreichende Voraussetzungen für ein gutes KAPP-Interview. Das häufigste Problem bei dessen Durchführung ist, daß Interviewer aus Gründen der Gegenübertragung bestimmte Bereiche nicht ausreichend und im Detail beleuchten und sich mit sehr allgemeinen Beschreibungen der Patienten zufriedengeben. So entsteht zwar ein Gefühl, den Patienten verstanden zu haben, aber bei dem Versuch, eine KAPP-Einschätzung vorzunehmen, wird deutlich, daß dies nicht der Fall ist. Es ist also besser, eher zuviel klärend nachzuhaken als zuwenig. Darüber hinaus sollte der Interviewer auch darauf achten, ob die Schilderungen des Patienten über sein Erleben und Funktionieren in verschiedenen Lebensbereichen mit dem Eindruck übereinstimmt, den er während des Interviews erhält. Wenn das nicht der Fall ist, sollte dies unbedingt weiter geklärt werden.

Empirische Befunde mit dem KAPP

Das KAPP wurde erstmals an einer konsekutiven Gruppe von Patienten überprüft, die vor der Durchführung einer Operation bei Colitis ulcerosa untersucht wurden. Die Diagnostik war Teil einer Studie zur Vorhersagekraft von Charaktermerkmalen für die Anpassung nach bauchchirurgischen Eingriffen. Die angewandte Operationstechnik («Pelvic Pouch») ermöglicht die Aufrechterhaltung der analen Defäkation nach totaler Kolektomie. Obwohl die Colitis ulcerosa oft als «psychosomatische» Erkrankung bezeichnet wird, ähnelte die Patientengruppe hinsichtlich der Prävalenz der Normalbevölkerung psychiatrischer Erkrankungen und der Ergebnisse der Karolinska Persönlichkeitsskalen (Schalling et al. 1987) einem in Skandinavien weit verbreiteten Fragebogeninventar (Weinryb et al. 1992 a).

Reliabilität

In der ursprünglichen Reliabilitätsstudie beurteilten drei schwedische Psychiater neun bis zwölf Tonband-protokollierte KAPP-Interviews des Autors (RMW). Einer der Psychiater (P1) hatte wenig Erfahrung mit der psychodynamischen Sichtweise, einer (P2) etwas, und ein dritter (P3) war in psychoanalytisch orientierter Psychotherapie ausgebildet. Die zwölf Bänder waren außerdem von einem nicht-schwedischen Psychiater (U), der über ausreichende Schwedischkenntnisse verfügte und ausgebildeter Psychoanalytiker war, beurteilt worden. Letzterer hatte weder seine Ausbildung in Schweden erhalten noch dort praktiziert, so daß lokale Einflüsse auf die Beurteilung auf diese Weise überprüft werden konnten (eine genaue Darstellung dieser Studie gibt Weinryb et al 1992b). Außerdem beurteilte ein weiterer schwedischer Psychoanalytiker die Bänder nach Abschluß der Studie erneut. Alle Beurteiler hatten durch den Autor eine Einweisung in das KAPP erhalten.

Lambert und Hill (1994) empfehlen mindestens eine Intraclass-Korrelation (ICK) von 0.7 als Standardgrenzwert für eine hohe Interrater-Übereinstimmung bei Konstrukten, die nicht mit einem sehr niedrigen Ausmaß an Schlußbildung auskommen. Unter Verwendung dieses Grenzwertes waren die Intraclass-Korrelationen (Shrout und Fleiss 1979) für jede Unterskala zwischen der Beurteilung des Interviewers und der zwei schwedischen Psychiater mit minimaler psychodynamischer Ausbildung (P2 und P3) zufriedenstellend; P1: Median 0,83 (0,06 – 1; 10/18 Unterskalen wiesen eine ICK von mehr als 0,70 auf), P2: Median 0,82 (0,24 – 0,97; 16/18 Unterskalen ICK > 0,7), P3: Median 0,88 (0,69 – 1; 17/18 Unterskalen ICK > 0,7). Es zeigte sich also eine Tendenz besserer Interrater-Übereinstimmung bei einem größeren Ausmaß an Ausbildung in psychodynamischem Denken.

Der Median der Intraclass-Korrelation zwischen dem Interviewer und dem nichtschwedischen Psychiater und Psychoanalytiker lag bei 0,81 (0,39 – 0,99; 11/18 Unterskalen zeigten einen ICK über 0,7) und einem Median von 0,69 zwischen dem Interviewer und der Beurteilung des schwedischen Psychiaters und Psychoanalytikers (0,33 – 0,89; 9/18 Unterskalen ICK > 0,7).

In einer Untersuchung an Frauen mit Alkoholproblemen erreichten Haver et al. (1995) geringere Interrater-Übereinstimmungen als üblich auf einigen KAPP-Unterskalen. Dies war die erste Arbeit einer Gruppe, die nicht mit den Autoren des KAPP in Verbindung standen. Die Autoren meinen, daß außer dem Einfluß von nicht eigens trainierten Interviewern Frauen mit Alkoholproblemen generell schwieriger zu interviewen seien und deshalb auch schlechtere Übereinstimmungen als in anderen Patientengruppen auftreten würden.

Um dies zu prüfen, wurde in einer ähnlichen Patientengruppe eine weitere Reliabilitätsstudie durchgeführt: 47 Patienten mit und ohne Substanzmißbrauch, die an eine entsprechende Ambulanz überwiesen worden waren (Weinryb et al., im Druck a). Dabei wurde auch geprüft, ob befriedigende Interrater-Übereinstimmungen mit Interviewern und Beurteilern erreicht werden konnten, die nicht von den Autoren des Instrumentes selber ausgebildet worden waren und die außerhalb des Settings arbeiteten, in dem das KAPP entwickelt worden war. Die Ergebnisse zeigten, daß die ICK befriedigend für die Gesamtgruppe (Mittelwert 0,84, Median 0,89, Range 0,62 – 0,95) als auch für verschiedene Untergruppen (Männer und Frauen bzw. Patienten mit und ohne Substanzgebrauch) waren (Weinryb et al., im Druck a).

Validität

1. Vergleich zwischen Beurteilungen, die auf dem Interview und solchen, die auf projektiven Tests beruhten.

Obwohl die KAPP-Beurteilungen zur Einschätzung klinischer Interviews entwickelt wurden, zogen wir zusätzlich auch Einschätzungen heran, die auf projektiven Tests derselben Patienten beruhten, um Aspekte der Konstruktvalidität zu prüfen. Beim Vergleich der KAPP-Beurteilungen aus beiden Datenquellen fanden sich signifikante Korrelationen, die von 0,33 bis 0,82 (Median 0,61) reichten (Weinryb et al. 1991a).

2. Diskriminante Validität

Ein Aspekt der Validität ist, ob das KAPP zwischen Patienten mit und ohne psychiatrischer Störung unterscheiden kann. Neun der 65 Colitis-ulcerosa-Patienten in der Serie erfüllten die Kriterien einer DSM-III-Diagnose. Außer einem Fall von Sozialphobie handelt es sich ausschließlich um Patienten mit affektiven Störungen (eine depressive Episode ohne Melancholie, fünf Patienten mit Dysthymie und zwei mit depressiven Anpassungsstörungen). Lediglich ein Patient war zum Zeitpunkt der Untersuchung in psychiatrischer Behandlung. Dies entspricht etwa dem Ausmaß von Psychopathologie, das in einer zufällig ausgewählten Stichprobe der schwedischen Normalbevölkerung zu erwarten wäre. Die neun Patienten mit einer DSM-III-Diagnose hatten auf allen KAPP-Unterskalen höhere Werte als die übrigen (n = 56) Patienten. Die einzige Ausnahme bildete die Alexithymie-Skala (Weinryb et al. 1992a). Für 13 der 18 Unterskalen lag die Effektstärke (Cohens d, Rosenthal 1995) über 0,5.

3. Zeitstabilität

Da das KAPP relativ zeitstabile psychische Funktionen messen soll, untersuchten wir, ob KAPP-Werte sich nach einem einschneidenden Lebensereignis oder nach einer bestimmten Zeitspanne verändern. Zu diesem Zweck wurden katamnestische Einschätzungen nach durchschnittlich 22 Monaten (Median 22, Range 16–34) durchgeführt. Alle ursprünglichen und katamnestischen KAPP-Einschätzungen wurden durch den Autor (RMW) erhoben. Bei 37 der 65 Patienten, die alle vor der Operation eingeschätzt worden waren, war mindestens ein Jahr nach der letzten elektiven Operation vergangen, d. h., alle hatten sich einem großen bauchchirurgischen Eingriff unterzogen und eine längere Zeit krankheitsbedingter Einschränkung zwischen ursprünglicher Untersuchung und Katamnese durchlebt. Die KAPP-Werte zum Katamnesezeitpunkt korrelierten recht hoch mit den entsprechenden präoperativen Werten (Median 0,57, r = 0,31–0,85). Die Ausprägung der Werte war zu beiden Zeitpunkten ähnlich hoch, allerdings hatten zur Katamnese vier Unterskalen deutlich niedrigere («normalere») Werte. Die Ergebnisse weisen darauf hin, daß das KAPP die Einschätzung stabilerer Charaktermerkmale ermöglicht (Weinryb et al. 1992b).

4. Studien zur Alexithymie

Seit seiner Einführung durch Sifneos (1973) ist das Konzept der Alexithymie, das wörtlich «keine Worte für Gefühle» bedeutet, in der psychosomatischen Literatur, z. B. bei der Untersuchung posttraumatischer Störungen, recht populär geworden. Seine Erklärungskraft wie auch seine Beziehung zu Charakterzügen ist jedoch nach wie vor unklar. Generelles Ziel der Alexithymie-Studien war es, die Nützlichkeit des KAPP hinsichtlich dieses theoretischen Konstruktes zu überprüfen. Genauer wollten wir die Untersuchung der Beziehungen zwischen alexithymen Zügen und anderen Charakterzügen sowie deren globale Beziehung zum subjektiven Wohlbefinden untersuchen.

Zurückliegende Faktorenanalysen hatten gezeigt, daß drei KAPP-Unterskalen – «alexithyme Züge», «Regression im Dienste des Ichs» und «normopathische Züge» – zusammen auf einem Faktor lagen und damit an das ursprüngliche Konzept der Alexithymie erinnern (Weinryb et al. 1991). Wir untersuchten, ob wir unterschiedliche Muster auf diesen Unterskalen finden konnten. Eine Clusteranalyse der Werte auf den drei Alexithymie bezogenen Unterskalen ergab in unserer Stichprobe von 65 Patienten drei Cluster: «normale» (Patienten ohne Probleme in diesen Unterskalen), «mehrfach gestörte» (Probleme auf allen drei Unterskalen) sowie «gehemmte» (Probleme in der Unterskala «Regression im Dienste des Ichs und «normopathische Züge») (Weinryb et al. 1992a).

Zur Validierung dieser Clusterlösung verglichen wir die drei Cluster mit anderen Alexithymie-Instrumenten wie der Schalling-Sifneos-Persönlichkeitsskala (SSPS), dem Beth-Israel-Fragebogen (BIQ) (Apfel und Sifneos 1979; Sifneos 1986) sowie einigen anderen Persönlichkeitsmerkmalen (KAPP und KSP). Die Patienten in der «mehrfach gestörten» Gruppe (die im KAPP als alexithym beurteilt worden waren) hatten signifikant mehr Beeinträchtigungen im Bereich der Intimität und Bezogenheit, sie waren distanzierter und hatten eine stärker gestörte Persönlichkeitsorganisation (Weinryb et al. 1992a). Außerdem hatte die «mehrfach gestörte» und die «gehemmte» Gruppe unterschiedliche Probleme hinsichtlich des Wohlbefindens. Die Gruppe der «mehrfach gestörten» (mit Beeinträchtigungen ihrer interpersonellen Beziehungen) war durch Traurigkeit und Initiativverlust gekennzeichnet, wies aber keine Beeinträchtigungen der sexuellen Erlebnisfähigkeiten und des Schlafes auf. Die «gehemmte» Gruppe war durch Schlafprobleme und Angst gekennzeichnet. Die «normale» Gruppe wies Symptome auf, die auch für die anderen Gruppen typisch waren, sie war aber in ihrem Wohlbefinden nicht beeinträchtigt. Alle drei Cluster unterschieden sich nicht hinsichtlich des globalen psychologischen Funktionsniveaus (GAF), was darauf hinweist, daß das KAPP psychische Störungen nicht global erfaßt. Die Ergebnisse zeigen ebenso, daß die Beurteiler ihre KAPP-Einschätzungen nicht von ihrer Wahrnehmung des globalen Niveaus der Störung des Patienten beeinflussen ließen, da Patienten mit unterschiedlichen KAPP-Mustern eine ähnliche psychiatrische Beeinträchtigungsschwere aufwiesen (Weinryb et al. 1994).

Die Ergebnisse unserer Alexithymie-Studien legen nahe, daß die Kontroverse hinsichtlich der Alexithymie daraus resultieren könnte, daß es tatsächlich um mehrere miteinander in Beziehung stehende Charakterzüge geht, die mit verschiedenen charakterologischen Störungen verknüpft sind. Darüber hinaus scheinen alexithyme Züge im engeren Sinne, wie sie vom KAPP gemessen werden, nicht alleine, sondern zusammen mit Problemen im Bereich der Regression im Dienste des Ichs und der «Normopathie» aufzutreten. Außerdem scheint Alexithymie mit Beziehungsstörungen verknüpft zu sein (s. a. Weinryb 1995).

5. Prädiktive Validität

Die prädiktive Validität wurde anhand der Vorhersagekraft der KAPP-Unterskalen hinsichtlich des Langzeitergebnisses der chirurgischen Intervention untersucht. Wir überprüften bei den 53 Patienten, die sich einer Pelvic-Pouch-Operation bei Colitis ulcerosa unterzogen hatten, die Beziehung zwischen präoperativen Charakterzügen und dem funktionellen chirurgischen Ergebnis sowie der Lebensqualität ca. 17 Monate postoperativ. Die KAPP-Einschätzungen waren vor der Operation erfolgt. Postoperativ nutzten wir die Skala zur psychosozialen Anpassung an eine Krankheit (PAIS) (Derogatis 1986) sowie chirurgische Ergebnismaße (Weinryb et al. 1995). Unter Berechnung multipler Korrelationen und Regressionen fanden wir jenseits dessen, was durch das chirurgische Ergebnis alleine bestimmt war, einen Mangel an Alexithymie (d. h. keine Schwierigkeiten im Erleben, Differenzieren und Verbalisieren von Gefühlen) sowie eine schlechte Frustrationstoleranz als Prädiktor für eine schlechte postoperative Lebensqualität. Die Ergebnisse zeigen, daß präoperative Persönlichkeitszüge in Ergänzung zum chirurgischen Ergebnismaß einen Einfluß auf das Erleben der Lebensqualität postoperativ haben und daß das KAPP somit eine gewisse prädiktive Validität aufweist (Weinryb et al., im Druck b; Weinryb et al. 1997).

6. Affektkontrolle und Wohlbefinden

Ziel dieser Studie war es, die Beziehung zwischen Symptomen auf der einen und Mustern des Umgangs mit verschiedenen Impulsen, Wünschen und Frustrationen auf der anderen Seite zu untersuchen (Weinryb et al. im Druck c). Hierbei interessierten uns besonders die KAPP-Unterskalen: «Kontrollwünsche», «Frustrationstoleranz», «Impulskontrolle» und «Umgehen mit aggressiven Affekten» in bezug auf Mangel an Wohlbefinden und Psychopathologie als auch bezüglich ihrer Verknüpfung mit anderen Persönlichkeitsmaßen, die als

Marker für die Anfälligkeit hinsichtlich der Psychopathologie angesehen werden. Diese Skalen waren sowohl aus empirischen als auch aus theoretischen Gründen ausgewählt worden. Wie erwähnt, hatten wir in einer früheren Studie die Bedeutung der präoperativen Frustrationstoleranz als Prädiktor für die subjektive postoperative Lebensqualität gefunden (Weinryb et al., im Druck c; Weinryb et al. 1997). Deshalb wollten wir jetzt die Beziehung zwischen Frustrationstoleranz und anderen Unterskalen bestimmen, die sich mit der Affektkontrolle beschäftigten und die ebenfalls ein Kontinuum von relativer Normalität zu schwerer Gestörtheit aufwiesen. Erneut führten wir eine Clusteranalyse durch, um die Probanden entsprechend verschiedener Aspekte der Affektkontrolle einzuordnen.

Die Wichtigkeit von Problemen mit der Impulskontrolle, die sich gelegentlich auch als Mangel an Durchsetzungsfähigkeit sowie Aggressionshemmung äußern kann, wird in der psychodynamischen Lehre immer wieder betont. Die Ergebnisse unserer Studie zeigen, daß Patienten mit ausgeprägter Kontrolle über ihre Impulse tatsächlich auch Probleme im Umgang mit aggressiven Affekten haben und daß diese gemeinsam auftretende Schwierigkeit allerdings eine stabile psychische Funktionsweise darstellt und die betreffenden Individuen emotional ausgeglichen erscheinen. Außerdem weisen unsere Ergebnisse darauf hin, daß das Vorhandensein von Problemen mit Frustrationstoleranz ein wichtiger Faktor des individuellen Wohlbefindens und der psychischen Gesundheit darstellt. Dies unterstützt unsere früheren Ergebnisse zur Frustrationstoleranz als Prädiktor von Lebensqualität (Weinryb et al., im Druck b; Weinryb et al. 1997). In einer Studie an Patienten, die eine längerfristige Psychotherapie beginnen wollten, waren im übrigen Probleme mit der Frustrationstoleranz mit psychiatrischen Symptomen verknüpft (Wilczek et al., im Druck). Probleme mit ausgeprägter Impulskontrolle und im Umgang mit aggressiven Affekten scheinen tatsächlich unangemessen hohe Aufmerksamkeit in psychodynamischen Behandlungen zu bekommen. Dies geschieht möglicherweise zu Lasten der notwendigen Bearbeitung von Problemen mit der Frustrationstoleranz.

Abschließende Bemerkungen

Bisherige Studien mit dem KAPP legen nahe, daß es ein reliables Instrument ist und über diskriminative, prädiktive und Konstruktvalidität verfügt. Es ermöglicht tatsächlich die Einschätzung psychischer Funktionen und Charakterzüge, die als stabil angesehen werden und sich nur langsam verändern.

Im Augenblick laufen Untersuchungen, in denen das KAPP in unterschiedlichen Patientengruppen und mit differentiellen Behandlungen wie Psychotherapie und chirurgischer Intervention geprüft wird. Zusätzlich zur Klarheit des Instrumentes selbst erscheinen verschiedene Faktoren für die Erreichung einer hohen Interrater-Übereinstimmung wesentlich: die Patientenauswahl, die Qualität des Interviews, die Ausbildung und Erfahrung des Interviewers und die Reliabilität der Beurteiler. Die Datenquelle ist ebenfalls wichtig: die Übereinstimmung ist bei niedergeschriebenen Fallvignetten im allgemeinen größer als bei mitgeschnittenen Interviews (Perry und Cooper 1989a). Das scheint damit zusammenzuhängen, daß Fallvignetten die Aufmerksamkeit des Beurteilers auf spezifische Aspekte lenken und daher die Übereinstimmung erleichtern. Aber auch wenn wir das gesamte Interview als Datenquelle benutzt haben, konnte generell eine hohe Interrater-Übereinstimmung erreicht werden.

Es mehren sich Hinweise darauf, daß das KAPP eine Charaktereinschätzung sowohl bei psychiatrischen als auch bei nicht-psychiatrischen Probanden erlaubt. Hohe Übereinstimmung konnte hier in einer Stichprobe erzielt werden, die aus gesunden und aus Patienten mit verschiedenen psychiatrischen Störungen (Neurosen, affektive Störungen, Schizophrenien, Persönlichkeitsstörungen) zusammengesetzt war (Siani und Sicilianie 1995); ebenso in einer gemischten psychiatrischen Stichprobe (Turrina et al. 1996), in einer Gruppe depressiver Patienten (Charitat 1996) und bei Patienten mit bzw. ohne Suchterkrankung (Weinryb et al., im Druck a).

Eine wichtige Frage ist, ob hohe Interrater-Übereinstimmungen auch von Interviewern und Beurteilern erreicht werden können, die nicht vom Autor instruiert worden sind. Die Forschung hat hier ergeben, daß ein Basistraining für die Verwendung des KAPP, auch wenn es nicht von den Autoren des Instrumentes durchgeführt wird, eine solche hohe Übereinstimmung herbeiführen kann (Charitat 1996; Siani und Siciliani 1995; Turrina et al. 1996; Weinryb et al., im Druck a).

Die Qualität des Interviews scheint ein entscheidender Faktor zur Erreichung einer hohen Reliabilität zu sein. Im Moment wissen wir noch nicht, in welchem Ausmaß Interviewer und Beurteiler trainiert werden müssen. Die empirischen Ergebnisse zeigen jedoch, daß es wichtig ist, daß die Interviewer nicht nur mit dem Instrument vertraut sind, sondern auch über eine extensive Ausbildung und klinische Erfahrung in psychodynamischer Psychotherapie verfügen sollten. Ähnliche Voraussetzungen sollten die Beurteiler haben, auch wenn die Ergebnisse zeigen, daß selbst Kliniker mit wenig Ausbildung hier zu guten Ergebnissen kommen können, vorausgesetzt, sie sind mit dem KAPP vertraut.

Das KAPP ist bewußt weniger spezifisch und detailliert in seinen Skalenschritten und Beschreibungen als andere psychoanalytisch orientierte Instrumente mit ähnlicher Struktur. Es gibt hier wahrscheinlich eine optimale Balance zwischen der Spezifität eines Instruments und seiner Nützlichkeit. Mit anderen Worten, wenn ein Instrument zu spezifisch ist, kann es sein, daß es ohne extensives vorhergehendes Training nicht reliabel anzuwenden ist. Ob das KAPP einfach und zugleich spezifisch genug ist, muß sich noch erweisen. Unsere Studien zeigen jedoch, daß es relativ leicht zu erlernen ist und daß es reliable Einschätzungen bei einem begrenzten Ausmaß an vorhergehendem Training erlaubt. Das KAPP ist vor allem für die psychodynamische Einschätzung von Charakterstrukturmerkmalen sinnvoll, weniger für die Erfassung spezifischer Inhalte wie z. B. Konflikte. Als ein Maß für «Struktur» ist das KAPP möglicherweise auch als Ergebnisinstrument von Nutzen, insofern es in der Therapieforschung sowohl zur Prädiktorenbestimmung als auch zur Erfassung der Veränderung von Persönlichkeitszügen dienen kann. In diesem Sinne kann es als komplementär zu traditionellen psychiatrischen Diagnostikinstrumenten angesehen werden. Darüber hinaus ist es im klinischen Setting auch als Instrument zur Therapieplanung, zur differentiellen Indikation und zur Evaluation einzusetzen. Ebenso kann es didaktischen Zwecken in der Ausbildung von Psychotherapeuten dienen und das Verständnis psychoanalytischer Konstrukte im Sinne der Systematisierung und der Kommunizierbarkeit erleichtern. Wenn es wahr ist, daß das, «was in einem Menschen steckt, irgendwann auf die eine oder andere Weise herauskommt», dann kann das KAPP dabei helfen, dies genauer zu erfassen.

(Übersetzung aus dem Englischen: Henning Schauenburg, Göttingen)

Literaturverzeichnis

American Psychiatric Association. (1980): Diagnostic and statistical manual of mental disorders, third edition. American Psychiatric Association, Washington DC.

Apfel, R. J., Sifneos, P. E. (1979): Alexithymia: Concept and measurement. Psychotherapy and Psychosomatics *32:* 180–190.

Applegarth, A. (1989): On structures. J Am Psychoanal Assoc *37:* 1097–1107.

Azim, H. F. A., Piper, W. E., Segal, P. M., Nixon, G. W. H., Duncan, S. C. (1991): The Quality of Object Relations Scale. Bulletin of the Menninger Clinic *55:* 323–343.

Balint, M. (1968): The basic fault. Tavistock Publications, London and New York.

Barber, J. P. Crits-Christoph, P. (1993): Advances in meaures of psychodynamic formulations. Journal of Consulting and Clinical Psychology *61:* 574–585.

Barber, J. P., Crits-Christoph, P., Luborsky, L. (1990): A guide to the CCRT standard categories and their classification. In: Understanding transference. The Core Conflictual Relationship Theme Method, (Hrsg.) Luborsky , L., Crits-Christoph, P. Basic Books, New York, S. 37–50.

Baudry, F. (1984): Character: A concept in search of an identity. Journal of the American Psychoanalytic Association *32:* 455–477.

Baudry, F. (1989): Character, character type, and character organization. J Am Psychoanal Assoc *37:* 655–686.

Bellak, L. (1968): Research on ego function patterns: A progress report (S. 11–65); Rating scales for scoring ego functions from clinical interview material (S. 789–833). In: The schizophrenic syndrome, Bellak, L., Loeb, L. (Hrsg.): Grune u. Stratton, New York.

Bellak, L., Goldsmith, L. A., (Hrsg.) (1984): The broad scope of ego function assessment. John Wiley, New York.

Boesky, D. (1985): Resistance and character theory: A reconsideration of the concept of character resistance. In: Defense and resistance, Blum, H. P. (Hrsg.), International Universities Press, New York, S. 227–246.

Brenner, C. (1982): The mind in conflict. International Universities Press, New York.

Charitat, H. (1996): Évaluation de la personnalité. Traduction et validation du KAPP: Profil Psychodynamique de Karolinska. Doctorat d'état, Université Paul Sabatier, Toulouse III. Unpublished.

Crits-Christoph, P., Barber, J. P., Kurcias, J. S. (1993): The accuracy of therapists' interpretations and the development of the therapeutic alliance. Psychotherapy Research *3:* 25–35.

Crits-Christoph, P., Luborsky, L., Dahl, L., Popp, C., Mellon, J., Mark, D. (1988): Clinicians can agree in assessing relationship patterns in psychotherapy. The Core Conflictual Relationship Theme Method. Archives of General Psychiatry *45:* 1001–1004.

Dahl, A. A. (1984): A study of agreement among raters of Bellak's Ego Function Assessment Test. In: The broad scope of ego function assessment, Bellak, L. Goldsmith, L. A. (Hrsg.), John Wiley, Sons, New York, S. 160–166.

Derogatis, L. R. (1986): The Psychosocial Adjustment to Illness Scale (PAIS). Journal of Psychosomatic Research *30:* 77–91.

DeWitt, K. N., Kaltreider, N. B., Weiss, D. S. , Horowitz, M. J. (1983): Judging change in psychotherapy. Reliability of clinical formulation. Archives of General Psychiatry *40:* 1121–1128.

Eysenck, H. J. (1970): The structure of human personality (3rd. ed.) Methuen, London.

Freud, A., Nagera, H., Freud, W. E. (1965): Metapsychological assessment of the adult personality: The Adult Profile. Psychoanal Study Child *20:* 9–41.

Fried, D., Crits-Christoph, P., Luborsky, L. (1992): The first empirical demonstration of transference in psychotherapy. Journal of Nervous and Mental Disease *180:* 326–331.

Gill, M. M. (1976): Metapsychology is not psychology. In: Psychology versus metapsychology. Psychoanalytic essays in Memory of George S. Klein, (Hrsg.) Gill, M. M., Holzman, P. S.: International Universities Press, New York, S. 71–105.

Gill, M. M., Hoffman, I. Z. (1982): A method for studying the analysis of aspects of the patient's experience of the relationship in psychoanalysis and psychotherapy. Journal of the American Psychoanalytic Association *30:* 137–168.

Hall, C. S., Lindzey, G. (1978): Theories of personality, Third edition. John Wiley, New York

Haver, B., Svanborg, P , Lindberg, S. (1995): Improving the usefulness of the Karolinska Psychodynamic Profile in research: proposals from a reliability study. Acta Psychiatrica Scandinavica *92:* 132–137.

Kernberg, O. F. (1970): A psychoanalytic classification of character pathology. Journal of the American Psychoanalytic Association *18:* 800–822.

Kernberg, O. F. (1976): Object relations theory and clinical psychoanalysis. Jason Aronson, New York.

Kernberg, O. F. (1984): Severe personality disorders. Yale University Press, New Haven and London

Kets de Vries, M., Perzow, S., Editors (1991): Handbook of character studies: Psychoanalytic explorations.Conn: International Universities Press, Madison.

Klein, G. S. (1976): Psychoanalytic theory. An exploration of essentials. International Universities Press, New York.

Lambert, M. J., Hill, C. E. (1994): Assessing psychotherapy outcomes and processes. In: Handbook of psychotherapy and behavior change, Bergin, A. E., Garfield, S. L. (Hrsg.), John Wiley, New York: 1994, S. 72 – 113.

Luborsky, L., Barber, J. P., Binder, J., Curtis, J., Dahl, H., Horowitz, L. M., Horowitz, M., Perry, J. C., Schact, T., Silberschatz, G., Teller, V. (1993): Transference-related measures: a new class based on psychotherapy session. In: Psychodynamic treatment research, Miller, N. E., Luborsky, L., Barber, J. P., Docherty, J. P. (Hrsg.), Basic Books, New York 1993, S. 326 – 341.

Luborsky, L., Crits-Christoph, P. (1988): Measures of psychoanalytic concepts – the last decades of research from the ‹Penn Studies›. International Journal of Psycho-Analysis 69: 75 – 86.

Luborsky, L., Crits-Christoph, P., Editors (1990): Understanding transference. The Core Conflictual Relationship Theme Method. Basic Books, New York.

Luborsky, L., Crits-Christoph, P., Mellon, J. (1986): Advent of objective measures of the transference concept. Journal of Consulting and Clinical Psychology, 54: 39 – 47.

Luborsky, L., Popp, C., Barber, J. P. (1994): Common and special factors in different transference-related measures. Psychotherapy Research, 4: 2 77 – 286.

Malan, D. H. (1976): The frontier of brief psychotherapy. An example of the convergence of research and clinical practice. Plenum, New York and London.

McCann, G. (1990): Woody Allen. Polity Press, Cambridge.

North, C. S., Clouse, R. E., Spitznagel, E. L., Alpers, D. H. (1990): The relation of ulcerative colitis to psychiatric factors: A review of findings and methods. American Journal of Psychiatry 147: 974 – 981.

Panel. (1983): Theory of character. S. Abend, reporter. Journal of the American Psychoanalytic Association 31: 211 – 224.

Perry, J. C. (1988a): A prospective study of life stress, defenses, psychotic symptoms, and depression in borderline and antisocial personality diorder and bipolar type II affective disorder. Journal of Personality Disorders 2: 49 – 59.

Perry, J. C. (1988b): The Psychodynamic Conflict Rating Scales. The Cambridge Hospital. Cambridge MA.

Perry, J. C. (1989): Wishes and Fears. A standard list and guidelines for assessing dynamic motives. The Cambridge Hospital, Cambridge, MA.

Perry, J. C. (1990): Defense Mechanisms Rating Scales. Fifth Edition. The Cambridge Hospital and the Harvard Medical School, Cambridge, MA.

Perry, J. C., Cooper, S. H. (1986): A preliminary report on defenses and conflicts associated with borderline personality disorder. Journal of the American Psychoanalytic Association 34: 863 – 894.

Perry, J. C., Cooper, S. H. (1989 a): Empirical studies of psychological defense mechanisms. In: Psychiatry, Hrsg. Cavenar, J. O., Michels, R., Basic Books, Philadelphia, Lippincott and New York.

Perry, J. C., Cooper, S. H. (1989b): An empirical study of defense mechanisms. I. Clinical interview and life vignette ratings. Archives of General Psychiatry 46: 444 – 452.

Pervin, L. A. (1985): Personality: Current controversies, issues, and directions. Annual Review of Psychology, 36: 83 – 114.

Piper, W. E., Azim, H. F. A., Joyce, A. S. , McCallum, M. (1991 a): Transference interpretations, therapeutic alliance, and outcome in short-term individual psychotherapy. Archives of General Psychiatry, 48: 946 – 953.

Piper, W. E., Azim, H. F. A., Joyce, A. S., McCallum, M., Nixon, G. W. H., Segal, P. S. (1991b): Quality of object relations versus interpersonal functioning as predictors of therapeutic alliance and psychotherapy outcome. Journal of Nervous and Mental Disease, 179: 432 – 438.

Piper, W. E., Azim, H. F. A., McCallum, M., Joyce, A. S. (1990): Patients suitability and outcome in short-term individual psychotherapy. Journal of Consulting and Clinical Psychology 58: 475 – 481.

Rapaport, D., Gill, M. M. (1959): The points of view and assumptions of metapsychology. International Journal of Psycho-Analysis, 40: 153 – 162.

Reich, W. (1928): On character analysis. In: The psychoanalytic reader, R. Fliess (Hrsg.). New York: International Universities Press, 1928, S. 106–123.

Rosenberg, S. E., Silberschatz, G., Curtis, J. T., Sampson, H., Weiss, J. (1986): A method for establishing reliability from psychodynamic case formulations. American Journal of Psychiatry, *143:* 1454–1456.

Rosenthal, R. (1995): Progress in clinical psychology: Is there any? Clinical Psychology: Science and Practice, *2:* 133–150.

Rosten, L. (1980): Leo Rosten's treasury of Jewish quotations. Bantam Books, New York.

Sandler, J. (1976): Countertransference and role-responsiveness. International Review of Psycho-Analysis, *3:* 43–47.

Sandler, J. (1981): Character traits and object relationships. Psychoanalytic Quarterly *50:* 694–708.

Sarason, I. G. (1966): Personality: An objective approach. John Wiley u. Sons, Inc., New York, London and Sydney.

Schafer, R. (1976): A new language for psychoanalysis. Yale University Press, New Haven and London.

Schafer, R. (1979): Character, ego-syntonicity, and character change. Journal of the American Psychoanalytic Association *27:* 867–891.

Schafer, R. (1983): The analytic attitude. Hogarth Press, London.

Schalling, D., Åsberg, M., Edman, G., Oreland, L. (1987): Markers for vulnerability to psychopathology: Temperament traits associated with platelet MAO activity. Acta Psychiatrica Scandinavica *76:* 172–182.

Seitz, P. F. D. (1966): The concensus problem in psychoanalytic research. In: Methods of research in psychotherapy, (Hrsg.) Gottschalk, L., Auerbach, A. Appleton-Century-Crofts, New York, 1966, S. 209–225

Shrout, P. E., Fleiss, J. L. (1979): Intraclass correlations: uses in assessing rater reliability. Psychological Bulletin *86:* 420–428.

Siani, R., Siciliani, O. (1995): Valutazione della psicoterapia mediante il «Karolinska Psychodynamic Profile (KAPP): «Outcome» a 2 anni su 60 pazienti psichiatrici. Quaderni Italiani di Psichiatria 14: 293–374.

Sifneos, P. E. (1973): The prevalence of «Alexithymic» characteristics in psychosomatic patients. Psychotherapy and Psychosomatics *22:* 255–262.

Sifneos, P. E. (1986): The Schalling-Sifneos Personality Scale revised. Psychotherapy and Psychosomatics *45:* 161–165.

Stein, M. H. (1969): The problem of character theory. Journal of the American Psychoanalytic Association *17:* 675–701.

Teller, V., Dahl, H. (1986): The microstructure of free association. Journal of the American Psychoanalytic Association *34:* 763–798.

Thompson, C., Editor (1989): The instruments of psychiatric research. John Wiley u. Sons, Chichester.

Turrina, C., Siani, R., Regini, C., Campana, A., Bologna, R., Siciliani, O. (1996): Inter-observer and test-retest reliability of the Italian version of the Karolinska Psychodynamic Profile in two groups of psychiatric patients. Acta Psychiatrica Scandinavica *93:* 282–287.

Vaillant, G. E. (1971): Theoretical hierarchy of adaptive ego mechanisms. Archives of General Psychiatry *24:* 107–118.

Vaillant, G. E. (1992): Ego mechanisms of defense. American Psychiatric Press, Washington, DC.

Vaillant, G. E. (1993): The wisdom of the ego. MA: Harvard University Press, Cambridge.

Weinryb, R., Rössel, R. (1986): Personality traits that can affect adaptation after colectomy. Psychotherapy and Psychosomatics *45:* 57–65.

Weinryb, R. M. (1995): Alexithymia – old wine in new bottles. Psychoanalysis and Contemporary Thought *18:* 159–195.

Weinryb, R. M., Busch, M., Gustavsson, J. P., Saxon, L., Skarbrandt, E. (im Druck a): Reliability of the Karolinska Psychodynamic Profile (KAPP) among patients with and without psychoactive substance abuse disorders. Psychotherapy and Psychosomatics.

Weinryb, R. M., Gustavsson, J. P., Liljeqvist, L., Poppen, B., Rössel, R. J. (1995): A prospective study of the quality of life after pelvic pouch operation. Journal of the American College of Surgeons *180:* 589–595.

Weinryb, R. M., Gustavsson, J. P., Liljeqvist, L., Poppen, B., Rössel, R. J. (im Druck b): A prospective study of personality as predictor of quality of life after pelvic pouch operation. American Journal of Surgery.

Weinryb, R. M., Gustavsson, J. P., Åsberg, M., Rössel, R. J. (1992 a): The concept of alexithymia: an empirical study using psychodynamic ratings and self reports. Acta Psychiatrica Scandinavica *85:* 153–162.

Weinryb, R. M., Gustavsson, J. P., Åsberg, M., Rössel, R. J. (1992b): Stability over time of character assessment using a psychodynamic instrument and personality inventories. Acta Psychiatrica Scandinavica *86:* 179–184.

Weinryb, R. M., Gustavsson, J. P., Åsberg, M., Rössel, R. J. (1994): Relationship between components of alexithymia as measured with psychodynamic ratings and subjective lack of well-being. Psychotherapy and Psychosomatics *61:* 100–108.

Weinryb, R. M., Gustavsson, J. P., Barber, J. P. (im Druck b): Personality predictors of dimensions of psychosocial adjustment after surgery. Psychosomatic Medicine.

Weinryb, R. M., Rössel, R. J., Gustavsson, J. P., Åsberg, M., Barber, J. P. (im Druck c): The Karolinska Psychodynamic Profile (KAPP): Studies of character and well-being. Psychoanalytic Psychology.

Weinryb, R. M., Rössel, R. J. (1991): Karolinska Psychodynamic Profile – KAPP. Acta Psychiatrica Scandinavica *83* (suppl 363): 1–23.

Weinryb, R. M., Rössel, R. J., Åsberg, M. (1991 a): The Karolinska Psychodynamic Profile. I. Validity and dimensionality. Acta Psychiatrica Scandinavica *83:* 64–72.

Weinryb, R. M., Rössel, R. J. , Åsberg, M. (1991 b): The Karolinska Psychodynamic Profile. II. Interdisciplinary and cross-cultural reliability. Acta Psychiatrica Scandinavica *83:* 73–76.

Weiss, J., Sampson, H. and the Mount Zion Psychotherapy Research Group. (1986): The psychoanalytic process. Theory, clinical observations and empirical research. Guilford, New York, London.

Wilczek, A., Weinryb, R. M., Gustavsson, P. J., Barber, J. P., Asberg, M., Schubert, J. (im Druck): Symptoms and character traits in patients selected for long-term psychodynamic psychotherapy. Journal of Psychotherapy Practice and Research.

Die Entwicklung einer Operationalisierten Psychodynamischen Diagnostik

Sven Olaf Hoffmann

In seiner Ansprache als Präsident der Amerikanischen Psychologischen Vereinigung trug Cronbach in den sechziger Jahren eine geistvolle Satire über eine Expedition in die Länder der «Klinizier» und der «Theorizier» vor. Er beschrieb so die damaligen zwei Hauptbereiche der Psychologie, nämlich die empirisch-akademische, aber praxisferne Hochschulpsychologie und die der Psychoanalyse verbundene praktische Anwendung in der Klinik. Ohne auf die Details dieser vergnüglichen Lektüre einzugehen, sei hier eine Bemerkung über die Sprache der Klinizier zitiert. Cronbach beschreibt, daß man ursprünglich gemeint habe, die Klinizier seien sprachlos und könnten nur «hm-hm» sagen. Dies aber sei ein Irrtum, statt dessen verfügten die Klinizier über eine wunderbare und formenreiche Sprache, in der sie sich stundenlang unterhalten könnten, ohne dabei im geringsten die Gefahr zu fürchten, in einen logischen Widerspruch zu geraten.

Diese geistreiche Kritik vermittelt etwas vom Unbehagen über den Status psychoanalytischer Begrifflichkeit in der Hochschulpsychologie. Innerhalb der Psychoanalyse ist dieses Unbehagen insbesondere von D. Rapaport und seiner Schule, vor allem G. S. Klein, M. M. Gill und R. Holt formuliert worden. Und im Zusammenhang der Entstehung des Hamstead-Indices schreibt Sandler (1962, S. 288): «Das führte zu einer Reihe von Neuformulierungen, weil die in der Literatur vorgefundenen Begriffe in gleicher Weise inadäquat, unpräzise und widersprüchlich waren.»

Zwei Wege wurden in der Folge unternommen, um dem sich auftuenden Dilemma zu entgehen, an dem allerdings – das sei einmal der Offenheit wegen bemerkt – die große Mehrzahl der Psychoanalytiker kaum litt. Der eine Weg war der der *Neuformulierung* psychodynamischer Begrifflichkeit. Ihn hat in eindrucksvoller Gedankenschärfe die schon erwähnte Schule von D. Rapaport verfolgt. Er hätte erfolgreich sein können, wenn die Gedankenschärfe der Autoren ihre Beiträge nicht zu einer so anstrengenden Lektüre gemacht hätte, daß eine Auseinandersetzung weitgehend unterblieb. Der andere Weg war der der Entwicklung von *objektivierenden Instrumenten,* insbesondere Fragebögen und Einschätzungsskalen.

Das *praktische Vorgehen* wird hier so sein, daß ich zuerst versuche, diese Vorgeschichte der OPD etwas nachzuzeichnen, um im zweiten Schritt auf die Entwicklung des Instrumentes selbst zu kommen.

Die meines Wissens ältesten Untersuchungen galten dem Konstrukt des «oralen Charakters» und wurden von Goldman-Eisler (zusammenfassend 1951, erste Veröffentlichung 1948) mittels eines Fragebogens durchgeführt. Die Autorin fand zwei Faktoren: den oralen Optimisten und den oralen Pessimisten, die eine erstaunliche Ähnlichkeit mit den psychoanalytischen Beschreibungen von Abraham, Glover, Jones und Bergler aufwiesen. Später arbeiteten Lazare, Klerman und Armor (1966, 1970) mit Goldmans Skalen. Sie fanden einen oralen Faktor, der sich weniger deutlich als bei Goldman in «oralen Optimisten» und «Pessimisten» aufgliederte, dagegen war der anale (zwanghafte) Faktor sehr ausgeprägt und validierte stark die phänomenale Evidenz des analen Charaktersyndroms, wie es Freud beschrieben hatte. 1968 wiederholten diese Autoren noch einmal ihre Untersuchung an einer unausgelesenen Population, die den Wert der ersten Untersuchung gut bestätigte. Berg und Helstone (1975) fanden an einer holländischen Population fast identisch die gleichen Faktoren. Andere Skalen verwandten Gottheil (1965) und Stone und Gottheil (1968). Auch ihre Ergebnisse erschienen als objektivierende Bestätigung psychoanalytischer Entwicklungstheorie (in ihrer Manifestation als Charakterstrukturen), auch wenn schon seinerzeit die mangelnde Validität – insbesondere der Skalen von Gottheil – kritisiert wurde (Kline 1973). Einen nochmals anderen Weg gingen Krout und Krout (1954), die die Krout-Personal-Preference-Scale (KPPS) entwickelten. Sie beanspruchten, mit dieser Skala zehn Entwicklungsniveaus zu messen, die allerdings über die klassische psychoanalytische Entwicklungstheorie hinausgingen. Aus der KPPS entwickelte Grygier (1961) den Dynamic-Personality-Inventory (DPI). Grygiers Validitätsanspruch für seine Skalen war hoch, jedoch nicht gut belegt. In einer Faktorenanalyse fand Kline (1968) nur die anale Skala valide. Es gab noch weitere Versuche, mit ausgedehnten Fragebögen psychoanalytische Persönlichkeitstheorie zu validieren, von denen vor allem der nie publizierte, aber paradoxerweise in gar nicht wenigen deutschsprachigen Untersuchungen eingesetzte psychoanalytische Charaktertest-Fragebogen (PSACH) des 1995 verstorbenen Adolf-Ernst Meyer erwähnt sei. Entwickelt wurde er Mitte der siebziger Jahre.

Der zweite Weg, genauer der zweite Weg innerhalb des objektiv-empirischen Ansatzes psychodynamischer Diagnostik, verlief nicht über Fragebögen, sondern über Einschätzungsskalen. Auch hier gehen die Ansätze weit zurück. In Deutschland so gut wie überhaupt nicht bekannt wurde der Entwurf von Prelinger, Zimet, Schafer und Levin (1964) eines Ich-psychologischen Versuchs zur Persönlichkeitseinschätzung. Die Autoren entwickelten insgesamt 78 Fünf-Punkt-Skalen, in denen anhand von Interview- oder Testmaterial die relevanten Persönlichkeitsdimensionen eingeschätzt werden. Was fehlt und seinerzeit natürlich noch keineswegs üblich war, war eine Operationalisierung der Skalierungen. Der theoretische Ansatz war fraglos interessant und wohl auch gut durchdacht, aber die Brücke zu den klinischen Niederungen, zur anschaulichen Welt der Phänomene, wurde nicht geschlagen. Das gilt letztlich auch für den viel bekannter gewordenen Hampstead-Index. A. Freud und weitere Autoren hatten eine Reihe beobachtungsnaher Skalen entwickelt, die sogar zu einer neuen Fassung des Katalogs der Abwehrmechanismen mit teiloperationalisierten Definitionen führte (Bibring et al. 1961). Mit diesem Index wurde vergleichsweise viel gearbeitet. Er ist allerdings überwiegend an Entwicklungsdimensionen orientiert und eben auch noch nicht operationalisiert. Deutlich phänomennäher sind zwei Ansätze, die sich auf wenige Entwicklungskategorien des Ichs beschränken, diese aber so weit operationalisiert haben, daß reliable Beurteilungen zustande kommen. Diese Aussage gilt zum einen für das Modell der deskriptiven Entwicklungsdiagnose von Blanck und Blanck (1974, 1979) und vor allem für die viergestufte Hierarchie von Abwehrmechanismen, die Vaillant et al. (1986) in den hoch angesehenen Archives General Psychiatry veröffentlichten. In der gleichen Zeitschrift erschien etwas später eine ebenfalls operationalisierte Überprüfung des Konzepts der Abwehrmechanismen von Perry und Cooper (1989). Die Einschätzungen werden hier so reliabel und vermutlich auch valide, daß beide Ansätze eine weiterreichende Gültigkeit beanspruchen können. Nicht zufällig ist es die psychoanalytische Abwehrtheorie, die bis heute die meisten Operationalisierungsversuche aller psychoanalytischen Theoriekonstrukte hervorgebracht hat. Sie war von vornherein einer der phänomennäheren und daher der Untersuchung zugänglicheren Ansätze psychoanalytischer Theorie gewesen.

Ein besonders wichtiger Fortschritt in dieser Richtung erfolgte allerdings erst in jüngerer Zeit mit dem *Karolinska Psychodynamic Profile* (KAPP; Weinryb, Rössel 1991). Dieses Instrument stellt ein systematisches Rating-Instrument mit 18 Subskalen dar und zeigt bei einem wenig aufwendigen Rater-Training ausreichende Interrater-Reliabilität und Konstrukt-Validität. Erfaßt werden vor allem die Selbstwahrnehmung und die interpersonalen Bindungen. Die Darstellung der KAPP ist im Originalbeitrag von R. Weinryb in diesem Band nachzulesen. Ich möchte hier aber festgehalten wissen, in welchem Maße die Autoren der OPD sich R. Weinryb verpflichtet fühlen. Weinryb ist der Autor, der am konsequentesten auf dem Weg der Operationalisierung psychodynamischer Konstrukte über Einschätzungsskalen vorangegangen ist und dem wir daher zu Dank verpflichtet sind.

Als der Arbeitskreis OPD 1992 seine Arbeit aufnahm, gab es also bereits weitreichende Erfahrungen, wie sinnvolle Psychodynamische Diagnostik unter Einbeziehung operationalisierender Elemente verlaufen könnte. Eine Übersicht der hier andiskutierten Literatur hatte im Vorfeld bereits klargemacht, daß wir keinen erneuten Versuch mit Fragebögen starten wollten. Fragebögen werden unseres Erachtens in jedem Belang und überall unkritisch viel zu hoch eingeschätzt. Ihre leichte Machbarkeit und ihre vermutlich okkulte Förderung durch die Postminister aller zivilisierten Staaten haben ihre entscheidenden Nachteile erheblich in den Hintergrund treten lassen. So bestand von vornherein Einmütigkeit, daß wir den Weg von operationalisierten Skalierungen beschreiten wollten, die die Einschätzungen aus einem noch zu entwickelnden psychodynamisch konzipierten halbstrukturierten Interview festhalten.

Eine zweite Festlegung, die rasch getroffen wurde, war die, daß die künftigen Benutzer und Adressaten der OPD eine Basisakzeptanz und ein gewisses Maß an Erfahrung im Umgang mit psychodynamischen Konstrukten haben müßten. Dadurch wollten wir ermöglichen, daß in die Operationalisierungen selbst in einem begrenzten Ausmaß psychodynamische Terminologie eingehen kann, wobei wir von vornherein bestrebt waren, diesen Anteil möglichst gering zu halten. Es ist klar, daß damit auch die Gefahr einer unterschiedlichen Interpretation unterschiedlicher Begriffe wächst. Wir haben gezielt darauf verzichtet, das Ausmaß psychodynamischer Vorkenntnisse beim Untersucher festzulegen, um es der empirischen Überprüfung zu überlassen, wieweit eine gemeinsame theoretische Basis zwingend ist, um mit diesem Instrument arbeiten zu können. Wir vermuten allerdings, daß z. B. bereits die Wahrnehmung der Gegenübertragung, wie sie etwa in der Konfliktachse regelmäßig mit in die Operationalisierung eingeführt wird, Selbsterfahrung voraussetzt, und diese wird ja weiterhin bevorzugt im Rahmen psychoanalytisch orientierter Therapieweiterbildung vermittelt.

Ebenfalls der Empirie überlassen werden sollte das Ausmaß der wechselseitigen Abhängigkeit der gewählten Achsen. Uns schien eine solide, an vorhandenen Konstrukten orientierte Entwicklung der Achsen vorrangig, auch wenn die empirische Überprüfung später erweisen könnte, daß deren Konstruktvalidität nicht so hoch ist, wie von uns veranschlagt.

Schließlich wurden im Entwicklungsprozeß der OPD die Notwendigkeiten eines gründlichen Ratertrainings unübersehbar. Sie erstrecken sich zum einen auf das Erlernen der OPD-spezifischen Interviewtechnik auf der einen Seite sowie das Training der Beurteilungsübereinstimmung bezüglich der einzelnen Achsen und Skalenwerte auf der anderen Seite. Für die Hauptgefahr hielten wir hier, daß die geforderte psychodynamische Offenheit auf der Seite des Untersuchers bereits zu einer «Vorbesetzung» der dargestellten Konstrukte geführt haben könnte und daß deshalb beim Rating diese «Vor-Ansichten» und nicht die Definition der OPD tragend werden könnten. Im Prinzip ist die Elimination der eingehenden Vor-Ansichten allerdings ein Problem aller operationalisierten Manuale.

Schließlich gingen die anfänglichen und erheblich zeitaufwendigen Erörterungen des Arbeitskreises der Frage nach, welche Achsen konstruiert werden sollten, denn, daß die projektierte OPD ein multiaxiales Instrument sein würde, darüber bestand Einigkeit. Die Entscheidung fiel für fünf Achsen, nämlich 1. «Krankheitserleben und Behandlungsvoraussetzungen», 2. «Beziehung», 3. «Konflikt», 4. «Struktur» und 5. «Psychische und psychosomatische Störungen nach der ICD-10». In älteren Versionen stand die phänomenale ICD-10-Achse an erster Stelle. Wir wollten quasi der Linie «vom Phänomen zur Dynamik» folgen. Wegen des programmatischen Aspekts einer neuen psychodynamischen Diagnostik haben wir diese Achsen in der Endfassung im wörtlichen Sinn doch «vorgezogen» (siehe Abb. 1).

Warum diese fünf Achsen und nicht andere, bedarf natürlich einer Begründung. Es sei kurz erwähnt, welche Achsen auch erörtert wurden, die dann aber nicht zum Tragen kamen. So stand anfangs eine Achse im Raum, die Abwehr erfassen sollte – ähnlich dem nie realisierten Entwurf im DSM-III. Bei der Suche nach zugrundeliegenden Kategorien aber entschieden wir uns, die Abwehr als eine Ich-Funktion selbst aufzufassen und sie damit der Achse *Struktur* un-

---

Das multiaxiale Vorgehen in der
Operationalisierten Psychodynamischen Diagnostik (OPD)

1. Krankheitserleben und Behandlungsvoraussetzungen

2. Beziehung

3. Konflikt

4. Struktur

5. Psychische und Psychosomatische Störungen nach der ICD-10

Abbildung 1: Die Achsen der OPD

101

terzuordnen, in der wesentliche Aspekte des Ichs repräsentiert sind. Gleiches gilt für die Überlegungen einer separaten Achse für das *Selbstkonstrukt*. Sie schien uns ebenfalls logisch in der Strukturachse aufzugehen. Die fünf Achsen, die dann entstanden, lassen sich aus unserer Sicht folgendermaßen begründen:

Für die *Achse 1 – das Krankheitserleben und die Behandlungsvoraussetzungen* – sprach die offensichtliche praktische Relevanz dieser Kategorien. Der Patient muß in der Diagnostik «dort abgeholt werden, wo er steht und wo er etwas erwartet». Dies werden in der Regel seine Beschwerden und seine Therapieerwartungen sein. Die Nähe der Kategorien der Achse 1 zur kognitiven Psychologie ist offensichtlich. Der Akzent liegt bei uns allerdings weniger auf dem deskriptiven Krankheitsverhalten als auf Erlebenselementen und Motivationen. Die Operationalisierung dieser Elemente war vergleichsweise einfach, weswegen sie auch nicht so detailliert ausgeführt ist wie bei anderen Achsen.

Achse 2 – Beziehung – wurzelt zum Teil in der psychoanalytischen Diagnostik, die zu jedem Zeitpunkt immer auch Beziehungsdiagnostik ist, indem sie dem Wechselspiel von Übertragung und Gegenübertragung entscheidendes Gewicht gibt. Sie basiert allerdings auf einem deskriptiven Zircumplex-Modell, das nicht psychoanalytischen Ursprungs ist (T. Leary). Im Gegensatz zu den anderen Achsen gibt diese Achse keine idealtypischen Konstellationen oder Muster vor, sondern stellt ein Kategoriensystem beobachtungsnaher Verhaltensweisen mit freier Kombinationsmöglichkeit zur Verfügung. Darin unterscheidet sich Achse 2 deutlich von den beiden folgenden.

Achse 3 – Konflikt – setzt ein Stück klassischer psychoanalytischer Diagnostik um, nämlich die zentrale Rolle innerer Konflikte. Zwei Einführungen sind psychodynamisch unüblich, sie schienen uns aber von klinischer Wichtigkeit, was die ersten empirischen Überprüfungen bestätigen. Es handelt sich um die Konfliktpole Versorgung versus Autarkie, die einerseits vom sehr viel generelleren Abhängigkeits-Autonomie-Konflikt unterscheidbar sind und andererseits die Möglichkeit zur Beschreibung von im engeren Sinne Rollenkonflikten der Identität bieten. Hinzu kommt, daß wir auch die Möglichkeit des Aktual-Konflikts wieder aufgegriffen haben, der den lebensbestimmenden verinnerlichten Konflikten gegenübergestellt werden kann. Um nicht mit den Konzepten der traditionellen Analyse in Konflikt zu geraten (!) und um unsere Einführung nicht mit einem diskussionsbelasteten Etikett zu versehen, sprechen wir zurückhaltend von «konflikthafter äußerer Lebensbelastung». Auch bei einem zweiten Konzept wollten wir nicht die Vorbelastung der Diskussion auf unser

Konstrukt ziehen und sprechen deshalb von «Fehlender Konflikt- und Gefühlswahrnehmung», auch wenn man dabei an die Alexithymie denken kann. Interessanterweise haben wir das in der Arbeitsgruppe Konflikt allerdings weniger getan.

Achse 4 – Struktur – bildet Qualitäten bzw. Insuffizienzen psychischer Strukturen ab. Hierzu zählen z. B. die Möglichkeit bzw. Unmöglichkeit zur inneren und äußeren Abgrenzung, die Fähigkeit bzw. Unfähigkeit zu Selbstwahrnehmung und Selbstkontrolle und weitere. Auch die Abwehrfunktionen werden in diesem Bereich eingeschätzt. Die psychische Struktur stellt gewissermaßen den Hintergrund dar, auf welchem sich Konflikte mit ihren gut oder schlecht angepaßten Lösungsmustern abspielen. Die Achsen *Konflikt* und *Struktur* bilden Teile dessen ab, was Mentzos (1982) als *Konflikt* und *Modus* bezeichnete. Der Modus, das *Wie* der Konfliktlösung, ist eng mit den strukturellen Voraussetzungen der Person verknüpft.

Achse 5 – Psychische und psychosomatische Störungen – nimmt die etablierte deskriptiv-phänomenologische Diagnostik der ICD-10 in die OPD hinein. Wir haben uns für die ICD-10 und nicht für das DSM-III als Ergänzung entschieden, weil sie uns insgesamt «europäischer» und damit in der Tendenz noch nosologischer erscheint. Die bekannten Nachteile der ICD-10 wurden gewissermaßen billigend in Kauf genommen. Zu hoffen ist allerdings auch, daß die Beständigkeit dieses deskriptiven Systems größer ist als die des DSM, für das eine immer raschere Folge von Revisionen voraussagbar ist (Blashfield und Fuller 1996). Spezielle Adaptationen für den psychosomatischen Bereich erleichtern die Anfügung dieser 5. Achse in die OPD.

Zum Abschluß wenige Worte, die für den phänomenologisch Geschulten selbstverständlich sind. Alle Achsen der OPD sind deskriptiv und nicht erklärend – es handelt sich hier gewissermaßen um die Realisierung einer Form *psychodynamischer Phänomenologie*. Die Konstruktion der Achsen ist voneinander unabhängig, zum Teil sogar erheblich, was nicht ausschließt, daß die Beschreibungsebenen sich überschneiden bzw. in enger Interaktion miteinander zu sehen sind. Erwähnt wurde die Figur-Hintergrund-Beziehung von Konflikt- und Struktur-Achse, bestimmte Beziehungsmuster zeigen Verbindungen zur Diagnose einer Persönlichkeitsstörung auf der syndromalen Achse. Außerdem können Beziehungsmuster den beobachtbaren Aspekt von intrapsychischen Konflikten darstellen. Dies zu klären ist eine Aufgabe künftiger Forschung, mit der OPD und nicht über das Vorwissen zu entscheiden. Über dieses Verständnis zeigt die OPD – trotz aller Unterschiede – eine überraschende Nähe zu den modernen Diagnosesystemen ICD-10 und DSM-III / IV.

Literaturverzeichnis

Berg, P. J., van den Helstone, F. S. (1975): Oral, obsessive and hysterical personality patterns: A Dutch Replication. J. Psychiat. Res. *12*, 319–327.

Bibring, G. L., Dwyer, T. F., Huntington, D. S., Valenstein, A. F. (1961): A Study of the psychological process in pregnancy and of the earliest mother-child-relationship. I. Some propositions and comments, II. Methodological considerations, appendices, outtime of variables, glossary of defences, Psa. Study Child, *16*, 9–24, 25–44, 45–72.

Blanck, G., Blanck, R. (1974): Angewandte Ich-Psychologie. Klett-Cotta, Stuttgart.

Blanck, G., Blanck, R. (1979): Ich-Psychologie II. Klett-Cotta, Stuttgart.

Goldman-Eisler, F. (1950): Breast-feeding and character formation II. The etiology of the oral character in psychoanalytic therapy. J. Pers. 1950, *19*, 189–196.

Blashfield, R. K., Fuller, A. K. (1996): Predicting the DSM-V. J. Nerv. Ment. Dis. *184*, 4–7.

Gottheil, E. (1965): An empirical analysis of orality and anality. J. Nerv. Ment. Dis. *141*, 308–317.

Gottheil, E. (1965): Conceptions of orality and anality. J. Nerv. Ment. Dis. *141*, 155–160.

Gottheil, E., Stone, G. C. (1968): Factor analytic study of orality and anality. J. Nerv. Ment. Dis. *146*, 1–17.

Grygier, T. G. (1961): The Dynamic Personality Inventory. N. F. E. R., London.

Kline, P. (1973): The validity of Gottheil's oral trait scale in Great Britain. J. Pers. Assess. *37*, 551–554.

Kline, P. (1968): The validity of the dynamic personality inventory. Brit. J. Med. Psychol. *41*, 307–311.

Krout, M. H., Krout, T. J. (1954): Measuring personality in developmental terms. Genet. Psychol. Monogr. *50*, 289–335.

Lazare, A., Klerman, G. L., Armor, D. J. (1970): Oral, obsessive, and hysterical personality patterns. An investigation of psychoanalytic concepts by means of factor analysis. Arch. Gen. Psychiat. 1966, *14*, 624–630.

Lazare, A., Klerman, G. L., Armor, D. J. (1970): Oral, obsessive, and hysterical personality patterns: Replication of factor analysis in an independent sample. J. Psychiat. Res. 1970, *7*, 275–290.

Mentzos, S. (1982): Neurotische Konfliktverarbeitung. Einführung in die psychoanalytische Neurosenlehre unter Berücksichtigung neuer Perspektiven. TaBu 2239, Kindler, München.

Perry, J. C., Cooper, S. H. (1989): An empirical study of defence mechanism. Arch. Gen. Psychiat. *46*, 444–452.

Prelinger, E., Zimet, C. N., Schafer, R., Levin, M. (1964): An ego psychologrant. approach to character assessment. Free Press of Glencoe, N. Y.

Sandler, J. (1962): Symp. research in psycho-analysis. The Hampstead Index as an instrument of psycho-analytic research. Int. Int. Psa. *43*, 287–291.

Vaillant, G. E., Bond, M., Vaillant, C. O. (1986): An empirically validated hierarchy of defense mechanisms. Arch. Gen. Psychiat. *43*, 786–794.

Weinryb, R. M., Russel, R. J. (1991): Karolinska Psychodynamic Profile KAPP. Act. Psychiat. Scand. *83*, 1–23.

Zu Anwendbarkeit, Praktikabilität, Reliabilität und zukünftigen Forschungsfragestellungen der OPD

Harald J. Freyberger, Wolfgang Schneider,
Gereon Heuft, Henning Schauenburg und Günter H. Seidler

1. Einleitung

Die Intention, mit einem multiaxialen System zur Operationalisierten Psychodynamischen Diagnostik (OPD) einen zu den psychiatrischen Klassifikationssystemen ICD-10 und DSM-IV komplementären diagnostischen Ansatz zu schaffen, war mit der Notwendigkeit verknüpft, die entwickelten Kategorien und Dimensionen zu überprüfen und auf der Grundlage der Ergebnisse die Achsen zu überarbeiten. So wurde im Rahmen des OPD-Entwicklungsprozesses 1994–1995 eine multizentrische Reliabilitätsstudie durchgeführt, deren Ergebnisse im folgenden zusammenfassend dargestellt werden sollen (vgl. auch Freyberger et al. 1996). Darüber hinaus werden jene weiterführenden Forschungsansätze diskutiert, die derzeit im Rahmen verschiedener Arbeitsgruppen verfolgt werden.

2. Material und Methoden

2.1. Untersuchungsansatz

Das Ziel der Untersuchung bestand also darin, im Rahmen einer Feldstudie die den einzelnen Achsen zugrundeliegenden Operationalisierungen zu überprüfen und dabei Aussagen zur Praktikabilität, Akzeptanz durch die Anwender und zur Anwendungsübereinstimmung (Interraterreliabilität) herauszuarbeiten. Um eine Vergleichbarkeit der Ergebnisse zu gewährleisten, wurde das Design der Untersuchung an die Untersuchungspläne der internationalen WHO-Studien zur Einführung der klinisch-diagnostischen Leitlinien der ICD-10 (Dilling et al. 1990; Freyberger et al. 1990) bzw. der ICD-10 Forschungskriterienstudie (Freyberger et al. 1992; Schneider et al. 1993; Freyberger und Schneider 1995; Stieglitz et al. 1996) angelehnt.

Als Erhebungsgrundlage wurden aus der Ulmer Textbank drei exemplarische videodokumentierte Aufzeichnungen psychodynamischer Erstuntersuchungen zur Einschätzung mit dem OPD-System ausgewählt. In Fallkonferenzen in den teilnehmenden Zentren wurden diese Fälle anhand des vorläufigen OPD-Manuals und der Erhebungsbögen von den teilnehmenden Diagnostikern unabhängig eingeschätzt. In einem zweiten Untersuchungsschritt wurde für die revidierte Version der Achse II (Beziehung) in fünf Zentren eine erneute Überprüfung nach einem analogen Vorgehen durchgeführt (sog. Studie 2). Während in der Studie 1 eine aus den beziehungsdynamischen Strukturelementen «Wunsch», «Befürchtung» und «habituelles Beziehungsverhalten» bestehende Version der Beziehungsachse untersucht wurde, beschränkte sich Studie 2 auf das habituelle Beziehungsverhalten. Hierzu wurden drei zusätzliche Videoaufzeichnungen diagnostischer Gespräche verwendet, in denen in erster Linie Beziehungsepisoden geschildert wurden.

Innerhalb der Studie wurden zwei Erhebungsbögen eingesetzt, die der Erfassung von Diagnostikervariablen und der Dokumentation der individuellen diagnostischen Einschätzungen dienten. Dabei wurden u. a. die folgenden Variablen abgebildet:

- eine Einschätzung zur Vollständigkeit der diagnosenrelevanten Informationen (3stufiges Rating von 1 = vollständig bis 3 = unvollständig) im Fallmaterial, eine Einschätzung zur Handhabbarkeit (Leichtigkeit der Diagnosenstellung mit dem entsprechenden Manualanteil; 4stufiges Rating von 1 = sehr leicht bis 4 = sehr schwierig),
- eine Einschätzung zur Paßgenauigkeit der diagnostischen Merkmale, d. h. die Übereinstimmung zwischen Operationalisierung und Patientenbefunden (5stufiges Rating von 1 = sehr gut bis 5 = sehr schlecht),
- Zeitdauer des Ratings (in Minuten).

2.2. Stichprobenbeschreibung

An der Studie 1 nahmen 16 Zentren mit insgesamt 134 Diagnostikern teil, die für die drei exemplarischen Fälle insgesamt 311 Einschätzungen abgaben (vgl. Tab. 1). Von insgesamt 124 Diagnostikern (57 (46.0%) weiblich, 67 (54.0%) männlich) lagen Informationen vor. Das Durchschnittsalter der Diagnostikergruppe betrug 41.03 Jahre (s = .84, range = 21 – 64 Jahre).

Tabelle 1: OPD-Reliabilitätsstudie: Übersicht zu den teilnehmenden Zentren, der Anzahl abgegebener Einschätzungen und Diagnostiker in Studie 1 und 2

Zentren	Studie 1 Ratings (%)	Rater	Studie 2 Ratings (%)	Rater
1. Klinik für Psychotherapie/Psychosomatik der Universität Mainz	26 (8.4)	10	—	—
2. Klinik für Psychotherapie/Psychosomatik der Universität Kiel	18 (5.8)	6	18 (17.6)	6
3. Psychosomatische Klinik der Universität Heidelberg	34 (10.9)	16	21 (20.6)	10
4. Abt. für Psychosomatik/ Psychotherapie der Universität Bochum	21 (6.8	7	24 (23.5)	9
5. Klinik für Psychotherapie/Psychosomatik der Universität Essen	27 (8.7)	10	—	—
6. Abt. für Psychosomatik/ Psychotherapie der Universität Göttingen	34 (10.9)	15	33 (32.4)	11
7. Abt. für Psychotherapie/ Psychohygiene der Universität Basel	15 (4.8)	5	—	—
8. Klinik für Psychiatrie der Medizinischen Universität Lübeck	24 (7.8)	12	—	—
9. Psychosomatische Klinik Kinzigtal	13 (4.2)	6	—	—
10. Psychosomatische Klinik Geldern	17 (5.5)	6	—	—
11. Abt. für Psychotherapie der Universität Frankfurt	31 (10.0)	10	—	—
12. Abt. für Psychotherapie der Universität Ulm	3 (1.0)	1	—	—
13. Klinik für Psychotherapie/Psychosomatik der Universität Düsseldorf	6 (1.9)	2	—	—
14. Klinik für Psychotherapie/Psychosomatik der Universität Erlangen	4 (1.3)	4	6 (5.9)	2
15. Klinik für Psychotherapie/Psychosomatik der Technischen Universität München	17 (5.5)	9	—	—
16. Psychosomatische Abt. München-Harlaching	21 (6.8)	15	—	—
Gesamt	311 (100.0)	134	102 (100.0)	38

46 (37.1 %) der Diagnostiker waren als Psychologen, 36 (29.0 %) als Assistenzärzte, 22 (17.7 %) als Ober- und 12 (9.7 %) als Chefärzte tätig. 43 (34.7 %) der Beurteiler hatten ihre Facharztausbildung abgeschlossen. Über eine abgeschlossene psychoanalytische Ausbildung verfügten 40 Diagnostiker (32.3 %), 32 Beurteiler (25.8 %) befanden sich in Ausbildung. Die durchschnittliche Berufserfahrung betrug 13.2 Jahre (s = 0.80, range 1 – 37). 21 (16.9 %) Diagnostiker waren Mitglied der OPD-Gruppe, 47 (37.9 %) Beurteiler hatten sich bereits vor der Studie mit der OPD-Problematik vertraut gemacht.

An der Studie 2 nahmen 38 Beurteiler aus 5 Zentren teil, die 102 Ratings für die 3 Fälle abgaben (vgl. Tab. 2). Diagnostikervariablen wurden nicht erhoben.

2.3. Kurzcharakterisierung der Patienten

Patientin Nr. 5

Es handelt sich um eine 36jährige Hausfrau, die seit 13 Jahren in erster Ehe verheiratet ist und zwei Kinder im Alter von 10 und 13 Jahren hat. Die Patientin kam 1982 zu diagnostischen Gesprächen. Es wurde eine supportive Psychotherapie mit insgesamt 18 Sitzungen durchgeführt, die einmal wöchentlich stattfanden. Die diagnostischen Gespräche und die Psychotherapie wurden von einem Medizinstudenten unter Supervision durchgeführt. Die Patientin ist mit drei Geschwistern (zwei Jahre älterer Bruder, zwei Jahre jüngerer Bruder, acht Jahre jüngere Schwester) im Elternhaus aufgewachsen. Der Vater (geb. 1944) ist im Alter von 70 Jahren verstorben, die Mutter im Alter von 59 Jahren. Die Patientin hatte eine achtjährige außereheliche Beziehung, die seit etwa sechs Monaten beendet ist, nachdem der Ehemann davon erfuhr. Die Beschwerden entwickelten sich im Zusammenhang mit der Beendigung dieser Beziehung.

Patient Nr. 14

Es handelt sich um einen 45jährigen Malermeister. Der Patient kam 1982 zu zwei diagnostischen Gesprächen und wurde mit der Indikation für eine Verhaltenstherapie an einen niedergelassenen Kollegen überwiesen. Die diagnostischen Gespräche wurden von einem erfahrenen Psychoanalytiker durchgeführt. Die erste Ehe des Patienten wurde vor zehn Jahren geschieden, er ist seit fünf Jahren in zweiter Ehe verheiratet. Die Beschwerden sind verstärkt nach der Scheidung der ersten Ehe aufgetreten und bestehen nunmehr seit etwa zehn

Jahren. Seine Arbeitsstelle hat der Patient aufgegeben und lebt mit seiner Frau auf einem Einödhof.

Patientin Nr. 56

Es handelt sich um eine 29jährige Juristin, die vor einem Jahr ihr Studium abgeschlossen und bisher noch keinen Arbeitsversuch unternommen hat. Die Patientin hat einen 1.5 Jahre älteren Bruder, von dem sie berichtet, daß er stets bessere Leistungen als sie erbracht habe. Bis zum 20. Lebensjahr lebte sie bei den Eltern, sie habe den Eindruck gehabt, der Vater habe sie sexuell begehrt, ohne daß es zu Intimitäten gekommen sei. Während des Studiums war sie Mitglied einer pietistischen religiösen Gemeinschaft. Seit einem Jahr ist die Patientin mit einem Industriekaufmann befreundet, mit dem sie vor etwa sechs Monaten ihren ersten Geschlechtsverkehr hatte. Der Beginn der Symptomatik bleibt offen. Die Patientin hat bereits einen 6monatigen Kontakt zu einer psychologischen Beratungsstelle hinter sich und befindet sich zum Zeitpunkt des Interviews seit zwei Monaten in psychotherapeutischer Behandlung. Das diagnostische Gespräch wurde von einem erfahrenen Psychoanalytiker geführt.

3. Ergebnisse

3.1. Subjektive Einschätzungen zur OPD

Mit den subjektiven Einschätzungen zu den einzelnen Achsen sollte die Anwendbarkeit und Praktikabilität der OPD überprüft werden. Wie **Tabelle 2** zeigt, wurde als Voraussetzung hierzu die Vollständigkeit der im Fallmaterial enthaltenen, diagnosenrelevanten Informationen für alle Achsen als gerade noch ausreichend eingeschätzt. Dabei ist zu berücksichtigen, daß Interviews verwendet wurden, die nicht auf der Grundlage des OPD-Systems erstellt worden waren. «Naturalistische» psychodynamische Erstinterviews enthalten häufig nur sehr eingeschränkt Informationen zur syndromalen Diagnostik bzw. Krankheitsverarbeitung. Für die Achse III (Konflikt) wurden die konsistent besten Ratings, für die Achse I (Krankheitsverarbeitung und Behandlungsvoraussetzungen) die konsistent schlechtesten Ratings abgegeben. Abgesehen von den Einschätzungen für Achse I und III wurden bei allen anderen Achsen signifikante Unterschiede in der Beurteilung der drei Interviews gefunden, was auf die Inhomogenität des Materials hinweist. In Studie 2 wurde im Vergleich zur Studie 1 für die Beziehungsachse ein deutlich verbesserter Mittelwert für die Vollständigkeitseinschätzung gefunden.

Tabelle 2: Studie 1: Einschätzung zur Vollständigkeit der Informationen für die einzelnen Patienten (3stufiges Rating von 1 = vollständig bis 3 = unvollständig)

Patient	n	Achse 1 M (s)	Achse 2 M (s)	Achse 3 M (s)	Achse 4 M (s)	Achse 5 M (s)
5		1.88 (.56)	1.57 (.62)	1.49 (.56)	1.52 (.52)	2.15 (69)
14		2.02 (.69)	2.01 (.66)	1.70 (.66)	1.82 (.63)	1.35 (.52)
56		1.93 (.55)	1.90 (.78)	1.67 (.67)	1.69 (.61)	1.79 (.70)
Gesamt		1.94 (.60)	1.83 (.71)	1.62 (.64)	1.68 (.60)	1.76 (.72)
ANOVA		$F = 1.42$ $p < .2424$	$F = 10.17$ $p < .0001$	$F = 2.86$ $p < .0591$	$F = 6.34$ $p < .0020$	$F = 35.69$ $p < .0001$
MANOVA (Unterschiede zwischen den Achsen): DF = 4, F = 14.59, p < .0001						

Studie 2 (Achse 2): n = 102 Rater, M = 1.73, s = .60

Die Handhabbarkeit des Manuals (Leichtigkeit der Diagnosenstellung) wurde für die Achsen IV (Struktur), III (Konflikt) und I (Krankheitsverarbeitung) als eher mäßig leicht eingeschätzt, für die Achsen II (Beziehung) und V (syndromale Diagnostik) als eher schwierig (vgl. Tabelle 3). Signifikante Unterschiede in der Beurteilung der drei Interviews zeigten sich lediglich für die Achsen IV und V. In Studie 2 ergab sich für die Beziehungsachse mit einem Mittelwert von 2.22 gegenüber 2.46 eine deutlich bessere mittlere Einschätzung (vgl. Tab. 3), die auf die Vereinfachung der Achsenkonstruktion und des Manuals zurückzuführen ist.

Auch einen Validitätsaspekt berührt die Einschätzung der Paßgenauigkeit, d. h. die Übereinstimmung zwischen patientenbezogenen Befunden einerseits und den operationalisierten Merkmalen der einzelnen Achsen andererseits. Wie

Tabelle 3: Studie 1: Einschätzung zur Leichtigkeit bei der Verwendung des Manuals für die einzelnen Achsen und Patienten (4stufiges Rating von 1 = sehr leicht bis 4 = sehr schwierig)

Patient	n	Achse 1 M (s)	Achse 2 M (s)	Achse 3 M (s)	Achse 4 M (s)	Achse 5 M (s)
5	102	1.97 (.59)	2.38 (.76)	1.99 (.59)	1.75 (.62)	2.53 (.73)
14	106	2.18 (.74)	2.49 (.77)	1.91 (.58)	2.04 (.60)	1.51 (.58)
56	103	2.04 (.61)	2.51 (.62)	2.06 (.73)	2.01 (.56)	2.57 (.76)
Gesamt	311	2.06 (.66)	2.46 (.72)	1.93 (.64)	1.93 (.60)	2.21 (.73)
ANOVA		$F = 2.76$ $p < .0654$	$F = 0.87$ $p < .4208$	$F = 1.42$ $p < .2445$	$F = 7.11$ $p < .0010$	$F = 68.73$ $p < .0001$
MANOVA (Unterschiede zwischen den Achsen): DF = 4, F = 10.70, p < .0001						

Studie 2 (Achse 2): n = 102 Rater, M = 2.22, s = .62

Tabelle 4: Studie 1: Einschätzung zur Paßgenauigkeit der diagnostischen Kategorien für die einzelnen Achsen und Patienten (5stufiges Rating von 1 = sehr gut bis 5 = sehr schlecht)

Patient	n	Achse 1 M (s)	Achse 2 M (s)	Achse 3 M (s)	Achse 4 M (s)	Achse 5 M (s)
5	98	2.27 (.71)	2.27 (.80)	2.02 (.64)	1.85 (.74)	2.70 (.89)
14	102	2.28 (.65)	2.48 (.76)	2.07 (.64)	2.19 (.61)	1.74 (.67)
56	96	2.43 (.68)	2.50 (.75)	2.22 (.89)	2.08 (.62)	2.89 (1.11)
Gesamt	296	2.32 (.68)	2.42 (.77)	2.10 (.73)	2.04 (.67)	2.43 (1.04)
ANOVA		F = 1.77 p < .1725	F = 2.39 p < .0931	F = 1.73 p < .1793	F = 6.57 p < .0016	F = 42.16 p < .0001
MANOVA (Unterschiede zwischen den Achsen): DF = 4, F = 13.29, p < .0001						

Studie 2 (Achse 2): n = 86 Rater, M = 2.04, s = .48

hierzu aus **Tabelle 4** hervorgeht, wird die Paßgenauigkeit für die Achsen IV (Struktur) und III (Konflikt) als vergleichsweise gut eingeschätzt. Aber auch die Ratings für die anderen Achsen liegen in einem noch akzeptablen Bereich, wobei sich bei den Achsen IV (Struktur) und V (syndromale Diagnostik) signifikante Unterschiede zwischen den beurteilten Fällen finden, die auf die Inhomogenität des zu beurteilenden Materials hinweisen. In der Studie 2 wurde ein deutlich besserer Mittelwert für die Achse II (Beziehungen) gefunden.

Für die Anwendung und Praktikabilität des OPD-Systems ist auch der Zeitaufwand für die Bearbeitung der einzelnen Achsen von Bedeutung. Wie **Tabelle 5** zeigt, liegt der durchschnittliche Zeitaufwand für die Achsen I, III, IV und V jeweils bei etwa acht Minuten, während die Bearbeitung der Achse II einen Zeitraum von etwas weniger als zwölf Minuten in Anspruch nimmt. Für die Doku-

Tabelle 5: Studie 1: Einschätzungen zum Zeitaufwand (in Minuten) bei der Bearbeitung für die einzelnen Achsen und Patienten

Patient	n	Achse 1 M (s)	Achse 2 M (s)	Achse 3 M (s)	Achse 4 M (s)	Achse 5 M (s)
5	94	7.09 (3.81)	11.69 (5.56)	7.25 (6.04)	7.64 (5.04)	7.14 (5.06)
14	100	7.33 (4.20)	10.58 (5.76)	6.71 (4.57)	7.29 (5.78)	5.78 (4.60)
56	92	8.47 (5.04)	13.61 (7.78)	9.29 (7.91)	8.55 (6.74)	9.82 (9.01)
Gesamt	286	7.60 (4.38)	11.69 (6.52)	7.75 (6.04)	7.83 (5.92)	7.58 (6.76)
ANOVA		F = 2.52 p < .0825	F = 5.60 p < .0042	F = 5.04 p < .0070	F = 1.17 p < .3104	F = 8.55 p < .0003
MANOVA (Unterschiede zwischen den Achsen): DF = 4, F = 53.81, p < .0001						

mentation einzelner Patienten mit dem gesamten System ergibt sich somit ein durchschnittlicher Wert von etwa 42 Minuten, der bei den Achsen II (Beziehung), III (Konflikt) und V (syndromale Diagnostik) zwischen den Fällen signifikant differiert.

3.2. Prozentuale und zufallskorrigierte Interrater-Übereinstimmung

Bei der Überprüfung eines diagnostischen Systems ist prinzipiell davon auszugehen, daß Vorerfahrungen in der Anwendung einen erheblichen Einfluß auf die erreichbare diagnostische Übereinstimmung haben. Vor diesem Hintergrund wurden die für die einzelnen Achsen erreichten prozentualen Interrater-Übereinstimmungen der mit dem System vergleichsweise gut vertrauten OPD-Arbeitsgruppenmitglieder einer nach Alter, Geschlecht und Ausbildungsstandard parallelisierten Kontrollgruppe gegenübergestellt. Wie die Ergebnisse in Tabelle 6 zeigen, liegen die OPD-Arbeitsgruppenmitglieder in den Werten für alle Achsen in einem meist deutlich höheren Übereinstimmungsbereich als die Kontrollgruppe. Dabei werden in beiden Gruppen zum Teil höhere Übereinstimmungsraten erreicht als für die gesamte Stichprobe (vgl. Freyberger et al. 1996), was mit hoher Wahrscheinlichkeit auf einen höheren Ausbildungsstandard dieser beiden Gruppen zurückzuführen ist.

Tabelle 6: Prozentuale Übereinstimmung für die einzelnen OPD-Achsen für nach Alter, Geschlecht und Ausbildungsstandard parallelisierte Rater (OPD-Arbeitsgruppenmitglieder vs. nicht-Mitglieder; n = 20 vs. 86)

Achse	Variable	OPD-Gruppe (range)	andere (range)
Achse 1	Gesamt	62.7 (44.2 – 81.3)	57.2 (55.0 – 59.9)
Achse 2	Verhalten 1 (Studie 1)	54.4 (33.3 – 80.0)	36.3 (24.0 – 59.0)
	Verhalten 2 (Studie 1)	43.3 (30.0 – 50.0)	29.4 (26.9 – 33.3)
Achse 3	Gesamt	61.7 (44.2 – 83.3)	53.9 (31.3 – 64.1)
Achse 4	Selbstwahrnehmung	63.8 (54.2 – 71.8)	50.1 (46.2 – 56.4)
	Selbststeuerung	72.2 (50.0 – 100.0)	68.1 (64.1 – 75.0)
	Abwehr	68.8 (56.4 – 83.3)	55.9 (50.0 – 57.7)
	Objektwahrnehmung	65.0 (50.0 – 75.0)	50.0 (46.2 – 53.8)
	Kommunikation	59.2 (40.0 – 70.8)	55.4 (40.0 – 60.0)
	Bindung	58.6 (50.0 – 66.7)	54.2 (50.0 – 59.0)
	Gesamt	64.6 (50.0 – 100.0)	55.6 (46.2 – 75.0)
	Gesamteinschätzung	57.8 (40.0 – 83.3)	48.5 (45.8 – 53.8)
Achse 5	Achse 5 a	58.6 (45.1 – 70.8)	41.2 (31.3 – 56.4)

Für die Achse I (Krankheitserleben und Behandlungsvoraussetzungen) ergaben sich dabei mittlere prozentuale Übereinstimmungsraten zwischen 44.2 und 81.3 % innerhalb der OPD-Gruppe. Bei einer mittleren prozentualen Übereinstimmung von 62.7 % lag die zufallskorrigierte Interrater-Übereinstimmung (Intraclass-koeffizient, ICC) mit .61 in einem zufriedenstellenden Bereich. Innerhalb der Studie 1 waren für die Achse II (Beziehung) eine Reihe von Einschätzungen abzugeben, die sich u. a. auf die Wünsche, Befürchtungen und das habituelle Beziehungsverhalten der Patienten bezogen. Vor dem Hintergrund des in Studie 2 deutlich vereinfachten Achsenkonzepts sollen hier nur die Ergebnisse zum habituellen Beziehungsverhalten dargestellt werden. Erreicht wurden mittlere prozentuale Übereinstimmungen von 54.4 % und 43.3 %, was einer zufallskorrigierten Übereinstimmung von Kappa .44 bzw. .28 entspricht. Bei den Einschätzungen zur Achse III (Konflikt) hatten die Beurteiler maximal 2 Konflikte je Patient zu identifizieren. Wie aus der Tabelle hervorgeht, werden hierbei prozentuale Übereinstimmungsraten zwischen 44.2 % und 83.3 % innerhalb der OPD-Gruppe erreicht. Dabei sind die drei höchsten Prozentwerte den an erster Stelle genannten Konflikten der Patienten zuzuordnen. Die an zweiter Stelle genannten Konflikte weisen demgegenüber zum Teil deutlich niedrigere Übereinstimmungsraten auf. Auf der Ebene der zufallskorrigierten Übereinstimmung wird dabei ein mittlerer Kappa-Wert von .47 mit einem range zwischen .21 und .56 erzielt. Den Einschätzungen zur Achse IV (Struktur) liegt eine 4stufige dimensionale Skala entsprechend dem Integrationsgrad der einzelnen Strukturdimensionen zugrunde. Es werden innerhalb der OPD-Gruppe Übereinstimmungsraten zwischen 57.8 % und 72.2 % erreicht, die mittlere Übereinstimmung liegt bei 58.1 % (ICC = .72). Für die 5stufige Gesamteinschätzung ergibt sich eine mittlere Übereinstimmung von 57.8 %. Für die Achse Va (Psychische und Psychosomatische Störungen nach ICD-10) ergab sich eine mittlere prozentuale Übereinstimmung von 58.6 % innerhalb der OPD-Gruppe.

4. Diskussion und weiterführende Forschungsansätze

Die Ergebnisse zur Anwendbarkeit, Praktikabilität und Reliabilität des OPD-Systems sind vor dem Hintergrund einiger methodischer Einschränkungen zu diskutieren. So wurde das OPD-System in einem «naturalistischen» Ansatz überprüft, ohne dabei die für Untersuchungen dieser Art (vgl. etwa Dilling et al.

1990; Stieglitz et al. 1996) eigentlich notwendigen Voraussetzungen etwa für die Qualität des einzuschätzenden Fallmaterials zu schaffen. Der Vorteil «naturalistischer» Ansätze liegt dabei darin, daß im Studienkontext notwendige Veränderungen des Systems adäquater identifiziert und erarbeitet werden können, während als Nachteil daraus eine durch verschiedene methodische Einschränkungen bedingte Unterschätzung der Reliabilität resultiert. So wurden in dieser Untersuchung psychodynamische Erstinterviews verwendet, die nicht auf der Grundlage des OPD-Systems erstellt worden waren. Wie die Einschätzungen der beteiligten Diagnostiker zur Vollständigkeit der Informationserhebung zeigen, lassen sich mit diesen Interviews Informationen zu den Achsen «Konflikt» und «Struktur» vergleichsweise vollständig erfassen, während vor allem Aspekte der Krankheitsverarbeitung und der Behandlungsvoraussetzungen nur unzureichend abgebildet werden. Darüber hinaus wurde durch die in den Fallkonferenzen von den beteiligten Diagnostikern geübte qualitative Kritik deutlich, daß für eine angemessene Informationserhebung ein sich derzeit in der Entwicklung befindender semistrukturierter Interviewleitfaden notwendig ist und der gesamte Informationserhebungsprozeß zumindest zwei Interviews erfordern wird. Dies wird im übrigen durch eine weitere, sehr viel elaboriertere Reliabilitätsstudie bestätigt (Rudolf et al. 1996; s. den nachfolgenden Beitrag in diesem Band).

Ein weiterer zu diskutierender Aspekt betrifft die Frage der notwendigen Voraussetzungen für die Anwendung des Systems. Das OPD-Konzept setzt, soll es angemessen angewendet werden, eine psychodynamische Orientierung der Diagnostiker und eine umfassende Kenntnis psychodynamischer Konzepte voraus. Daß dies allein nicht ausreicht und damit auch im Bereich der OPD-Diagnostik ein umfassendes Training der einzelnen Achsen notwendig wird, zeigt die Gegenüberstellung der in unterschiedlichem Ausmaß mit dem OPD-System vertrauten Diagnostiker. So wurde konsequenterweise in dem OPD-Trainingskonzept (vgl. den Beitrag von Schauenburg et al., in diesem Band) von einer Gesamttrainingszeit von etwa 60 Stunden mit Grund- und Aufbaukursen ausgegangen, die absolviert werden müssen, um das System in der klinischen Praxis und Forschung reliabel anwenden zu können.

Neben diesen übergeordneten Aspekten weisen die hier vorgelegten Daten und die Diskussionen während der Untersuchung auf eine Reihe notwendiger Veränderungen der einzelnen Achsen hin. So hat sich gezeigt, daß vor allem für die Achse I «Krankheitserleben und Behandlungsvoraussetzungen» eine vollständige Informationserfassung die Akzeptanz bei den Diagnostikern wahrscheinlich deutlich steigern kann. Validitätsuntersuchungen wird es vorbehalten bleiben, korrelative Zusammenhänge zwischen den Merkmalen dieser

Achse zu identifizieren und damit ein besseres Verständnis der Struktur des Gegenstandsbereiches zu ermöglichen. Wenngleich die Paßgenauigkeit dieser Achse von den Diagnostikern eher als mittelgradig eingeschätzt wird, weist der ermittelte Intraclasskoeffizient von .61, der ein Maß für Reliabilität darstellt (vgl. Bartko und Carpenter 1976), darauf hin, daß sich diese Achse ähnlich reliabel einsetzen läßt wie multiaxiale psychiatrische Ansätze, die die psychosoziale Funktionsfähigkeit erfassen (Michels et al. 1997).

Für die Achse II (Beziehung) hatte sich bereits im Verlauf der ersten Studie gezeigt, daß zahlreiche, mit dem interpersonalen Kreismodell nicht hinreichend vertraute Diagnostiker mit den Operationalisierungen überfordert schienen, so daß in Studie 2 eine stark vereinfachte Version getestet wurde. Die gegenüber der Studie 1 zumTeil deutlich verbesserten Einschätzungen der Rater zur Handhabbarkeit des Manuals und zur Paßgenauigkeit zeigen, daß eine deutliche Akzeptanz- und Anwendbarkeitsverbesserung erreicht werden konnte. Die Diskrepanzen bei den ermittelten Interraterreliabilitätswerten der Gesamtstichprobe sowie der OPD-Arbeitsgruppenmitglieder (und der Kontrollgruppe) weisen darauf hin, daß sich die Reliabilität dieser Achse durch systematisches Training deutlich verbessern läßt.

Die geringsten Akzeptanz- und Anwendungsprobleme ergaben sich bei den beiden Achsen, die aufgrund ihres Inhalts und ihrer Struktur psychodynamischen Konzepten am nächsten stehen: der Achse III (Konflikt) und der Achse IV (Struktur). Diese beiden Achsen werden in den subjektiven Einschätzungen der beteiligten Diagnostiker im Hinblick auf ihre Handhabbarkeit und die Paßgenauigkeit der Merkmale am besten eingeschätzt. In einem gewissen Kontrast dazu steht die niedrige Interraterübereinstimmung für die Konfliktachse im Hinblick auf die Gesamtstichprobe von Kappa = .41, die dazu führte, die einzelnen Konflikte noch präziser im Manual zu definieren und von einer kategorialen zu einer dimensionalen Beurteilung zu wechseln, mit der jetzt ein Konfliktprofil erstellt werden soll. Daß aber auch die Reliabilitätsergebnisse dieser Variablen stark von den Vorerfahrungen der Diagnostiker abhängen, zeigt die Gegenüberstellung mit den Ergebnissen der OPD-erfahrenen Beurteiler, die eine mittlere prozentuale Übereinstimmung von 61.7 % erreichen. Demgegenüber weisen die Ergebnisse für die Strukturachse eine höhere Konsistenz auf, die Interraterreliabilitätsergebnisse liegen hier in einem befriedigenden Bereich. Hierbei ist zu berücksichtigen, daß die vergleichsweise schlechteren Werte der Strukturgesamteinschätzung darauf zurückzuführen sind, daß in der Studie hierfür eine 5stufige Skala verwendet wurde, die im endgültigen Manual, wie bei den anderen Struktureinschätzungen auch, auf ein 4stufiges Niveau reduziert wurde.

Die insgesamt größten Diskrepanzen zwischen den subjektiven Einschätzungen einerseits und den Ratings und den erreichten Interraterreliabilitätswerten andererseits ergaben sich bei Achse V (Psychische und Psychosomatische Störungen nach ICD-10). Während die Vollständigkeit der Informationserhebung und die Sicherheit bei der Diagnosenstellung vergleichsweise günstig eingeschätzt wurden, schätzte man die Handhabbarkeit des Manuals und die Paßgenauigkeit der diagnostischen Kategorien erheblich schlechter ein als bei den meisten anderen Achsen und im Vergleich zu Referenzstudien aus dem psychiatrischen Bereich (vgl. Freyberger et al. 1990, 1992, 1995). Obwohl dabei die Diagnostiker ihre Diagnosen als vergleichsweise sicher beurteilten, wurden für die Gesamtstichprobe vorwiegend Kappa-Werte erreicht, die mit einem Niveau < .40 unterhalb des noch akzeptablen Bereichs liegen (Landis und Koch 1979). Neben einer nach wie vor bestehenden Aversion psychodynamischer Diagnostiker, sich mit syndromalen Ansätzen auseinanderzusetzen (vgl. Schneider et al. 1995), die nicht selten zu einer Unterschätzung der Schwierigkeiten bei deren Anwendung führt, und einer unzureichenden Abbildung der einzelnen diagnostischen Kriterien in den Interviews scheint dabei eine Rolle gespielt zu haben, daß auf einer weiteren Subachse Persönlichkeitsstörungen zu kodieren waren, ohne daß eine Gewichtung der Subachsen erfolgte. Ähnlich wie bei der Konflikt- und Beziehungsachse blieb damit den Diagnostikern teilweise unklar, in welcher Reihenfolge und Relevanz die einzelnen Diagnosen zu stellen waren.

Werden die Ergebnisse der vorliegenden Studie zusammengefaßt, so ist vor dem Hintergrund eines geringen Vertrautheitsgrades mit dem neuen System von einer erstaunlich guten Akzeptanz und Anwendbarkeit der OPD auszugehen. Wird zudem der «naturalistische» Ansatz dieser Studie berücksichtigt, so braucht die OPD den Vergleich mit operationalisierten psychiatrischen Diagnosesystemen nicht zu scheuen. Die Reliabilitätswerte liegen in etwa auf dem Niveau der klinisch-diagnostischen Leitlinien der ICD-10 (vgl. Freyberger et al. 1990), erreichen allerdings (noch) nicht das Niveau des DSM-III-R oder der ICD-10 Forschungskriterien (Schneider et al. 1993, Freyberger et al. 1995). Es wird einer weiteren multizentrischen Reliabilitätsstudie vorbehalten bleiben, das auf der Grundlage dieser Untersuchung veränderte System erneut zu überprüfen und dabei auch Aspekte der Test-/Retestreliabilität und Expertenvalidität einzubeziehen.

Im Hinblick auf weiterführende Forschungsansätze haben sich in der Zwischenzeit eine Reihe von Ansätzen etabliert (vgl. Tab. 7). Neben den Arbeitsgruppen, die sich mit der Weiterentwicklung der OPD-Achsen beschäftigen, hat sich eine multizentrische Gruppe aus dem Bereich der Kinder- und Jugend-

Tabelle 7: Weiterführende Forschungsansätze innerhalb der OPD-Arbeitsgruppen

Thematik	Koordinator
Kinder- und jugendpsychiatrische Adaption	Resch (Heidelberg)
Gerontospychosomatische Adaption	Heuft (Essen)
Literaturbank	Seidler (Heidelberg)
Datenbank	Freyberger (Bonn)
Reliabilitiätsstudie	Freyberger (Bonn)
	Schneider (Rostock)
Psychotherapieverlauf	– Rudolf (Heidelberg)
	– Schneider (Rostock)
	– Schauenburg (Göttingen)
Mustererkennung	Cierpka (Göttingen)
OPD-Diagnostik und Bindungsstile	
Konsiliardienststudie Achse I	Schneider (Rostock)
	Franz (Düsseldorf)
Alkohol	Janssen (Dortmund)
Borderline-Persönlichkeitsstörungen	Buchheim (München)
Dissoziative Störungen	Freyberger (Bonn)
Eßstörungen	von Wietersheim (Lübeck)
Funktionelle Unterbauchbeschwerden	Kraul (Göttingen)
Schizophrenie	Krausz (Hamburg)
	Schneider (Rostock)

psychiatrie zusammengefunden, die das OPD-System für den Bereich kinder- und jugendpsychiatrischer Störungen adaptieren will. In einer anderen Arbeitsgruppe wird an einer gerontopsychosomatischen Adaption gearbeitet.

Als übergreifende Projekte der Gesamtgruppe befinden sich eine Literatur- und eine OPD-Datenbank im Aufbau sowie eine weitere multizentrische Reliabilitätsstudie in Vorbereitung. Verschiedene Arbeitsgruppen setzten die OPD im Rahmen stationärer Verlaufs- und Outcomeforschung ein, seitens der Heidelberger Arbeitsgruppe wurde mit einer Praxisstudie zur analytischen Langzeittherapie begonnen.

Die Achse I (Krankheitserleben und Behandlungsvoraussetzungen) wird gegenwärtig im Rahmen einer multizentrischen Konsiliardienststudie eingesetzt. Für die Achse II (Beziehung) wird gegenwärtig ein Mustererkennungsansatz realisiert, in dem es um die Frage geht, ob sich initial identifizierte diagnostische Merkmale tatsächlich im stationären Verlauf wiederfinden lassen.

Im Rahmen weiterer Untersuchungsansätze wird die OPD bei verschiedenen Störungsgruppen vor allem im Hinblick auf den Vergleich mit konkurrierenden Instrumenten und Verlaufsforschungsansätzen eingesetzt.

Literaturverzeichnis

Arbeitskreis OPD (1996): Operationalisierte Psychodynamische Diagnostik (OPD). Grundlagen und Manual. Huber, Bern.

Bartko, J. J., Carpenter, W. T. (1976): On the methods and theory of reliability. J. Nerv. Ment. Dis. 163: 307–317.

Benjamin, L. S. (1982): Use of structural analysis of social behaviour (SASB) to guide intervention in psychotherapy. In: Archin, J. C., Kiesler, D. J. (Hrsg.): Handbook of Interpersonal Psychotherapy: 190–212.

Cierpka, M., Buchheim, P., Freyberger, H. J., Hoffmann, S. O., Janssen, P. L., Muhs, A., Rudolf, G., Rüger, U., Schneider, W., Schüßler, G. (1995): Die erste Version einer Operationalisierten Psychodynamischen Diagnostik (OPD-1). Psychotherapeut 40: 69–78.

Cohen, J. (1960): A coefficient of agreement of nominal scales. Educ. Psychol. Measurement 20: 37–46.

Dilling, H., Dittmann, V., Freyberger, H. J. (1990): ICD-10 field trial in German-speaking countries. Pharmacopsychiatry 23 (Suppl): 135–216.

Dilling, H., Freyberger, H. J., Malchow, C. P. (1990): Design of the ICD-10 field trial in German-speaking countries. Pharmacopsychiatry 23 (suppl.): 142–145.

Dührssen, A. (1981): Die biographische Anamnese unter tiefenpsychologischem Aspekt. Vandenhoeck & Ruprecht, Göttingen.

Freyberger, H. J., Dittmann, V., Stieglitz, R. D., Dilling, H. (1990): ICD-10 in der Erprobung: Ergebnisse einer multizentrischen Feldstudie in den deutschsprachigen Ländern. Nervenarzt 61: 271–275.

Freyberger, H. J., Stieglitz, R. D., Dilling, H. (1992): Felduntersuchungen zu den Forschungskriterien des Kapitels V (F) der ICD-10 in den deutschsprachigen Ländern. Antrag an die Deutsche Forschungsgemeinschaft (DFG). Unveröffentlichtes Manuskript, Klinik für Psychiatrie der Medizinischen Universität Lübeck.

Freyberger, H. J., Schneider, W. (Copy-Hrsg., 1995): Operational diagnostic approaches in psychosomatic medicine and psychotherapy. Psychotherapy and psychosomatics 63: 61–136.

Freyberger, H. J., Schneider, W., Malchow, C. P. (1995): Assessment of comorbidity in the diagnosis of psychosomatic and neurotic disorders: results from the ICD-10 field trial with the Diagnostic Criteria for Research in Germany. Psychotherapy and Psychosomatics 63: 90–98.

Freyberger, H. J., Dierse, B., Schneider, W., Strauß, B., Heuft, G., Schauenburg, H., Pouget-Schors, D., Seidler, G. H., Küchenhoff, J., Janssen, P. L., Hoffmann, S. O. (1996): Operationalisierte Psychodynamische Diagnostik (OPD) in der Erprobung – Ergebnisse einer multizentrischen Anwendungs- und Praktikabilitätsstudie. Psychoth. Psychosom. Med. Psychol. 46: 356–365.

Kiesler, D. J. (1983): The 1982 interpersonal circle: A taxonomy for complementarity in human transactions. Psychol Rev 90: 185–211.

Landis, J. R., Koch, G. G. (1977). The measurement of observer agreement for categorical data. Biometrics 33: 159–174.

Michels, R., Siebel, U., Freyberger, H. J., Stieglitz, R. D., Schaub, R. T., Dilling, H. (im Druck): The multiaxial system of ICD-10: first results of a multicentric field trial. Psychopathology.

Rudolf, G., Grande, T., Oberbracht, C., Jakobsen, T. (1996): Erste empirische Untersuchungen zu einem neuen diagnostischen System: Die Operationalisierte Psychodynamische Diagnostik (OPD). Zsch. psychosom. Med. 42: 343–357.

Schneider, W., Freyberger, H. J., Stieglitz, R. D. (1993): Die Forschungskriterienstudie zur ICD-10 im Bereich Psychotherapie/Psychosomatik. In: Schneider, W., Freyberger, H. J., Muhs, A., Schüßler, G., (Hrsg.): Diagnostik und Klassifikation nach ICD-10, Kapitel V. Eine kritische Auseinandersetzung. Ergebnisse der ICD-10-Forschungskriterienstudie aus dem Bereich Psychoso-

matik/Psychotherapie. Monographie zur Zeitschrift für Psychosomatische Medizin und Psychoanalyse Nr. 17, Vandenhoeck & Ruprecht, 69–84.

Schneider, W., Heuft, G., Freyberger, H. J., Janssen, P. L. (1995): Diagnostic concepts, multimodal and
multiaxial approaches in psychotherapy and psychosomatics. Psychotherapy and Psychosomatics
63: 63–70.

Schneider, W., Buchheim, P., Cierpka, M., Freyberger, H. J., Hoffmann, S. O., Janssen, P. L., Muhs, A.,
Rudolf, G., Rüger, U., Schüßler, G.: Das Konzept der Operationalisierten Psychodynamischen Diagnostik (OPD). Psychoth. Psychosom. Med. Psychol. 45: 121–130.

Stieglitz, R. D., Freyberger, H. J., Malchow, C. P., Dilling, H. (1996): Design of the ICD-10 field trial
of the Diagnostic Criteria for Research (DCR) in German-speaking countries. Psychopathology
29: 260–266.

Einige empirische Zusammenhänge zwischen den Achsen «Beziehung», «Konflikt» und «Struktur»

Tilman Grande, Claudia Oberbracht und Gerd Rudolf

1. Einleitung: Die Heidelberger OPD-Studie

Im folgenden möchten wir einige Ergebnisse einer Studie vorstellen, deren Anlage und Ablauf wir bereits an anderer Stelle beschrieben haben (Rudolf, Grande, Oberbracht und Jakobsen 1996). Es handelt sich um ein Forschungsprojekt der psychosomatischen Klinik in Heidelberg, in dem Patienten direkt nach der stationären Aufnahme und zum Zeitpunkt der Entlassung mit Hilfe eines etwas modifizierten OPD-Interviews untersucht wurden. Auf der Grundlage der Videoaufnahmen dieser Interviews wurden jeweils von zwei unabhängigen Ratern die OPD-Achsen *Beziehung, Struktur* und *Konflikt* beurteilt. Der Verzicht auf die übrigen beiden Achsen und die Modifikationen des OPD-Interviews waren aus praktischen Gründen notwendig, die in der oben genannten Arbeit erläutert werden; dort wird auch über die Ergebnisse einer ersten Reliabilitätsstudie mit insgesamt befriedigenden Ergebnissen berichtet.

Zum Zeitpunkt der Auswertungen, auf denen die vorliegende Arbeit beruht, lagen die Daten von insgesamt 81 Patienten vor. Es handelt sich um eine Gruppe unausgelesener Patienten, die in den Jahren 1995 und 1996 stationär behandelt wurden; von der Untersuchung ausgeschlossen waren lediglich Patientinnen mit einer anorektischen Störung, die im Rahmen eines speziellen Programms therapiert werden und aufgrund der damit verbundenen Einschränkungen nicht erfaßt werden konnten. Unter den 81 Patienten waren 60 Frauen und 21 Männer. Das Alter beträgt im Schnitt 29,1 Jahre; die jüngste Patientin ist 19 Jahre alt, die älteste 48 Jahre. Altersentsprechend sind die meisten Patienten ledig (69,1 %), 16,0 % sind verheiratet, 8,6 % geschieden (der Rest wiederverheiratet oder ohne Angabe). Die meisten Patienten (38,3 %) arbeiten als Angestellte oder Beamte in bescheidenen bis mittleren Positionen, 25,9 % befinden sich in Ausbildung oder Umschulung, 12,3 % haben zum Untersuchungszeitpunkt keine berufliche

Stellung (meist Arbeitslosigkeit). Als häufigste ICD-10-Diagnosen – Mehrfachkodierungen waren möglich – wurden angegeben: 33,3 % depressive Störungen (F32 bis F34), 28,4 % Angststörungen (F40 bis F41), 22,2 % funktionelle oder somatoforme Störungen (F45). Bei 21,0 % der Patienten wurde eine bulimische Eßstörung festgestellt (F50.2 bis F50.4). Persönlichkeitsstörungen (F60) wurden in 53,1 % der Fälle diagnostiziert; darunter fielen elf Patienten mit einer anderen spezifischen, in unserem Fall meist narzißtischen (F60.8: 13,6 %) und 6 mit einer emotional instabilen Persönlichkeitsstörung (F60.3: 7,4 %). Von den übrigen Persönlichkeitsdiagnosen wurde mit sieben Fällen am häufigsten eine abhängige Persönlichkeitsstörung angegeben (F60.7: 8,6 %).

Im Zentrum des Heidelberger Projekts steht die Frage, ob und in welchem Ausmaß strukturelle Veränderungen im Verlauf einer stationären Behandlung erreicht werden können und in welchem Verhältnis sie zu anderen (vor allem symptomatischen) Veränderungen stehen. Die OPD-Befunde werden dabei im Kontext einer umfassenderen Untersuchung erhoben, über die zu einem späteren Zeitpunkt ausführlich berichtet wird. Für den vorliegenden Zweck möchten wir uns ganz auf diejenigen OPD-Befunde konzentrieren, die zum Zeitpunkt des Behandlungsbeginns erhoben wurden. Unsere Frage lautet dabei, welche inneren Zusammenhänge die Befunde aufweisen. Wir berichten in den folgenden Abschnitten über drei getrennte Auswertungen, in denen nacheinander die Zusammenhänge zwischen den Achsen «Konflikt» und «Struktur», «Konflikt» und «Beziehung» und schließlich «Beziehung» und «Struktur» geprüft wurden.

2. Zusammenhänge zwischen den Achsen «Konflikt» und «Struktur»

Die von der Arbeitsgruppe OPD (1996) für die verschiedenen Konflikte angegebenen Definitionen und Kriterien enthalten Hinweise, die die Formulierung bestimmter Erwartungen über mögliche Zusammenhänge mit dem Integrationsniveau der Struktur zulassen. Bei dem ersten Konflikt «Abhängigkeit versus Autonomie» wird im Manual hervorgehoben, daß es hier um die «existentielle Bedeutung von Bindung und Beziehung» (S.124) geht und daß eine Polarisierung zwischen den beiden diesen Konflikt konstituierenden Positionen zu einer «existentiellen Bedrohung» führen kann, die die Betroffenen zu pathologischen Formen der Bewältigung drängt. Als Beispiele werden schizoide Charakterstrukturen oder im anderen Extrem verschmelzende Beziehungsgestaltungen genannt. Der Konflikt «Abhängigkeit versus Autonomie» weist deskriptiv eine gewisse Ähnlichkeit mit dem Konflikt «Versorgung versus Autarkie» auf und wird von OPD-Anwendern deshalb häufig verwechselt. Während es beim ersten Konflikt jedoch um die grundlegende Frage nach der Möglichkeit von Beziehungsaufnahme überhaupt geht, beschreibt das Manual in bezug auf «Versorgung versus Autarkie» eine spezifische Form der konflikthaften Ausgestaltung einer *basal schon besser gesicherten* Bindung. Diese Angaben lassen die Folgerung zu, daß bei einem Vorherrschen dieses letztgenannten Konflikts vergleichsweise bessere strukturelle Voraussetzungen gegeben sind.

Ein noch besseres strukturelles Integrationsniveau lassen die Ausführungen zu den «ödipal-sexuellen Konflikten» im Manual erwarten, in denen es um die «in der Beziehung zu anderen entstehenden *erotisch-sexuellen Konflikte im eigentlichen Sinne*» geht (S.141, Hervorhebung im Original). Es wird besonders herausgestrichen, daß es sich um eine primär sexuelle Konfliktstörung handeln muß, bei der den erotischen und sexuellen Wünschen gegenläufige Strebungen und Hemmungen entgegenstehen, z. B. Über-Ich-Verbote, Inzest-Tabu, ödipale Identifizierungskonflikte und ähnliches. Das Manual vermerkt zur schärferen Abgrenzung der «ödipal-sexuellen Konflikte» ausdrücklich, daß Sexualität auch für andere Motivationsbereiche und Regulationsaufgaben funktionalisiert werden kann (etwa zur Stabilisierung des narzißtischen Gleichgewichts), ohne daß dann jedoch eine sexuelle Konfliktthematik im eigentlichen Sinne vorliegt.

Ein ebenfalls eher reiferes Strukturniveau lassen die Ausführungen zu den Konflikten «Unterwerfung versus Kontrolle» sowie «Über-Ich und Schuld» erkennen, die jeweils bestimmte Konfliktstörungen auf der Grundlage relativ stabiler Internalisierungen und innerer Steuerungsinstanzen beschreiben. Die Darstellung der «Selbstwertkonflikte» im Manual mit den gegensätzlichen Polen der narzißtischen Überkompensation einerseits und der regressiven Stabilisierung im Rahmen einer Krankenrolle oder eines defizitären Selbstbildes andererseits läßt stärker ausgeprägte strukturelle Beeinträchtigung bei den Betroffenen vermuten. Die übrigen Konflikte («Identitätskonflikte» und «fehlende Konflikt- und Gefühlswahrnehmung») wurden in unserer Untersuchung so selten markiert, daß zu ihnen und ihrem Zusammenhang mit der Struktur-Achse keine statistischen Prüfungen möglich waren.

Von besonderem Interesse ist der Vergleich der Konflikte «Abhängigkeit versus Autonomie» und «Versorgung versus Autarkie», weil sich – wie bereits erwähnt – die im Manual genannten Kriterien ähneln und eine eindeutige Abgrenzung beider in vielen Fällen schwerfällt. In unserer bereits genannten Arbeit (Rudolf et al. 1996) fanden wir vor allem aus diesem Grund vergleichsweise niedrige Reliabilitätswerte für die genannten zwei Konflikte. Auf diesem

Hintergrund ist zu fragen, ob es empirische Argumente gibt, die eine inhaltliche Differenzierung der beiden Konflikte stützen. Dabei gewinnt auch die Frage eine wichtige Bedeutung, ob die vermuteten Unterschiede bezüglich des strukturellen Integrationsniveaus tatsächlich nachgewiesen werden können.

Die OPD-Konflikte werden auf einer Skala mit den Stufen «*nicht vorhanden*» (0), «*vorhanden und wenig bedeutsam*» (1), «*vorhanden und bedeutsam*» (2) und «*vorhanden und sehr bedeutsam*» (3) eingeschätzt. Die Strukturdiagnostik besteht aus 6 Dimensionen (Selbstwahrnehmung, Selbststeuerung, Abwehr, Objektwahrnehmung, Kommunikation und Bindung), die auf einer Skala mit den Stufen «*desintegriert*», «*gering integriert*», «*mäßig integriert*» und «*gut integriert*» beurteilt werden; die abschließende *Gesamteinschätzung,* die wir in den hier berichteten Auswertungen verwenden, ist in der gleichen Weise gestuft. Es werden Rangkorrelationen nach Spearman berechnet, die Signifikanzprüfung erfolgt zweiseitig.

Abbildung 1 zeigt, daß dies tatsächlich der Fall ist: Zwischen dem Konflikt «Abhängigkeit versus Autonomie» und dem Integrationsniveau der Struktur (Gesamteinschätzung) finden wir eine hochsignifikante negative Korrelation von $r = -.61$, d. h. eine *hohe* Ausprägung dieses Konflikts hängt deutlich mit einem eher *niedrigeren* Strukturniveau zusammen. Gerade umgekehrt ist der Zusammenhang zwischen dem Integrationsniveau und dem Konflikt «Versorgung versus Autarkie», wo wir eine auf dem 5%-Niveau signifikante *positive* Korrelation von $r = +.24$ finden, so daß das Vorliegen dieses Konflikts auf eine tendenziell eher *bessere* Struktur schließen läßt. Aus diesen Ergebnissen kann man folgern, daß beide Konflikte auf sehr unterschiedliche strukturelle Gegebenheiten bei den betroffenen Patienten hindeuten und daß ihre Differenzierung daher sinnvoll ist.

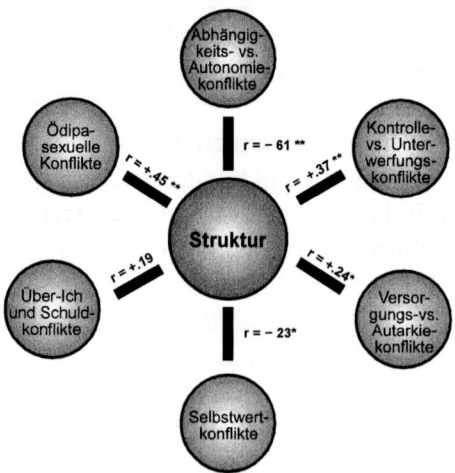

Abbildung 1: Zusammenhänge zwischen dem Gesamtstrukturniveau und den Konflikten

Tabelle 1: Angaben zu den beiden wichtigsten Konflikten für verschiedene Integrationsniveaus der Struktur

gering integriert	N = 23	%	mäßig integriert	N = 44	%	gut integriert	N = 14	%
Abhängig-keit/ Autonomie	15	65,2	Versorgung/ Autarkie	23	52,3	Ödipal-sexuell	7	50,0
Selbstwert	14	60,8	Selbstwert	19	43,1	Unter-werfung/ Kontrolle	5	35,7
Über-Ich-/ Schuld	5	21,7	Über-Ich-/ Schuld	19	43,1	Selbstwert	4	28,6
Versorgung/ Autarkie	4	17,6	Abhängig-keit/ Autonomie	9	20,4	Über-Ich-/ Schuld	4	28,6
Unter-werfung/ Kontrolle	3	13,0	Ödipal-sexuell	8	18,2	Versorgung/ Autarkie	3	21,4
Ödipal-sexuell	2	8,7	Unter-werfung/ Kontrolle	6	13,7	Abhängig-keit/ Autonomie		

Eine weitere Prüfung der Angaben in Abbildung 1 zeigt, daß auch unsere übrigen Erwartungen im wesentlichen zutreffend waren: Signifikant *positive* Zusammenhänge zwischen Struktur und Konflikt findet man bei «Unterwerfung versus Kontrolle» und bei den «Ödipal-sexuellen Konflikten», *negative* bei den «Selbstwertkonflikten». Die «Über-Ich- und Schuldkonflikte» korrelieren nur mäßig positiv mit dem Integrationsniveau der Struktur (+.19, *nicht* signifikant). Dies ist möglicherweise damit zu erklären, daß das Manual in einigen Formulierungen auch archaische Manifestationen von Schuld einschließt, so etwa den Versündigungswahn in der Melancholie als extreme Variante des passiven Modus (S.138); der Konflikt kann deshalb sowohl bei einem besseren als auch bei einem geringeren Strukturniveau vorkommen.

Eine alternative Darstellung des Zusammenhangs zwischen dem Integrationsniveau der Struktur und den Konfliktdiagnosen basiert auf der *Angabe der beiden wichtigsten Konflikte* eines Patienten, mit der die OPD-Konfliktdiagnostik abschließt. **Tabelle 1** gibt getrennt für die Niveaus *«gering integriert»*, *«mäßig integriert»* und *«gut integriert»* wieder, mit welcher Häufigkeit die verschiedenen Konflikte als besonders «wichtig» ausgewählt wurden. Zwischen dem wichtigsten und zweit-wichtigsten Konflikt wird in der Tabelle nicht unterschieden, so daß sich die Prozentangaben auf über 100 % addieren. Die selten markierten «Identitätskonflikte» und die «Fehlende Konflikt- und Gefühlswahrnehmung» wurden nicht in die Tabelle aufgenommen.

Übereinstimmend mit den eben berichteten Ergebnissen finden wir bei einem geringen Strukturniveau als wichtigste Konflikte «Abhängigkeit versus Autonomie» (65,2 %) und «Selbstwert» (60,8 %); der Konflikt «Abhängigkeit versus Autonomie» ist ein besonders sicherer Indikator für ein geringes Intregationsniveau, weil er bei mäßig integrierten Patienten nur in 20,4 % der Fälle und bei gut integrierten in keinem einzigen Fall ausgewählt wurde. Bei einem mäßig integrierten Strukturniveau werden am häufigsten «Versorgung versus Autarkie» (52,3 %), «Selbstwert-» (43,1 %) und «Über-Ich- und Schuldkonflikte» (43,1 %) als besonders wichtig eingeschätzt. Charakterisierend für dieses Niveau ist insbesondere der Konflikt «Versorgungs versus Autarkie», der auf niedrigem und gutem Strukturniveau deutlich seltener anzutreffen ist. Die Rangfolge der Konfliktnennungen für die Gruppe mit gutem Integrationsniveau gestattet wegen der geringen Patientenzahl nicht mehr als eine vorläufige Einschätzung; hier erweisen sich erwartungsgemäß die «ödipal-sexuellen Konflikte» (50 %) sowie der Konflikt «Unterwerfung versus Kontrolle» (35,7 %) als bedeutsam. Als weitere Beobachtung läßt sich aus Tabelle 1 entnehmen, daß die «Selbstwertkonflikte» zwar mit der Beeinträchtigung der Struktur zunehmen, bei gut strukturierten Patienten jedoch immerhin noch in 28,6 % der Fälle gefunden werden.

3. Zusammenhänge zwischen den Achsen «Konflikt» und «Beziehung»

Die OPD erfaßt innerhalb der Achse «Beziehung» das zentrale dysfunktionelle Beziehungsmuster eines Patienten, indem sie seine charakteristischen interpersonellen Haltungen und Akte und diejenigen seiner Interaktionspartner mit Hilfe von Standardformulierungen beschreibt, die aus einer Liste von 30 Items ausgewählt werden. Diese Items sind dem Zirkumplexmodell interpersonellen Verhaltens entnommen, das in **Abbildung 2** dargestellt ist. In diesem Modell sind alle Beziehungsmodalitäten auf zwei Kreisen angeordnet, die horizontal durch die Dimension der «Affiliation» (mit den Polen der freundlichen Annäherung rechts bzw. der feindseligen Ablehnung links), vertikal durch die Dimension der «Interdependenz» (mit den Polen der Autonomie oben und Kontrolle bzw. Unterwerfung unten) durchschnitten werden. Der obere Kreis beschreibt aktive

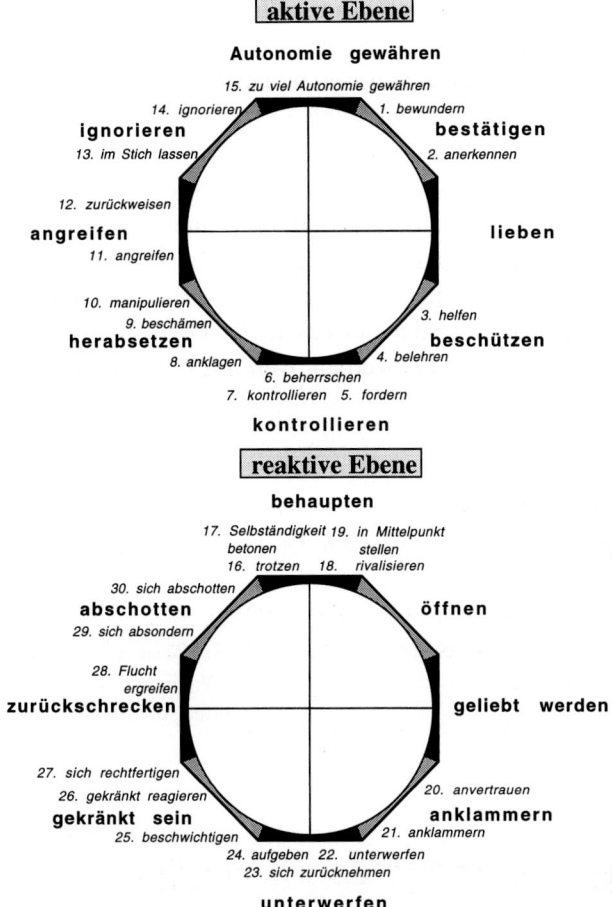

aktive Ebene

Autonomie gewähren

15. zu viel Autonomie gewähren

14. ignorieren   1. bewundern
ignorieren   **bestätigen**
13. im Stich lassen   2. anerkennen

12. zurückweisen
angreifen   **lieben**
11. angreifen

10. manipulieren
9. beschämen   3. helfen
herabsetzen   **beschützen**
8. anklagen   4. belehren
6. beherrschen
7. kontrollieren 5. fordern

kontrollieren

reaktive Ebene

behaupten

17. Selbständigkeit 19. in Mittelpunkt
betonen   stellen
16. trotzen   18. rivalisieren

30. sich abschotten
abschotten   **öffnen**
29. sich absondern

28. Flucht
ergreifen
zurückschrecken   **geliebt werden**

27. sich rechtfertigen
26. gekränkt reagieren   20. anvertrauen
gekränkt sein   **anklammern**
25. beschwichtigen   21. anklammern

24. aufgeben 22. unterwerfen
23. sich zurücknehmen

unterwerfen

Abbildung 2: Das interpersonelle Kreismodell mit den Itemzuordnungen

Verhaltensweisen, der untere eher reaktive. Man kann in **Abbildung 2** erkennen, daß jeder Kreis in Oktanten eingeteilt ist, die jeweils eine bestimmte Beziehungsqualität repräsentieren. Den meisten Oktanten sind zur weiteren Differenzierung eines oder mehrere Items zugeordnet. In die Oktanten «Lieben», «Öffnen» und «Geliebt werden» sind keine Items eingetragen; dies erklärt sich daraus, daß für die Liste der 30 Beziehungs-Items ausschließlich solche Beziehungsmodalitäten ausgewählt wurden, die potentiell *problematisch* im Sinne einer dysfunktionellen Beziehungsgestaltung sind (vgl. Arbeitsgruppe OPD 1996, S. 115). Alle Items repräsentieren bestimmte Ausprägungen auf den Dimensionen «Affiliation» und «Interdependenz»; in **Abbildung 2** werden sie nur kurz benannt, die ausformulierten Items finden sich in der Synopsis des OPD-

127

Buches (S. 237f.). Für weitere Erläuterungen verweisen wir auf das Manual (ebenda, Kapitel 4.2).

Abbildung 3 präsentiert das Schema, in dem die Ergebnisse der Beziehungsdiagnostik festgehalten werden (auf die exemplarischen Eintragungen kommen wir weiter unten zurück). Die Beschreibung des habituellen Musters erfolgt im ersten Schritt aus der *Erlebensperspektive des Patienten*, in einem zweiten aus derjenigen der *anderen* (d. h. der Interaktionspartner). Das Erleben der *anderen* wird einerseits aus den Beziehungsschilderungen des Patienten erschlossen, andererseits im direkten Gesprächskontakt für den Untersucher in der Gegenübertragung erfahrbar. Der Vergleich beider Perspektiven kann für das klinische Verständnis fruchtbar gemacht werden, weil mit seiner Hilfe charakteristische Unterschiede zwischen der Selbstwahrnehmung und der äußeren Wirkung eines Patienten sichtbar werden, die einen bedeutsamen Teil der Dysfunktionalität von Beziehungsmustern erklären (vgl. Grande et al., im Druck).

Nach diesen einführenden Bemerkungen möchten wir uns jetzt der Frage nach den Zusammenhängen zwischen den Konflikten und Beziehungsmustern

---

1. Perspektive A: Das Erleben des Patienten

Der Patient erlebt sich immer wieder so, daß er (andere bzw. an andere)...	Der Patient erlebt andere immer wieder so, daß sie...
3. ... *besonders hilft, sie versorgt und beschützt* $p < .05$ (6,3/1)	5. ... *an ihn Ansprüche und Forderungen stellen* $p < .01$ (9,48/1)
23. ... *sich* nicht *zurücknimmt und selbst entwertet* $p < .05$ (4.44/1)	20. ... *ihm vertrauen und und sich anlehnen* $p < .05$ (FeT) $N < 1/3$
	13. ... *ihn im Stich lassen* $p < .05$ (5,02/1)

2. Perspektive B: Das Erleben der anderen (auch des Untersuchers)

Andere – auch der Untersucher – erleben, daß der Patient (sie) immer wieder ...	Andere – auch der Untersucher – erleben sich gegenüber dem Patienten immer wieder so, daß sie ...
16. ... *trotzt und sich widersetzt* $p < .01$ (8,6/1)	
8. ... *beschuldigt und anklagt* $p < .05$ (5,54/1)	
25. ... *beschwichtigt und harmonisiert* $p < .05$ (FeT) $N < 1/3$	

Abbildung 3: Beziehungsmuster des Konflikts «Versorgung versus Autarkie»

zuwenden. Enge Zusammenhänge zwischen beiden Achsen sind bereits konzeptuell dadurch vorgegeben, daß viele der Konfliktkriterien explizite Beziehungsaussagen enthalten. Das fünfte Kriterium für den Konflikt «Versorgung versus Autarkie» lautet beispielsweise im aktiven Modus (S. 133):

«Im gesellschaftlichen Umfeld erscheinen die Betroffenen mit einem aktiven Modus als eher für andere sorgend. Dabei entwickeln sich jedoch keine tragfähigen Beziehungen, da sie offen oder heimlich die Versorgten zugleich verachten oder beneiden, was oft von den anderen wahrgenommen wird. Häufig erfahren sie gerade nicht den Respekt, der aufgrund ihres Einsatzes zu erwarten wäre, sondern Abwertung oder zynische Ausnutzung. Wenn soziales Engagement gezeigt wird, geschieht dies oft wiederum im Dienste der altruistischen Abtretung («Wie ich dir, so du mir»).»

Die in diesem Absatz beschriebene Beziehungskonstellation läßt sich unmittelbar durch die Items der OPD-Beziehungsachse wiedergeben (vgl. Abb. 2): Von der Seite des Betroffenen werden eine forcierte Fürsorge (Item «3. helfen»), eine heimliche Verachtung (Item «9. beschämen») sowie verdeckte Ansprüche auf Kompensation (Item «5. fordern») beschrieben. Die Interaktionspartner reagieren häufig mit Abwertung (wieder Item 9), Ausbeutung (Item «10. manipulieren») und Respektlosigkeit bzw. Ignoranz (Item «14. ignorieren»). Die Beschreibung läßt außerdem erkennen, in welcher der beiden Erlebensperspektiven die jeweiligen Beziehungselemente besonders hervortreten. Die Betroffenen *selbst* erleben sich als fürsorglich engagiert und fühlen sich dafür von ihrem Gegenüber nicht angemessen respektiert; die *Objekte* nehmen deutlicher den Neid und die Verachtung wahr, die in dem altruistischen Habitus verdeckt enthalten ist.

Kriterien wie das eben zitierte legen andererseits nicht exakt fest, welches Beziehungsmuster Patienten mit einem Versorgungs-Autarkie-Konflikt im Einzelfall tatsächlich aufweisen. Sie tun dies deshalb nicht, weil die meisten Formulierungen eher *potentielle* als obligatorische Ausgestaltungen des Konflikts beschreiben, was in dem oben zitierten Abschnitt durch die Einfügungen «oft», «häufig» und «eher» mehrfach zum Ausdruck gebracht wird. Eine homogene Ausgestaltung der Konflikte in den Beziehungsarrangements der Betroffenen ist auch deshalb nicht wahrscheinlich, weil *verschiedene Modi* des Umgangs mit einem Konflikt möglich sind und von dem Manual selbst eingeführt werden, indem dort zwischen einem *aktiven* und einen *passiven* Modus getrennt wird. Diese beiden Modi unterscheiden sich in bezug auf einzelne Aspekte des Beziehungsverhaltens, haben jedoch andererseits einige basale Komponenten gemeinsam, die konstant auftreten und mit dem zentralen Konfliktthema eng verbunden sind. Wenn ein Patient sich beispielsweise im aktiven Modus habituell autark verhält, so ist doch gleichzeitig zu merken, daß er seine Forderungen nach Entschädigung aufrechterhält und latent kommuniziert, genau wie sein Pendant im passiven Modus, der umgekehrt seine Abhängigkeit betont und auf diese Weise seine Ansprüche geltend macht.

Diese Überlegungen zeigen, daß verschiedene *Varianten* in der Ausgestaltung von Konflikten im Beziehungsbereich möglich sind. Als weitere Komplizierung kommt hinzu, daß der aktive und passive Modus sich *mischen* können. Tabelle 2 zeigt, wie sich die Modi bei den einzelnen Konflikten in unserer Patientengruppe verteilen. Die meisten Angaben zum Konfliktmodus liegen in dem mittleren Bereich mit den Stufen «gemischt, eher aktiv», «gemischt» und «gemischt, eher passiv». Das bedeutet, daß die im Manual beschrieben Modi «aktiv» bzw. «passiv» sich im konkreten Fall meist mischen.

Die gültige und 1996 veröffentlichte Fassung der Konfliktachse verwendet bei der Beurteilung des Modus die mittlere Stufe «gemischt» nicht mehr. Diese Stufe war Bestandteil einer früheren Version, die zum Zeitpunkt des Beginns unserer Untersuchung (Anfang 1995) noch verwendet wurde und die drei Stufen «aktiv», «gemischt» und «passiv» enthielt. Wir haben unsere Erhebungsbögen nach der ersten Hälfte unserer Erhebungen dieser Veränderung angepaßt, so daß in Tabelle 2 die Daten aus zwei etwas verschiedenen Skalierungen der Konfliktmodi übereinandergelegt sind.

Die bisherigen Überlegungen haben gezeigt, daß die Konfliktbeschreibungen im Manual zwar Hinweise darauf geben, wie die typischen Beziehungsgestal-

Tabelle 2: Verteilung der Modi über die Konflikte

Konflikt	N	vorwiegend aktiv	gemischt eher aktiv	gemischt	gemischt eher passiv	vorwiegend passiv
Abhängigkeit versus Autonomie	24	6	4	3	4	7
Unterwerfung versus Kontrolle	14	1	2	4	4	3
Versorgung versus Autarkie	30	4	7	8	4	7
Selbstwertkonflikte	37	9	8	8	6	6
Über-Ich- und Schuld-Konflikte	28	2	5	5	5	11
Ödipal-sexuelle Konflikte	17	3	1	4	5	4
Identitätskonflikte	4	0	0	2	1	1
Fehlende Konfliktwahrnehmung	7	0	3	0	3	1
Konflikthafte äußere Lebensbed.	1	0	1	0	0	0

tungen der betroffenen Patienten aussehen *können,* nicht jedoch obligatorische Kriterien formulieren. Es bleibt daher zumindest teilweise eine *empirische* Frage, welche Beziehungselemente besonders häufig mit den einzelnen Konflikten gekoppelt sind.

Ein bestimmter Konflikt lag nach unserer Definition bei einem Patienten dann vor, wenn er in der OPD-Diagnose entweder als «wichtigster» oder als «zweitwichtigster» Konflikt angegeben wurde. **Tabelle 3** zeigt, wie häufig die verschiedenen Nennungen sind. Die Zahlen in der linken Spalte (N) addieren sich auf 162, weil für jeden der 81 Fälle die *beiden wichtigsten Konflikte* berücksichtigt wurden. Aus Raumgründen beschränken wir uns in der vorliegenden Arbeit auf die Konflikte «Versorgung versus Autarkie» und «Abhängigkeit versus Autonomie». Wie bereits weiter oben ausgeführt wurde, ist eine Differenzierung dieser beiden Konflikte aufgrund der deskriptiven Ähnlichkeiten von besonderem Interesse.

Das charakteristische Beziehungsmuster von Patienten mit dem Konflikt *«Versorgung versus Autarkie»* wird in **Abbildung 3** wiedergegeben. In die Abbildung wurden alle Beziehungsitems aufgenommen, die bei Patienten mit diesem Konflikt im Vergleich zu allen übrigen untersuchten Patienten statistisch signifikant *häufiger* ausgewählt wurden.

Gerechnet wurden in der Regel Chi2-tests mit zwei dichotomen Merkmalen (Konflikt *liegt vor/liegt nicht vor;* Beziehungselement ist *vorhanden/ist nicht vorhanden*). Beim Auftreten von Erwartungswerten N = 5 wurde Fishers exakter Test (zweiseitig) verwendet (in Abb.3 mit FeT abgekürzt). Das Signifikanzniveau ist jeweils angegeben. Die Items sind der Stärke des gefundenen Effekts entsprechend so angeordnet, daß die auffälligsten Items oben notiert sind. Manche Beziehungselemente kommen in der gesamten Patientengruppe so selten vor, daß ein signifikanter Effekt schon dann entsteht, wenn das betreffende Item nur mit einem recht geringen Prozentsatz auftritt; wir haben deshalb Beziehungselemente immer dann gekennzeichnet, wenn sie bei *weniger als einem Drittel* der Patienten einer bestimmten Konfliktgruppe auftreten (vgl. z. B. Item 20 in **Abb.3**). Natürlich ist es auch möglich, daß ein Beziehungselement bei den Patienten der Konfliktgruppe signifikant *seltener* ausgewählt wurde als bei der Restgruppe; in diesem Fall wird in die Itemformulierung eine *Verneinung* eingefügt (vgl. z. B. Item 23 in **Abb.3**).

Der Abbildung ist zu entnehmen, daß die Beziehung zwischen dem Patienten und seinen Objekten in der Perspektive A (d. h. im Erleben des Patienten) zwei unterschiedliche Aspekte hat. Die Patienten erleben sich als fürsorglich um andere bemüht (Item 3) und schildern komplementär dazu Objekte, die sich ihnen anvertrauen und ihre Hilfestellungen annehmen (Item 20). Solche Schilderungen *bedürftiger Objekte* sind zwar selten (< 1/3), kennzeichnen die Patienten mit einem «Versorgungs-/Autarkie-Konflikt» aber dennoch, weil sie bei den Patienten der Vergleichsgruppe *in keinem einzigen Fall* vorkommen. Dieser komplementären Konstellation gegenüber steht die konflikthafte Erfahrung, daß die Objekte einerseits Forderungen stellen (Item 5), den Patienten jedoch andererseits im Stich lassen (Item 13). Hier spiegelt sich im Erleben der Patienten die enttäuschende Erfahrung wider, daß die anderen zwar Hilfestellungen in Anspruch nehmen und ganz selbstverständlich erwarten, Bedürftigkeiten des Patienten jedoch ignorieren.

Unter der Perspektive A wird außerdem beschrieben, daß der Patient sich in seinem Erleben «*nicht* zurücknimmt und selbst entwertet» (Item 23). Nach unserer Interpretation hat dieses merkwürdige Ergebnis vielleicht damit zu tun, daß das Moment der Kränkung hinter dem Affekt einer «gerechten Empörung», mit dem die Betroffenen das Verhalten der Objekte kritisieren und beklagen, gleichsam zurücktritt. Das Gefühl der eigenen *Berechtigung,* das einen narzißtischen Selbstschutz darstellt, wird für diese Patientengruppe in dem OPD-Manual wiederholt hervorgehoben, so etwa im Zusammenhang mit der im obigen Zitat angesprochenen verdeckten Logik der altruistischen Abtretung («Wie ich dir, so du mir») und in dem basalen Erleben der eigenen Benachteiligung und des Zu-Kurz-Kommens, in dem der gerechte Anspruch auf eine Wiedergutmachung ebenfalls festgehalten wird.

Nach unserem Verständnis ist es dieser Affekt der gerechten Empörung, der in der Perspektive B (Erleben der *anderen* bzw. des Untersuchers) dazu führt, daß die Betroffenen als trotzig (Item 16) und anklagend bzw. vorwurfsvoll (Item 8) erlebt werden. Auch die Untersuchung selbst wird von ihnen nicht selten als eine Situation erlebt, in der schon wieder Forderungen und Ansprüche gestellt werden, ohne daß sie etwas Wertvolles dafür zurückbekommen. Als Gegenüber spürt man beim Patienten eine trotzige Gegenwehr gegen die vermutete Forderung und eine bestimmte Art des Vorwurfs, der in der Gegenübertragung rasch das Gefühl hervorruft, den Patienten durch die Untersuchung übermäßig zu beanspruchen und ihm zum Ausgleich dafür zu wenig Hilfreiches zu geben. Das selten angegebene Item 25 beschreibt im Gegenzug ein beschwichtigendes und harmonisierendes Verhalten von der Seite des Patienten, in dem sich möglicherweise wiederum die dienstbar-fürsorglichen Tendenzen Geltung verschaffen; die geringe Zahl der Nennungen legt jedoch eher eine zurückhaltende Interpretation nahe.

Die Position des Selbsterlebens der *anderen* (und des Untersuchers) ist in dem Schema (**Abb.3**, unterer Kasten *rechts*) *unausgefüllt.* Hier wäre die beziehungsdynamische Formulierung des Musters um jene Elemente zu ergänzen, die erklären könnten, zu welcher *Antwort* das (durch die Items 16 und 8 beschriebene) problematische Beziehungsangebot des Patienten auf der Objektseite führt, und warum diese Antwort zweitens so geartet ist, daß sie von dem Patienten wiederum im Sinne seiner habituellen Objektwahrnehmung (Perspektive A) als enttäuschend (Items 5 und 13) aufgefaßt werden kann. Daß hierzu keine Ergebnisse vorliegen, kann daran liegen, daß es verschiedene solcher Antworten gibt. Wir wissen andererseits aus früheren Untersuchungen (vgl. Rudolf et al. 1996), daß die Urteilerübereinstimmung für die Perspektive B und dort insbesondere für das Selbsterleben der anderen unbefriedigend ist, so daß nicht auszuschließen ist, daß auch die nicht zureichende Zuverlässigkeit der Messung für die Lücke in dem Muster verantwortlich ist.

Im Zusammenhang mit dem Konflikt *«Abhängigkeit versus Autonomie»* können wir auf eine Abbildung verzichten, weil die Zahl der signifikanten Beziehungselemente klein ist. In der *Perspektive A* (Erleben des Patienten) findet man lediglich die Angabe, daß der Patient in problematischen Beziehungen Fluchttendenzen aufweist (Item «28. Flucht ergreifen»; p. < 05/FeT). In der *Perspektive B* (Erleben der anderen bzw. des Untersuchers) ist auf der Seite der Objekte der Impuls auffällig, den Patienten entwerten oder beschämen zu wollen (Item «9. beschämen»; p. < 01/FeT). Beide Merkmale zeigen eine Tendenz zur aggressiven Entgleisung im Beziehungsgeschehen an. In der Perspektive B erleben andere (bzw. der Untersucher) außerdem, daß der Patient *kein* trotzig-autonomes Verhalten zeigt (Item «16. *nicht* trotzt»; p. < 05/FeT). Dies bedeutet in unserem Verständnis, daß andere im Kontakt mit ihm eher einen Mangel an echter Autonomie bemerken und sich von dem eventuell vorhandenen *forcierten* Bemühen um Verselbständigung und Unabhängigkeit nicht beeindrucken lassen. Dieser Befund stimmt recht gut mit den Ergebnissen des Vergleichs zwischen den Achsen «Struktur» und «Beziehung» überein (siehe unten), die ebenfalls das Fehlen echter Autonomie in den Beziehungsgestaltungen gering strukturierter Patienten aufgezeigt haben.

Die Zusammenhänge zwischen bestimmten Beziehungsmustern und den übrigen Konflikten können wir hier aus Raumgründen leider nicht darstellen. Die Ergebnisse zu den exemplarisch untersuchten Konflikten «Abhängigkeit versus Autonomie» und «Versorgung versus Autarkie» zeigen, daß mit beiden Konflikten stark unterschiedliche Formen der habituellen Beziehungsgestaltung verbunden sind, so daß eine klare Differenzierung beider Konflikte auch durch diese Untersuchung möglich ist.

4. Zusammenhänge zwischen den Achsen «Beziehung» und «Struktur»

Über die Zusammenhänge zwischen diesen beiden Achsen lassen sich nicht ohne weiteres Erwartungen in der Weise formulieren, daß man bestimmte Beziehungsmuster angeben könnte, die für ein strukturelles Integrationsniveau kennzeichnend wären. Die Schwierigkeit liegt darin, daß die OPD-Beziehungsachse eine gewissermaßen *zu* differenzierte Abbildung des habituell-dysfunktionellen interpersonellen Musters eines Patienten anstrebt, so daß zunächst *globalere* Beziehungstendenzen und -merkmale herausgearbeitet werden müssen, um eine Verbindung zu dem Integrationsniveau der Struktur herstellen zu können. Auf einer globaleren Ebene kann man zum Beispiel davon ausgehen, daß Beziehungsgestaltungen auf einem geringeren Integrationsniveau der Struktur ausgeprägtere *aggressive oder destruktive* Elemente enthalten; daß die Bindungen der Betroffenen dann wahrscheinlich instabiler sind und im Fall konflikthafter Zuspitzungen *leichter abgebrochen* werden; daß die Möglichkeiten zur Abgrenzung und zur Aufrechterhaltung einer «echten» (d. h. nicht allein defensiven) Autonomie stärker *eingeschränkt* sind, ebenso wie die Fähigkeit, sich in Beziehungen anzulehnen und die Fürsorge anderer dankbar anzunehmen und zu genießen.

Für das Vorhaben einer Überprüfung der Zusammenhänge zwischen den Achsen «Struktur» und «Beziehung» definieren wir deshalb die interpersonellen Qualitäten, die auf der Ebene der *Oktanten* des Kreismodells **(vgl. Abb.2)** formuliert sind, als *«Beziehungsthemen» im eben erläuterten globaleren Sinn.* Das «Beziehungsthema» stellt eine Abstraktion gegenüber dem habituellen Beziehungsmuster dar, weil es im Zusammenhang mit ihm nicht mehr um die konkreten interpersonellen Akte der Beteiligten geht, sondern um eine *generelle Tendenz,* die in der jeweiligen Beziehungsgestalt erkennbar wird, *und zwar unabhängig davon, ob sie von dem Patienten selbst oder seinen Objekten ausgeführt wird.* Auf dieser Betrachtungsebene kann man z. B. sagen, daß es in den Beziehungen eines Patienten thematisch um «Aggression» im Sinne von Angriff und Zurückweisung (Items 11 und 12) geht, wenn diese Elemente in seinem OPD-Muster häufig vorkommen. Dabei ist es nicht erheblich, von wem genau diese aggressiven Akte ausgehen; wir lassen gleichfalls außer acht, in welcher Erlebensperspektive (d. h. der des Patienten oder derjenigen der anderen) sie erkennbar werden. In gleicher Weise kann man von dem Beziehungsthema der «Autonomie» bzw. «Verselbständigung» sprechen, wenn die Items des Oktanten «Sich behaupten», also «Selbständigkeit betonen» (Item 17), «trotzen» (16), «rivalisieren» (18) oder «in den Mittelpunkt stellen» (19) besonders häufig angegeben werden. Das «Beziehungsthema» bezeichnet in diesem Verständnis ein allgemeines Potential in den Beziehungsbereitschaften eines Patienten, das sich in den Begegnungen mit anderen entfaltet und diesen eine bestimmte Prägung gibt.

Wir möchten nun prüfen, ob die Beziehungsgestaltungen von Patienten mit einem geringeren Integrationsniveau der Struktur *andere* thematische Einfärbungen aufweisen als solche mit einer besseren Struktur und vergleichen zu diesem Zweck die Ausprägungen auf den Oktanten des Zirkumplexmodells.

Es wurde ein Vergleich mit zwei Extremgruppen vorgenommen, die jeweils ca. 40 % der Gesamtgruppe von N = 81 umfassen und die Patienten mit dem besten bzw. geringsten strukturellen Niveau enthalten. Zur Aufteilung der Gruppen wurde zunächst eine Variable gebildet, in der die Werte aller 6 Strukturdimensionen aufaddiert sind; diese Variable weist gegenüber der Gesamtbeurteilung der Struktur (s. o.) eine größere Varianz auf und ermöglicht damit eine besonders feine Auffächerung der strukturellen Unterschiede zwischen den Patienten. Aufgrund der Verteilung konnten zwei etwa gleich große Gruppen von N = 29 (geringeres Niveau) und N = 32 (besseres Niveau) bestimmt werden.

Für die Erfassung der Beziehungsthemen wurde für jeden Oktanten des Zirkumplexmodells die Summe aller Items gebildet, die in der OPD-Beziehungsdiagnose eines Patienten enthalten sind und diesem Oktanten zugehören. Ein Beispiel: Der Oktant «Angreifen» enthält die Items «11. angreifen» und «12. zurückweisen». Jedes der beiden Items kann in der OPD-Diagnose eines Patienten theoretisch bis zu viermal vorkommen, nämlich zweimal in der Erlebensperspektive des Patienten (Patienten- und Objektverhalten) und zweimal in derjenigen der anderen (ebenfalls Patienten- und Objektseite). Die Summenvariable für den Oktanten «Angreifen» mit zwei Items kann deshalb maximal einen Wert von 8 annehmen. In gleicher Weise wurden Summenwerte für die übrigen Oktanten gebildet. Als rechnerische Methode für den Gruppenvergleich wurde der konservative Mann-Whitney-U-Test verwendet, da die Verteilungen der Summenvariablen aufgrund der wechselnden Anzahl der zugrunde liegenden Items sehr unterschiedlich sind. Um die Ergebnisse für die verschiedenen Oktanten vergleichbar zu machen und um eine graphische Darstellung zu ermöglichen, wurden alle Summenvariablen z-transformiert.

Abbildung 4 zeigt die Ergebnisse dieser Auswertungen. Im *Anhang* sind z-transformierte mittlere Werte für die Vergleichsgruppen und die Ergebnisse des U-Tests angegeben. Der mittlere, in der Zeichnung stärker hervorgehobene Kreis markiert den Nullpunkt der z-transformierten Variablen, die Abweichungen zur Peripherie hin geben eine stärkere, die Abweichungen zum Zentrum hin eine schwächere Ausprägung wieder. Die Patientengruppe mit einem besseren strukturellen Niveau wird durch die mit einer schwarzen Linie verbundenen *Dreiecke* dargestellt, diejenige mit dem geringeren durch die mit einer grauen Linie verbundenen *Vierecke*. Es ist jeweils angegeben, wenn eine Differenz zwischen beiden Gruppen signifikant war, wobei die Irrtumswahrscheinlichkeiten von p. < 10, p. < 05 und p. < 01 notiert sind. Die Linien für die Gruppen sind in beiden Kreisen auf der rechten Seite unterbrochen, weil – wie oben erwähnt – drei Oktanten nicht mit Items besetzt sind.

Als Ergebnis kann man festhalten, daß die Beziehungen von Patienten mit *geringerem* Strukturniveau deutlich *aggressiver* eingefärbt sind als die der besser strukturierten. Dabei finden wir auf der aktiven Seite (oberer Kreis) vor allem das Moment der Herabsetzung (Items «8. anklagen», «9. beschämen», «10. manipulieren») und das des Angriffs (Items «11. angreifen», «12. zurückweisen») stärker ausgeprägt, auf der reaktiven Seite (unterer Kreis) das Moment des *Beziehungsabbruchs* bzw. Abschottens (Items «29. sich absondern»,

«30. sich abschotten») und das der Flucht (Item «28. die Flucht ergreifen»). Auf der aktiven Seite imponiert somit der Angriff und der herabsetzend-dominierende Zugriff auf das Gegenüber (linker *unterer* Quadrant des *oberen* Kreises), auf der reaktiven der Rückzug aus den Beziehungen mit der Tendenz zur distanzierenden Verselbständigung (linker *oberer* Quadrant des *unteren* Kreises). Ebenfalls erwartungsgemäß deutet sich an, daß das Thema der *Verselbständigung* (Oktant «Behaupten» mit den Items 16 bis 19) das Kennzeichen einer eher *besser* integrierten Struktur ist, ebenso das Thema des sich Anklammerns bzw. *Anlehnens* (Items «20. anvertrauen» und «21. anklammern»), in dem bei aller Schwierigkeit der Beziehungsgestaltung doch die Hoffnung auf ein hilfreiches Objekt festgehalten wird. In bezug auf den zuletzt genannten Oktanten finden wir sogar einen besonders deutlichen Unterschied zwischen den Gruppen. Auch die zum Oktanten «Anklammern» *komplementäre* interpersonelle Qualität des *«Beschützens»* auf dem oberen Kreis des Modells ist in der Gruppe der Patienten mit einer besser integrierten Struktur intensiver ausgeprägt.

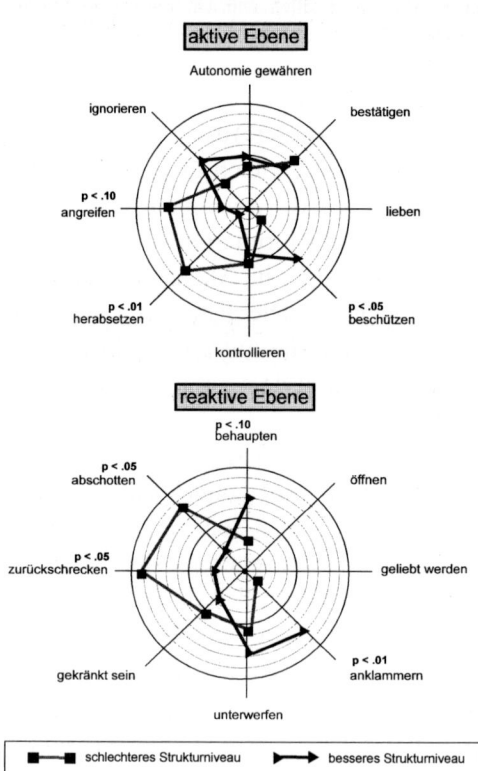

Abbildung 4: Z-transformierte mittlere Werte für die beiden Vergleichsgruppen getrennt nach Oktanden

Eine stärkere aggressive Einfärbung der Beziehungen mit feindseligen und herabsetzenden Tendenzen sowie mit den Momenten des Rückzugs und Beziehungsabbruchs sind nach diesen Untersuchungen charakteristisch für Patienten mit einem geringen Integrationsniveau der Struktur, während die Themen der Fürsorge und der Anhänglichkeit an Objekte einerseits und das der Autonomie bzw. Verselbständigung andererseits eher bei Patienten mit einer besser integrierten Struktur anzutreffen sind.

5. Schlußbemerkung

Die vorliegende Untersuchung konnte eine Reihe von inhaltlich plausiblen Zusammenhängen zwischen den OPD-Achsen «Beziehung», «Konflikt» und «Struktur» aufzeigen. Das Ergebnis kann als ein Beleg für die Konstruktvalidität der Achsen gewertet werden und bestätigt den konzeptuellen Entwurf, der ihnen und dem Entwurf einer Operationalisierten Psychodynamischen Diagnostik insgesamt zugrunde liegt. Einschränkungen ergeben sich aus der mit N = 81 noch eher geringen Fallzahl, die insbesondere in bezug auf die Untersuchungen zu den Zusammenhängen zwischen habituellen Beziehungsmustern und Konflikten wegen großen Zahl der durchgeführten Tests eine vorsichtige Interpretation der Ergebnisse gebietet.

Ein Einwand könnte lauten, daß die gefundenen Zusammenhänge teilweise auch einen konzeptuellen Konsens innerhalb unserer Forschungsgruppe widerspiegeln könnten, der – möglicherweise unerkannt – durch implizite theoretische Vorannahmen und Abstimmungsprozesse im Verlauf des Rater-Trainings gefördert wurde. Wir können sicherlich nicht ausschließen, daß solche Faktoren die Ergebnisse mitbeeinflußt haben könnten, schätzen ihre Bedeutung jedoch aus zwei Gründen als nicht allzu hoch ein: An den Auswertungen der videographierten Interviews waren insgesamt sechs Rater beteiligt, von denen drei nicht zu unserer Klinik gehören; dies bedeutet beispielsweise, daß sich die Rater teilweise gar nicht persönlich kannten. Nur eine Mitarbeiterin des Projekts arbeitete als Koordinatorin und Raterin mit *allen* Beteiligten zusammen. Berechnungen haben jedoch ergeben, daß keine einzelne Person – auch nicht die Koordinatorin – bei den Konsenskonferenzen, die im Falle abweichender Einzel-Ratings routinemäßig stattfanden, dominant war; die Urteile der Rater korrelieren mit den endgültig gewählten Einschätzungen, die die Datengrundlage für die vorliegende Untersuchung bilden, durchweg in etwa gleicher Höhe.

Das zweite Argument ist vielleicht noch wichtiger: Die große Zahl der Einzelentscheidungen, die im Rahmen der OPD-Diagnostik zu fällen sind, machen es für einen Rater schwer oder praktisch unmöglich, die verschiedenen Bereiche des Befundes im Gedächtnis zu behalten und aufeinander abzustimmen. Wir erinnern daran, daß wegen der umfassenderen Zielrichtung unserer Studie noch weitere Beurteilungen neben der OPD gefordert waren. Die Auswertung eines Interviews dauerte ca. $1\frac{1}{2}$ Stunden. Dabei war es häufig notwendig, die während der Videobetrachtung angefertigten Notizen im Hinblick auf die jeweilige Fragestellung erneut zu prüfen. Unter diesen Umständen wurden die Einschätzungen *eher punktuell und bezogen auf den spezifischen Beobachtungsbereich* vorgenommen, so daß eine Ausbalancierung der Urteile zu den verschiedenen Achsen der OPD im Sinne einer bestimmten Interpretation kaum möglich ist.

Oktant/ Beziehungsthema	Mittelwert geringeres Niveau	Mittelwert besseres Niveau	U	p
Autonomie gewähren	–.018	–.006	461,5	p = .963
Bestätigen	.165	.078	456,5	p = .903
Beschützen	–.337	.209	332,5	p = .042
Kontrollieren	.024	–.016	453,5	p = .871
Herabsetzen	.305	–.389	289,0	p = .009
Angreifen	.219	–.301	349,0	p = .051
Ignorieren	–.222	.137	371,5	p = .132
Behaupten	–.207	.250	348,5	p = .083
Anklammern	–.396	.296	300,0	p = .009
Unterwerfen	.033	.272	376,0	p = .180
Gekränkt sein	.040	–.139	426,5	p = .544
Zurückschrecken	.428	–.217	344,0	p = .020
Abschotten	.364	–.279	336,0	p = .041

Anhang: Mittelwerte der Vergleichsgruppen (z-transformiert) und Ergebnisse des U-Tests

Literaturverzeichnis

Arbeitsgruppe OPD (Hrsg.) (1996): OPD – Operationalisierte Psychodynamische Diagnostik. Huber, Bern, Göttingen.

Grande, T., Burgmeier-Lohse, M., Cierpka, M., Dahlbender, R. W., Davies-Osterkamp, S., Frevert, G., Joraschky, P., Oberbracht, C., Schauenburg, H., Strack, M., Strauß, B. (1997): Die Beziehungsachse der Operationalisierten Psychodynamischen Diagnostik (OPD) – Konzept und klinische Anwendung. Z. Psychosom. Med. *43*, 280–296.

Rudolf, G., Grande, T., Oberbracht, C., Jakobsen, Th. (1996): Erste empirische Untersuchungen zu einem neuen diagnostischen System: Die Operationalisierte Psychodynamische Diagnostik (OPD). Z. Psychosom. Med. Psychoanal. *42*, 343–357.

Interviewführung in der OPD

Henning Schauenburg, Paul L. Janssen, Peter Buchheim

Es besteht weitgehend Einigkeit darüber, daß die Kunst, ein gutes Erstinterview zu führen, viel Erfahrung benötigt und erlernt sein will. Das Erstinterview bildet zusammen mit der Erhebung der Anamnese und der Beschreibung des psychischen Befundes einen wesentlichen Bestandteil nicht nur der Diagnostik, sondern auch der Behandlung psychischer Störungen.

Das Interview zur Durchführung einer operationalisierten psychodynamischen Diagostik wird in Abhängigkeit von den klinischen Rahmenbedingungen und diagnostischen Zielen Unterschiede im Ablauf und in den Schwerpunkten aufweisen. Bezüglich der Rahmenbedingungen wird sich das Erstinterview in einer analytischen oder psychotherapeutischen Praxis sicherlich anders gestalten, als zu Beginn der Behandlung in einer psychotherapeutischen oder psychiatrischen Klinik oder im Konsiliardienst. Auch die unterschiedlichen diagnostischen Ziele (wie z. B. Abklärung, Indikationsstellung und Therapievermittlung in einer Ambulanz oder Beratungsstelle oder Erstgespräch zur Einleitung einer Psychotherapie in Klinik und Praxis oder eine gezielte Diagnostik im Rahmen von Forschungsprojekten) werden Stil, Inhalt und Dauer des Interviews modifizieren. Da sich die OPD als ein in Weiterentwicklung befindliches Instrumentarium versteht, sind auch die unterschiedlichen Formen der Interviewführung nicht festgelegt, sondern offen für die jeweiligen erforderlichen Modifikationen.

Eine zeitgemäße und umfassende psychodynamisch-diagnostische Untersuchung sollte jedoch in jedem Fall neben der Erfassung der Symptomatik und von deren Verlauf auch dem psychoanalytisch fundierten Beziehungsverständnis dienen.

Die Ziele der OPD sind darüber hinaus ebenfalls zu berücksichtigen.

Die Erhebung von Struktur-, Konflikt- und Beziehungsvariablen, aber auch des Krankheitserlebens und der Behandlungserwartungen macht eine Interviewführung notwendig, die, neben der Gewinnung von Basisinformationen, auch der Entwicklung von Übertragungsprozessen bzw. von charakteristischen Beziehungs- und Abwehrmustern Raum läßt. Ebenso sollte die vom Interviewer wahrgenommene Gegenübertragung Bestandteil einer solchen Diagnostik sein.

Zur Entwicklung der Interviewtechnik in Psychiatrie und Psychotherapie

Im Vergleich zur traditionell gewichtigen Stellung der Psychopathologie ist die Methodik und Technik des Erstinterviews in der Psychiatrie ein relativ junger Bereich, der sich zunächst überwiegend im angloamerikanischen Raum entwickelte (Kind 1978). In der Schweiz jedoch war die psychiatrische Diagnostik schon früh, über die Aufnahme psychoanalytischen Gedankenguts durch Bleuler (1911) und das Wirken von C. G. Jung am Burghölzli in Zürich, von der Psychoanalyse beeinflußt worden.

So lernten zum Beispiel Brill, Putnam und andere am Burghölzli die psychoanalytische Untersuchungstechnik kennen und trugen zu deren Verbreitung in der amerikanischen Psychiatrie bei. Diese war bereits durch die sozialhygienischen und psychotherapeutischen Ideen A. Meyers hierfür vorbereitet (s. dazu Burnham 1967, S.18). Schon in den dreißiger Jahren lassen sich dort die ersten Einflüsse der Psychoanalyse auf das psychiatrische Erstgespräch erkennen. Diese führten in den fünfziger Jahren zur Entwicklung einer «ersten Generation» psychiatrisch-psychodynamischer Erstinterviewkonzepte.

Mit dem «Psychiatrischen Interview» von Sullivan (1954) und dem «Erstinterview in der psychiatrischen Praxis» von Gill, Newman, Redlich (1954) erschienen kurz nacheinander ausführliche Darstellungen zur Methodik, Technik und zum Training psychodynamischer Interviews. Der wesentliche Beitrag der Autoren bestand dabei in der Präzisierung der psychodynamischen Interviewtechnik, die für die Psychiater insofern eine Wende bedeutete, als nun deutlich wurde, daß sie in der Interaktion mit dem Patienten sowohl Beobachter als auch Teilnehmer waren.

Die Weiterentwicklung der Psychoanalyse und verschiedener psychoanalytisch begründeter Therapien ließen ein verstärktes Interesse an den diagnostischen und indikativen Funktionen der Erstuntersuchung entstehen (Balint und Balint 1962; Argelander 1970; Eckstaedt 1991; Wegner 1992; Janssen und Schneider 1994; Mans 1994).

Ein grundlegendes Problem besteht immer wieder darin, inwieweit eine Erstgesprächstechnik tatsächlich allen Patientengruppen und Situationen gerecht werden kann. Aus pragmatisch klinischer Sicht ist es einleuchtend, daß bei einem Patienten mit einer akuten Psychose eine andere Gesprächs- und Vorgehensweise erforderlich ist als bei einem Patienten mit einer depressiven Reaktion, einer Partnerkrise, einer Angsterkrankung oder einer Persönlichkeitsstörung. Schon Kind (1978) hat, in Anlehnung an Sullivan (1954), versucht, in

Abhängigkeit von der Störung und der Psychopathologie in verschiedenen Phasen des Erstgesprächs Entscheidungen über das weitere Vorgehen zu treffen. So wird in der «Einleitungsphase» über eine weitgehend offen gestaltete Kontaktaufnahme der Weg bereitet für ein unterschiedliches Vorgehen in der «mittleren Phase», das je nach Erscheinungsbild des Patienten entweder mehr auf intrapsychische Konflikte gerichtet ist oder mehr eine psychopathologische Exploration von psychotischen Merkmalen zum Ziel hat.

In dieser Tradition ist auch Kernberg (1977, 1981, 1984) zu sehen. Sein «Strukturelles Interview» steht für einen wegweisenden, integrativen Ansatz, in dem Psychopathologie, Psychodynamik und Persönlichkeitsstruktur für das gesamte Spektrum psychischer Störungen erfaßt werden. Im Mittelpunkt steht der Versuch, die Geschichte der persönlichen Erkrankung des Patienten und sein allgemeines psychisches Funktionieren im «Hier und Jetzt» in direkte Beziehung zur Interaktion des Patienten mit dem Diagnostiker zu bringen.

Der Begriff «Strukturell» bezieht sich auf die Persönlichkeit, d. h. es sollen im Interview die strukturellen Charakteristika auf den drei Hauptebenen der Persönlichkeitsorganisation – neurotisch, Borderline und psychotisch – herausgearbeitet werden.

Die Struktur bestimmt das psychologische Funktionieren der inneren Organisationsformen und bildet die zugrundeliegende Matrix für jedes Individuum, aus der sich die symptomatischen Verhaltensweisen entwickeln. Diese lebensgeschichtlich erworbene Struktur geht in die Interaktion ein.

Es handelt sich beim «Strukturellen Interview» um ein relativ frei geführtes Interview entlang einem Interviewleitfaden, der das Wechselspiel zwischen gezielter Exploration und offen (psychodynamisch) geführtem Interview erlaubt und in einem zirkulären Vorgehen ggf. ein mehrmaliges Wiederaufgreifen und Klären noch offener Fragen vorsieht.

Kernberg geht von drei übergeordneten strukturellen Charakteristika aus:

– von der Fähigkeit zur Identitätsintegration gegenüber einer pathologischen Identitätsdiffusion,
– von dem Vorhandensein reifer bzw. unreifer Abwehrmechanismen,
– von der Fähigkeit bzw. dem Unvermögen zur Realitätsprüfung.

Diese Charakteristika ermöglichen, im strukturellen Sinne eine neurotische von einer Borderline- oder psychotischen Struktur oder Persönlichkeitsorganisation zu differenzieren, womit auch eine Abstufung der Schwere der Störung verbunden ist. Unter «strukturell» versteht Kernberg dementsprechend innere Objektbeziehungs- und Abwehrmuster, die soziale Interaktionen mitgestalten und im Interview diagnostiziert werden können.

Einer «dritten Generation» psychodynamischer Interviewtechnik lassen sich formalisierte Methoden des Interviews zuordnen, mit denen Material für eine systematische Analyse der Übertragungsbereitschaften bzw. Übertragungsmuster erschlossen werden kann. Auf der Grundlage der von Luborsky entwickelten Methode (Luborsky und Kächele 1988, Luborsky und Crits-Christoph 1990) des Zentralen Beziehungskonflikt-Themas (ZBKT) wurde eine spezielle Interviewform ausgearbeitet, mit der gezielt Beziehungsepisoden von Patienten erfaßt werden können. Das sog. RAP-Interview (Relationship-Anecdotes-Paradigm-Interview) von Luborsky (1990) ist von Dahlbender und Mitarbeitern (1992) in der deutschsprachigen Form als Beziehungsepisodeninterview (BE-Interview) eingeführt worden. Es enthält zentrale diagnostische Elemente eines klinischen Interviews (Beziehungsmuster), dient aber im wesentlichen der Gewinnung von Informationen für Forschungsfragestellungen.

Zur Entwicklung strukturierter klinischer Interviews in der psychiatrischen Diagnostik

In der Psychiatrie hat sich in den achtziger Jahren durch die Einführung der DSM-III, IV und ICD-10-Diagnostik und -Klassifikation psychischer Störungen eine Rückkehr zur Phänomenologie und Deskription und somit auch eine Wende in der Handhabung der psychiatrischen Untersuchung vollzogen. Der in den diagnostischen Manualen festgelegte und in fortlaufender klinischer und wissenschaftlicher Überprüfung befindliche umfangreiche Kriterienkatalog für psychische Störungen war in freier Gesprächsform nicht mehr explorierbar. Im Gefolge des «Present State Examination-PSE» von Wing et al. (1978) ist es auf phänomenologischer Ebene zur Entwicklung spezieller strukturierter klinischer Interviews gekommen, mit denen psychische Befunde möglichst valide und reliabel erhoben werden.

Das «Strukturierte klinische Interview» (SCID) von Spitzer und Williams (1984) beginnt in einem einleitenden Interviewteil mit relativ offenen Fragen über Hauptbeschwerden, Krankheitsbeginn, Vorgeschichte und Auslöse- bzw. Belastungssituation. Dann schließt sich eine detaillierte, symptomorientierte Befragung nach DSM-III-R-Kriterien zu den wichtigsten auf der Achse I klassifizierbaren Gruppen psychischer Störungen an (z.B. affektive Störungen, schizophrene Störungen, Angstsyndrome, psychosexuelle Störungen).

Für eine differenzierte phänomenologische Diagnostik der verschiedenen Formen von Persönlichkeitsstörungen auf der Achse II des DSM-III-R, IV (selbstunsichere, zwanghafte, histrionische, schizoide, narzißtische, schizotypische, antisoziale und Borderline-Persönlichkeitsstörung) werden heute ebenfalls strukturierte Interviews eingesetzt. Derzeit werden strukturierte klinische Interviews wie z. B. das «Personality Disorder Examination» (PDE) von Loranger (1988) und das «Strukturierte klinische Interview für DSM-III-R, Persönlichkeitsstörungen» (SCID-II) von Spitzer und Williams (1986) zunächst allerdings noch vorwiegend im Rahmen von Forschungsprojekten angewendet.

Voraussetzungen für die Entwicklung eines Interviews zur Durchführung der «Operationalisierten Psychodynamischen Diagnostik – OPD»

In der Folge der neuen psychiatrischen Klassifikationssysteme und entsprechend dem multiaxialen Aufbau des DSM-III bzw. -IV entstand allmählich ein Bedarf, auch psychodynamisch relevante Ebenen in der Diagnostik psychischer Störungen zu berücksichtigen. In diesem Sinne soll eine operationalisierte psychodynamische Diagnostik, in Ergänzung zur phänomenologischen Diagnostik, zusätzlich möglichst beobachtungsnah die obengenannten psychodynamischen Konstrukte erfassen.

Nach Ablauf eines diagnostischen Gesprächs soll der Therapeut in der Lage sein, die verbalen und nonverbalen Äußerungen der Patienten entsprechend den beschriebenen operationalisierten Kriterien einzuschätzen und gleichzeitig eine phänomenologische Diagnose zu stellen.

Im Rahmen einer Praktikabilitätsstudie der OPD (vgl. Freyberger et al. 1996) zeigte sich jedoch bei dem Rating von klinischen, nicht speziell für die OPD-Diagnostik videoaufgezeichneten Interviews, daß diese zur Einschätzung aller 5 Achsen nur in Teilen geeignet waren. Daher sahen wir uns veranlaßt, für die OPD-Diagnostik eine neue Form der psychodynamisch-diagnostischen Untersuchung zu konzipieren, die den Anforderungen dieser multiaxialen, operationalisierten Diagnostik gewachsen ist.

Das psychodynamische Interview zur OPD-Diagnostik

Diese Anleitung zur Durchführung einer psychodynamisch-diagnostischen Untersuchung verbindet somit Elemente des klassischen psychoanalytischen Erstinterviews, des strukturellen Interviews, der tiefenpsychologisch-biographischen Anamnese und der psychiatrischen Exploration, um der Beurteilung psychischer Störungen auf 5 Achsen gerecht werden zu können. Voraussetzung für die Durchführung dieses Interviews sind die Akzeptanz des psychoanalytisch-psychodynamischen Ansatzes, hinreichende Kenntnisse und Erfahrungen in der traditionellen psychodynamischen Interviewtechnik, in der Behandlung in psychoanalytisch begründeten Verfahren sowie Kenntnisse in Psychopathologie und Erfahrungen in der Syndrom-Diagnostik nach ICD-10.

Der Psychotherapeut geht bei der psychodynamischen Diagnostik vom beobachteten konkreten und szenischen Verhalten und von den verbalen Mitteilungen des Patienten über Gegenwart und Vergangenheit aus und kommt auf dieser Basis zu metapsychologischen Einschätzungen. In der OPD-Diagnostik erfolgt ein entsprechendes Vorgehen, das sich jedoch an den Kriterien und Dimensionen der 5 Achsen orientiert. Folgende Aspekte der klinisch-psychodynamischen Diagnostik kommen in dem OPD-Interview gemeinsam zum Tragen und erfordern daher eine besondere Vorgehensweise und Flexibilität in der Interviewtechnik.:

- die offene Gesprächsführung gemäß dem psychoanalytischen Erstinterview,
- die mehr strukturierende und fragende Untersuchungstechnik der tiefenpsychologisch-biographischen Anamnese,
- die symptomorientierte Exploration zur Ermittlung der syndromalen ICD-Diagnose.

Im allgemeinen sind im Verlauf des Interviews verschiedene Aspekte zu beachten: Über die anfängliche Beschwerdeschilderung des Patienten wird der Therapeut erste Informationen zur Symptomatik erhalten, ohne sie bereits systematisch zu explorieren. Durch die zunächst offene Gesprächsführung, die im Verlaufe des Interviews strukturierter werden kann, sollen sich zumindest in Ansätzen Übertragung und Gegenübertragung, also die Beziehungsgestaltung der Beteiligten, entfalten. Beim Versuch des Verstehens stützt sich der Therapeut dabei nicht nur auf manifest geschildertes Material, sondern beobachtet auch Widersprüche und typische Sequenzen in den Schilderungen, um unbewußte Vorgänge zu erschließen. Über biographische Daten und durch Schilderungen der Objektbeziehungen in Gegenwart und Vergangenheit können Hypothesen zu Konflikten, Persönlichkeitsstruktur und Beziehungsdynamik des Patienten entwickelt werden.

Eine Schwierigkeit der psychodynamischen Diagnostik stellt die Einbettung der Syndromdiagnostik (ICD 10) in das OPD-Gesamtinterview dar.

Tendenziell besteht ein Widerspruch zwischen einem deskriptiven, explorativen Vorgehen und einer offenen, beziehungsfördernden, freien Interviewführung. Grundsätzlich sollte hier so wenig Strukturierung wie möglich erfolgen, so daß dem Patienten die Gestaltung der Beziehung und der Interaktion überlassen bleibt. Zur Beurteilung der diagnostischen Schwerpunkte müssen aber notwendige Informationen durch entsprechende Fragen eingeholt werden.

Dabei ist der Einfluß von Übertragung und Gegenübertragung auf Art und Inhalt der sich ergebenden Fragen zu registrieren.

Das Problem der syndromalen Diagnostik (s. u.) ist unseres Erachtens nur dadurch zu lösen, daß die meist initialen Beschwerdeschilderungen des Patienten im OPD-Interview zunächst vorsichtig so weit explorativ begleitet werden, bis Kernsymptome nach ICD-10 erkennbar sind. Auf eine weitergehende Klärung der Kernsyndrome kann dann zu einem späteren Zeitpunkt im Verlauf des Interviews zurückgekommen werden.

Aufgrund dieser Überlegungen bietet es sich an, die gesamte OPD-Untersuchung in mehrere Phasen zu gliedern. Ziel ist es dabei, jede Phase möglichst offen zu beginnen und erst im weiteren Verlauf durch Nachfragen stärker zu strukturieren. Um ein vollständiges Bild zu erhalten, das die Fragestellungen aller 5 Achsen berücksichtigt, kann es erforderlich sein, die Untersuchung auf bis zu drei Sitzungen von jeweils einer Stunde auszudehnen.

Die Phasen des OPD-Interviews

Für das erste Gespräch sollten Therapeut und Patient sich auf eine Dauer von etwa einer Stunde einstellen. Die Untersuchung wird in der Regel in fünf Phasen ablaufen, wobei jede Phase durch eine strukturierende Frage oder Intervention eingeleitet werden kann.

Phase 1: Die Eröffnung des Gesprächs

In der Eröffnung sind dem Patienten das Ziel des Gesprächs und der Zeitrahmen mitzuteilen, z. B. in folgender Formulierung:

> Wir haben für dieses Gespräch eine Stunde Zeit. Ziel des Gesprächs ist es, mit Ihnen ein Verständnis Ihrer Erkrankung zu finden.

Der Patient wird in der Regel mit der Schilderung seiner Beschwerden beginnen. Der Therapeut sollte darauf achten, die Kernsymptome nach ICD-10 (Dittmann et al. 1992) zu erfassen. Ist er sich in der Beurteilung nicht sicher, ist ein vorsichtiges Nachfragen möglich, ohne gleich eine reine Exploration zu beginnen. Der Patient sollte die Möglichkeit behalten, möglichst spontan und offen über seine Symptome zu sprechen. Eine Ergänzungsfrage könnte lauten:

> Könnten Sie mir Ihre Beschwerden noch etwas ausführlicher schildern, damit ich mir ein genaueres Bild von Ihrer Erkrankung machen kann?

Der Therapeut wird in dieser Phase nach einer ersten Einschätzung den Schweregrad der psychischen und/oder somatischen Erkrankung und den Leidensdruck des Patienten beurteilen können.

Zur Beurteilung eines bestimmten Symptomkomplexes oder eines Syndroms ist es in vielen Fällen erforderlich, auch schon zu Beginn des Interviews einige klärende und psychopathologisch relevante Fragen zu stellen, die sich an klinischen, insbesondere auch ICD-10- oder DSM-IV-Kriterien orientieren.

Weiterhin wird der Interviewer erste Eindrücke hinsichtlich der Beeinträchtigung der aktuellen Lebenssituation, wie auch des Selbsterlebens des Patienten gewinnen. Schon in der Eröffnungsphase muß der Interviewer die szenischen Darstellungen des Patienten, wie sie bei der Beschwerdeschilderung, beim Krankheitserleben und bei der Krankheitsverarbeitung zum Ausdruck kommen, aufmerksam beachten.

Bei der Erfassung der Beschwerden und der aktuellen Lebenssituation geht es jedoch nicht nur um das Krankheitserleben des Patienten, sondern auch um Fakten seiner augenblicklichen psychosozialen Situation, z. B. seiner Partnerbeziehung, seiner Arbeitsfähigkeit u. a. Möglicherweise sind lebensbestimmende Konflikte in mehreren Lebensbereichen feststellbar. Sie können dann im Verlauf des Interviews vertieft ermittelt werden.

Beachten sollte der Therapeut auch, ob der Beginn der Symptomatik im Zusammenhang mit bestimmten auslösenden Situationen, z. B. mit Schwellensituationen wie Weggang aus dem Elternhaus, Aufnahme einer Berufsausbildung, Aufstieg in eine Führungsposition, Gründung einer Familie, Ruhestand u. a. in Verbindung stehen. Für die anschließende differentielle Indikationsstellung zur Psychotherapie ist es z. B. von Bedeutung, inwieweit der Patient Leidensdruck zeigt, Einsichtsfähigkeit in psychodynamische Zusammenhänge des Krankheitsgeschehens besteht, er für die geplante Psychotherapieform motivierbar ist und über persönliche und soziale Ressourcen verfügt. Letztere können auch deutlich werden, wenn Bewältigungsversuche oder Momente der Abwesenheit des Symptoms/Problems bzw. Zeiten besseren Befindens erfragt werden. Bei einer solchen Gesprächsorientierung muß allerdings beachtet werden, daß dies von Patienten als Zurückweisung ihrer primär bedeutsamen Wünsche nach Unterstützung und als forcierte «Aufforderung zur Gesundung» verstanden werden kann.

Bedeutsam sind hier auch Berichte über bisherige (v. a. psychotherapeutische) Vorbehandlungen, die im Sinne von «cautionary tales» Erzählungen und «Warnsignale» über aufgetretene und damit auch möglicherweise zukünftige Schwierigkeiten im therapeutischen Kontakt enthalten können.

Synopsis zu Aspekten der Eröffnungsphase

- Gesprächsrahmen
- Spontan angegebene Symptomatik, Verlauf
- Symptomkomplex/Syndrom
- Auslösende Situationen
- Krankheitsverhalten
- Vorbehandlungen
- Kontaktaufnahme warum jetzt, warum hier?
- Lebenssituation zum Zeitpunkt der Kontaktaufnahme
- Eigene Krankheitshypothesen

Phase 2: Die Ermittlung von Beziehungserfahrungen und Beziehungsepisoden

Im Verlauf der initialen Beschwerdeschilderung kommt es bereits häufig zur Erwähnung von Beziehungen zu «signifikanten Anderen».

Wie ein Mensch seine Beziehungen zu anderen lebt und erlebt, ist besonders in der psychodynamischen Psychotherapie von zentraler diagnostischer Bedeutung. Intrapsychische Konflikte tragen ganz wesentlich zu dysfunktionalem Beziehungsverhalten bei, so daß von der individuellen Beziehungsgestaltung wiederum auf intrapsychische Konflikte geschlossen werden kann.

Die Beziehungsdiagnostik im Rahmen der operationalisierten psychodynamischen Diagnostik greift einige Aspekte dieses komplexen Geschehens an der Schnittstelle der intrapsychischen und interpersonellen Ebene auf. Sie stützt sich dabei überwiegend auf beobachtbares und beschreibbares Beziehungsverhalten.

Das habituelle Beziehungsverhalten des Patienten kann als überdauernde psychosoziale Kompromißbildung zwischen seinen Wünschen und seinen Befürchtungen in Beziehungen verstanden werden. Als habituelles Beziehungsverhalten wird diejenige interpersonelle Einstellung beschrieben, die bei einem Patienten nach außen hin als dominant und mehr oder weniger durchgängig wirksam erscheint.

Im diagnostischen Gespräch klagen Patienten häufig über chronische Konflikte in ihren zwischenmenschlichen Beziehungen. Als dysfunktionelles habituelles Beziehungsmuster wird also die spezifische – für den Patienten leidvolle – Konstellation bezeichnet, die sich aus seinem habituellen Beziehungsverhalten und den typischen Reaktionsweisen seiner Sozialpartner ergibt.

Im Erstgespräch erhält der Untersucher somit diagnostische Informationen über das Beziehungsverhalten des Patienten aus seinen Erzählungen von Beziehungsepisoden mit anderen. Besonders festgefügte und wiederholte Beziehungserfahrungen werden häufig in erinnerten und erzählten Alltagsepisoden deutlich. Zusätzlich können aus dem Erleben des Therapeuten innerhalb der Therapeut-Patient-Beziehung weitere Informationen gewonnen werden.

Um auf Beziehungserfahrungen und -episoden zu sprechen zu kommen, kann der Therapeut erste Hinweise auf Beziehungspersonen aufgreifen und nach konkreten Situationen fragen, oder er kann auch überleiten von der Beschwerdeschilderung zur Schilderung von Beziehungserfahrungen, indem er den Patienten, falls dieser nicht von sich aus darauf zu sprechen kommt, nach der Reaktion der anderen auf seine Erkrankung fragt.

Der Therapeut soll immer an singulären Interaktionen, d. h. nicht nur an generellen Beziehungserfahrungen interessiert sein, vor allem bei Patienten, die aus Abwehrgründen immer nur Zusammenschauen liefern. Deswegen ist die Frage wichtig:

> Ich kann mir die Beziehung zu X noch nicht so recht vorstellen, vielleicht können Sie mir diese an einem Beispiel deutlich machen?

Der Therapeut kann auch dann mehr ins Detail gehen oder mehr am Typischen oder an der zeitlichen Entwicklung interessiert sein und entsprechend Fragen zur Beziehungsentwicklung damals oder heute stellen. Er kann sich ein Bild davon machen, ob die dargestellte Beziehung einen einmaligen Charakter hat oder ob sie mit anderen Beziehungen vergleichbar ist. Um die motivierende Beziehungsdynamik genauer herauszuarbeiten, kann es wichtig sein, im einzelnen nach Erwartungen, Wünschen, Befürchtungen – ggf. in bezug auf sich selbst und auch andere – und dergleichen zu fragen sowie nach äußerlich sichtbaren

Verhaltensreaktionen und dem inneren Erleben, den emotionalen oder kognitiven Reaktionen auf das Beziehungsgeschehen.

Dazu eignen sich z. B. folgende Fragen:

> Können Sie mir sagen, was Sie in dem Moment von X erwarten oder befürchten?
> Können Sie mir sagen, was Sie ihm oder ihr gegenüber in dem Moment taten oder sagten?
> Wie fühlte sich Ihrer Meinung nach Ihr Gegenüber in diesem Moment?

In dem klinisch-diagnostischen Gespräch sollte sich herauskristallisieren, welche Beziehungsgestaltung der Patient in seinen verschiedenen sozialen Bereichen immer wieder herstellt. Diese ergibt sich aus den Positionen, in denen sich der Patient in Beziehungen immer wieder erlebt und in die er andere bringt. Wenn sich die Erhellung der zurückliegenden Beziehungsgestaltung als sehr schwierig erweist, können auch sehr konkrete Fragen nach dem affektiven Gehalt typischer Konstellationen sinnvoll sein (vgl. Strauß und Lobo 1996).

In der klinischen Situation wird das Beziehungsverhalten, das der Patient unbewußt inszeniert, in der Übertragung erlebbar. Anhand der bei sich beobachteten Reaktionen und Impulse kann der Therapeut Rückschlüsse darauf ziehen, wie andere sich ihrerseits in der Interaktion mit dem Patienten fühlen und eventuell verhalten (komplementäre Gegenübertragung), bzw. er kann im Sinne des Analogieschlusses (konkordante Gegenübertragung) aus eigenem auf verborgenes Erleben des Patienten schließen.

Die Diagnostik des habituellen Beziehungsverhaltens umfaßt insofern immer zwei Dimensionen: In welche Position in einer Beziehung bringt der Patient sich selbst? Und: In welcher Position in einer Beziehung befinden sich andere gegenüber dem Patienten?

Bei der Ermittlung von Beziehungserfahrungen und Beziehungsepisoden muß der Therapeut außerdem zwei Perspektiven berücksichtigen. Einmal muß er die Analyse des aktuellen Übertragungs-Gegenübertragungsgeschehens nutzen können, zum anderen muß er die Analyse der aktuellen oder biographischen Beziehungserfahrungen heranziehen. Der Therapeut wird also vor allem auf neurotische Wiederholungen, Übergeneralisierungen, auf Brüche und Widersprüche in Beziehungen sowie auf die Differenziertheit der Objekte im Erleben des Patienten achten müssen. Dazu kann er sich auf konkrete erlebte Interaktionen beziehen, zum anderen aber auch auf kumulierte Interaktionserfahrungen in einer Art repetitiven Mustern.

Wenn auch in dieser Phase die Ermittlung der Beziehungsdynamik, ausgehend von den aktuellen Beziehungssituationen, in den Vordergrund tritt, werden jedoch auch in den späteren Phasen, insbesondere in der dritten und vierten Phase noch weitere Möglichkeiten bestehen, Beziehungserfahrungen und -episoden zu ermitteln.

Phase 3: Die Ermittlung des Selbsterlebens und der erlebten wie faktischen Lebensbereiche

In der dritten Phase der Untersuchung wird das Selbsterleben des Patienten in den Vordergrund gestellt.

Das Selbsterleben ist kaum zu trennen vom Objekterleben, auf dem der Schwerpunkt in der vierten Phase der Untersuchung liegt. Seine Betrachtung erfordert erneut eine Gesprächstechnik, die eine Selbstdarstellung des Patienten in der Beziehung zum Untersucher erlaubt. Um die Phänomene der Interaktion reflektieren und interpretieren zu können, benötigt der Untersucher die Fähigkeit, zwischen Beobachtung und Introspektion zu wechseln, weiterhin Grundkenntnisse über die psychoanalytische Theorie der Persönlichkeit sowie Selbsterfahrung.

Die Erfassung der Lebensgestaltung kann also aus der Perspektive des Selbst wie aus der Perspektive der Objekte geschehen. Diese Phase kann z. B. mit der Frage eingeleitet werden:

> Sie haben mir schon über Ihre Beschwerden und über Ihre Beziehungen erzählt, ich möchte nur noch etwas genauer verstehen, wie Sie sich jetzt sehen und wie Sie sich früher sahen.

Folgt der Patient dieser Frage, so wird sich für den Therapeuten nicht nur darstellen, ob der Patient sich selber differenziert zu schildern in der Lage ist, sondern auch, ob er sich von den Objekten abgrenzen kann, ob er ein klares Selbstkonzept hat.

> Könnten Sie noch etwas genauer schildern, was für Sie typisch ist und wie Sie sich von anderen Menschen unterscheiden, so daß ich ein möglichst lebhaftes Bild von Ihnen bekommen kann?

Da die Patienten sich selber meist in bestimmten Situationen schildern, wird der Therapeut auch etwas über familiäre oder berufliche Lebensbereiche erfahren. Hier ist es erneut durch vertiefende Fragen möglich, die aktuelle biographische Situation wie auch das Selbsterleben des Patienten in dieser Situation zu erfassen.

Wesentlich im Sinne auslösender Konstellationen ist hier der bereits erwähnte Begriff der Schwellensituation. Hierunter werden solche Momente verstanden, in denen lebensgeschichtlich bedeutsame Übergänge stattfinden (Kindergartenbesuch, Einschulung, Pubertät, Loslösung vom Elternhaus, Heirat, Geburt eines Kindes, Beförderungen, Todesfälle). In ihnen werden Selbsterleben, Konflikte, aber auch Ressourcen besonders deutlich, und es lassen sich wichtige Hinweise auf potentielle Gefahren und Chancen einer Psychotherapie (einer Schwelllensituation par excellence) finden.

Dieser Teil des Interviews kann zusammen mit der vierten Phase sehr umfangreich sein, und möglicherweise werden weitere Klärungen in nachfolgenden Gesprächen notwendig.

So sind z. B. detailliertere Fragen zur Zufriedenheit des Patienten in der Familie, im Beruf in seinen früheren und augenblicklichen Tätigkeiten, zu Belastungen, Entlohnung, Verhältnis zu Vorgesetzten und Beziehungen zu Kollegen möglich.

Ein verinnerlichter, unbewußter, zeitüberdauernder Konflikt manifestiert sich im Erleben, in den Verhaltensweisen und in Symptomen.

Hier ergeben sich meist Hinweise auf zeitlich überdauernde, psychodynamische Konflikte wie z. B. Abhängigkeit versus Autonomie, Selbstwertkonflikte, ödipal-sexuelle Konflikte und auf basale strukturelle, wie die Fähigkeit zur Selbst- und Objektwahrnehmung, zur Selbststeuerung, zur Abwehr, zur Bindung und Kommunikation bzw. auf die Einschränkungen in diesen strukturellen Dimensionen (Rudolf et al. 1995).

Kriterien zur Einschätzung struktureller Fähigkeiten (Erleben des Selbst):
(s. a. G. Rudolf, C. Oberbracht und T. Grande, in diesem Band)

Selbstwahrnehmung:
Fähigkeit zur Selbstreflexion, zum Gewinnen eines integrierten, kohärenten, korrigierbaren Selbstbildes, Aufrechterhaltung einer konstanten sozialen und psychosexuellen Identität, Fähigkeit zur Wahrnehmung und zum Ausdrücken primärer Affekte wie Freude, Angst, Trauer, Verachtung, Scham

Selbststeuerung:
Affekttoleranz: differenzierte Wahrnehmung von angenehmen und unangenehmen Affekten, Ambivalenzfähigkeit, Impulssteuerung
Selbstwertregulation: Differenzieren zwischen eigenen und fremden Wünschen und Wertsetzungen, Reaktion auf Kritik, Kränkbarkeit, Verletzbarkeit
Impulssteuerung: Einstellung zu Triebwünschen, Umgang mit Aggressionen, Urheberschaft des Handelns, Über-Ich-Funktion
Antizipation: Erfüllung von Triebwünschen, Antizipieren von Reaktionen der Umwelt, Verfolgen von langfristigen Zielen

Phase 4: Die Ermittlung des Objekterlebens und der erlebten wie faktischen Lebensgestaltung

Die vierte Phase steht in enger Verbindung mit der dritten Phase, da das Selbsterleben immer auch in bezug auf die anderen geschildert wird. Dennoch sollte
der Therapeut in dieser vierten Phase noch einmal auf die Wahrnehmung und
das Erleben der Objekte zentrieren. Er sollte herausarbeiten, wie der Patient die
anderen im «Hier und Jetzt» und «Dort und Damals» sieht.

Kriterien zur Einschätzung struktureller Fähigkeiten (Objekterleben)

Objektwahrnehmung:
Subjekt-Objekt-Differenzierung: Zuordnung von Affekten, Impulsen und Gedanken
zum Selbst und zu den Objekten, Abgrenzung versus Konfundieren.
Empathie: Fähigkeit bzw. Unfähigkeit zum Einfühlen in die Erlebniswelt, Ge-
schichte, Bedürfnisse des anderen mit seinen Stärken und Schwächen.
Ganzheitliche Objektwahrnehmung: Wahrnehmen des Gegenübers, des anderen,
stabiles, kohärentes, lebhaftes, «dreidimensionales» Bild versus stark kontrastieren-
des (schwarz-weiß), verzerrtes, bedrohliches oder flaches oder nur tupferhaftes Bild
vom anderen.
Objektbezogene Affekte: Affektive Bezogenheit auf das Gegenüber, Fähigkeit zu
Interesse für den und Beziehung zum anderen, zu Sorge, Anteilnahme, Freude,
Schuld, Trauer, Dankbarkeit versus Wut, Enttäuschung, Neid, Eifersucht und Rache,
affektives Beziehungsklima neutral und verständlich versus bedrohlich und zerstö-
rerisch.

Kommunikation:
Kontakt: Fähigkeit zur Kommunikation und Verständigung, situativ begründete
Kommunikationsschwierigkeiten versus Kommunikationsabrisse, Mißverständnisse,
Distanzlosigkeit, Taktlosigkeit, Übergriffe, mißtrauisches Schweigen, autistisches
Verhalten.
Verstehen fremder Affekte: Fähigkeit zum Wahrnehmen, Verstehen, Decodieren
fremder Affekte für den Erhalt des weiteren Kontaktes.
Mitteilen eigener Affekte: Fähigkeit zum Wahrnehmen, Verstehen und Zuordnen
eigener Affekte wie Angst-, Scham- und Schuldgefühle, konflikthafte Einfärbung
und Einschränkung versus Enttäuschung, Selbstentwertung, Rigidität, Affektver-
meidung, Leere, Verwirrung, Fremdheit.

Reziprozität: Fähigkeit in Beziehung zu treten, zum kommunikativen Austausch, «Wir-Gefühl», Flexibilität und Anpassungsfähigkeit.

Bindung:
Internalisierung: Fähigkeit zur emotionalen Bindung, zum Entwickeln und Entwerfen stabiler innerer Bilder von anderen, wichtigen Personen, konfliktbedingte Objektabhängigkeit versus symbiotische Beziehung, Vermeiden von Objektbindungen.
Loslösung: Fähigkeit, Trennungen zu tolerieren, Verluste zu betrauern versus scheinbares reaktionsloses Hinnehmen von Trennungen, scheinbare Auslöschung des Objektes ohne Abschied- und Traueraffekt.
Variabilität der Bindung: Fähigkeit zur differenzierten, farbigen Unterscheidung innerer Bilder von wichtigen Personen, Fähigkeit zu triadischen Beziehungen versus Einschränkung auf dyadische Beziehungen, Funktionalisierung von Beziehungen, kaum nachvollziehbare Beziehungsmuster.

Fragen zur Einschätzung struktureller Fähigkeiten
(Beispiele zum Beziehungserleben):

– Wem von Ihren Eltern fühlten Sie sich näher?
– Wie gingen/gehen Ihre Eltern/Partner mit Lob und Kritik um?
– Wer hat Sie wie gestraft?
– Wie erging es Ihnen, wenn Sie krank waren?
– Welche Rolle hatten Sie in Ihrer Famlie/Schulklasse/Clique/Ihrem Freundeskreis?
– Welche Rolle haben Sie in der Partnerschaft?
– Wie erleben Sie sich, den Partner, in der Beziehung?
– Wie hat sich Ihre Beziehung zu X im Laufe der Jahre verändert?
– Hatten Sie Verlusterlebnisse, und wie sind Sie damit umgegangen?
– Wie gehen Sie mit Trennungen um?
– Wie verhalten Sie sich in bedrückenden oder bedrohlichen Situationen?
– Wie verhalten Sie sich in Auseinandersetzungen, bei Streit?

Die Erarbeitung des Erlebens anderer und der kommunikativen Fähigkeiten geschieht erneut unter Bezug auf verschiedene Lebensbereiche und -abschnitte:

Synopsis der biographischen Aspekte

– Primärfamilie (soziale, gesundheitliche, kulturelle Aspekte, Familientradition)
– Geschwisterkonstellation
– Partnerschaften (sexuelle Entwicklung, Interessen, Bindungserleben, Partnerwahl etc.)
– Beruf (Ziele, Hoffnungen, Lern-, Arbeits- und Leistungsverhalten, Konflikte, ökonomische Situation)
– Geld- und Besitzverhalten
– Freundeskreis, Gruppenzugehörigkeiten, (Interessen, Hobbys, etc.)
– Umgang mit Erkrankungen (z.B. Selbstbestimmung versus kontrollierende, «mächtige» Ärzte; Erwartungshaltung, Wünsche nach Versorgung, Unzufriedenheit mit der Betreuung)

153

Hinsichtlich des Erlebens der Familie kann eine Frageform, wiederum in Anlehnung an O. F. Kernbergs Vorgehen im «strukturellen Interview», lauten:

> Könnten Sie mir Ihren Partner (Ihre Mutter, Ihren Vater) schildern, so daß ich ein möglichst lebhaftes Bild von ihm/ihr bekomme?
>
> oder
>
> Sie haben mir erzählt, wie Sie sich selber jetzt und früher sehen und erlebt haben und auch angedeutet, wie Sie andere sehen.
> Können Sie mir noch genauer erzählen, wie Sie X oder Ihre Situation bezüglich Y sehen?

Der Therapeut sollte dabei an vorausgegangene Schilderungen anknüpfen. Er wird aber auch, falls der Patient nicht schon zuvor Lebensbereiche vertieft dargestellt hat, klärende und lenkende Fragen stellen müssen, um den Patienten anzuregen, über Gegenwart und Vergangenheit zu erzählen. So können klärende Fragen zur beruflichen Vergangenheit notwendig werden, zu seiner Zufriedenheit mit seiner beruflichen Situation, zu Belastungen, zur Entlohnung, zum Verhältnis zu Vorgesetzten und zu Beziehungen zu Kollegen. Dies kann durch Fragen eingeleitet werden, die offen formuliert sind:

> Sie haben mir geschildert, welchen Beruf Sie erwählt haben und wie Sie in die Lehre gegangen sind. Können Sie mir noch genauer erzählen, wie es zu dieser Berufswahl kam und wie Sie sich heute im Beruf erleben?

Manche Patienten kommen bei freiem, nicht explorativem Vorgehen auf einige Lebensbereiche gar nicht zu sprechen. So kann z. B. die Frage notwendig werden:

> Sie haben mir einen guten Eindruck über Ihr Leben in der Familie vermittelt, noch kann ich mir aber nicht so recht vorstellen, wie es Ihnen in Ihrem Beruf geht.

Der Therapeut muß sich stets vergegenwärtigen, daß es nicht alleine um die Erfassung der «Realität» geht, sondern um die Erfassung des Erlebens.

In manchen Fällen ist es wahrscheinlich, daß der Patient nur Andeutungen von wichtigen Situationen macht. Diese sollte sich der Therapeut merken, jedoch den Patienten nicht unbedingt drängen, Mitteilungen zu machen, die ihm sehr unangenehm sein könnten und die er vielleicht erst zu einem späteren Zeitpunkt mitteilen kann. Ebenso werden sicher immer wieder bedeutsame Situationen und bedeutsame Beziehungen zu signifikanten Anderen nicht erwähnt und ausgeblendet. Der Therapeut kann dies zwar ansprechen, aber er muß sich vergegenwärtigen, daß es oft bei Andeutungen bleibt und er einem «Widerstand» begegnet, die wirklichen Beziehungen zu schildern.

Die zeitlich überdauernden, unbewußten Konflikte erschließen sich aus der klinischen Beschreibung wahrnehmbarer Verhaltens- und Erlebensweisen. Sie manifestieren sich sowohl auf der Subjekt- als auch auf der Objektebene (innerpsychisch wie auch in der Interaktion mit anderen Personen), häufig stehen Konflikte in Verbindung mit leitenden Affekten (z. B. Wut bei narzißtischer Kränkung), und oft ergibt sich eine Unmittelbarkeit des Konfliktes in Übertragung und Gegenübertragung.

Die diagnostische Identifizierung psychodynamischer Konflikte benötigt sowohl induktives als auch deduktives Vorgehen. Induktiv meint, ausgehend von beobachtbaren Phänomenen, eine Anzahl von sich wiederholenden Erlebens- und Verhaltenseigenschaften, die durch den Lauf der Erkrankung des Patienten und seine persönliche Geschichte zurückverfolgt werden können. In der Lebensgeschichte des Patienten bildet sich sein Bemühen ab, diese Konflikte adaptiv (gelungene Lebensanpassung, Arbeitsproduktivität, persönliche Beziehungen) zu lösen (deduktive Betrachtung). Maladaptiv wären Lösungen, die dysfunktional sind, zu sozialen Problemen (z. B. Partnerschaft) führen und klinisch mit der Entstehung von Symptomen und Charakterpathologie verbunden sind.

Die vom Patienten in der diagnostischen Beziehung inszenierte Interaktion und die von ihm berichteten Interaktionen stellen das Material dar, das es unter strukturellen Gesichtspunkten zu untersuchen gilt. Dabei orientiert sich die diagnostische Einschätzung der Struktur nicht notwendigerweise an der aktuellen krankheitswertigen Störung, sondern vor allem an der zugrundeliegenden strukturellen Bereitschaft, wie sie im interaktionellen Handeln der letzten Jahre sichtbar wurde. Aktuelle Störungen, insbesondere auch regressive Zustände und Krisen, bestimmen nicht für sich allein genommen das strukturelle Niveau, sie können auch als Indikatoren für eine bestimmte Vulnerabilität bei ansonsten überwiegend stabiler Persönlichkeitsstruktur gesehen werden.

Psychotherapiemotivation, Behandlungs- voraussetzungen und Einsichtsfähigkeit

Gegen Ende kann der Untersucher noch einmal die Szenen und Geschichten des Patienten vor seinem inneren Auge rekapitulieren und sich klarmachen, wie er den Patienten bisher erlebt hat und welches Hauptproblem er ermitteln konnte. Auf der Basis des bisherigen Materials kann dann eine zusammenfassende Intervention formuliert werden, die Aspekte von Übertragung und Gegenübertragung einbezieht. Bei Patienten mit gut integriertem Strukturniveau hat diese Intervention den Charakter einer Deutung. Bei Patienten mit niedrigem Strukturniveau beschreibt diese Intervention ein Bild des Patienten aus der Sicht des Therapeuten, wobei diese Widerspiegelung sich an der Belastbarkeit des Patienten orientieren sollte.

Solche zusammenfassenden Deutungen haben das Ziel, den Patienten an seine Problematik heranzuführen und seine Reaktionen auf solche Interventionen zu untersuchen. Dies ist wesentlich für die Erfassung der inneren Konflikte und der Struktur sowie der Motivation, sich auf einen klärenden Behandlungsprozeß einzulassen. Der Therapeut kann also untersuchen, ob der Patient mit diesen Interventionen arbeiten kann, den Übertragungsanteil akzeptiert und eine gemeinsame Verstehensbasis herzustellen in der Lage ist. Dies ist sicher nicht bei allen Patienten der Fall.

Wird diese Untersuchung als Erstinterview geführt, sollte es nicht ohne einen Hinweis für den Patienten hinsichtlich des weiteren Vorgehens beendet werden. Es sollte mit ihm kurz beraten werden, was bisher geklärt ist und was noch geklärt werden sollte. Des weiteren kann, falls dies nach Abschluß der bisherigen Phasen schon möglich ist, die Indikation für ein psychotherapeutisches Verfahren durch den Therapeuten gestellt und auch dem Patienten mitgeteilt werden.

Die syndromale Diagnostik nach ICD-10 (Kapitel V)

Die deskriptive Diagnose ist in der OPD auf Achse Va (psychische und psychosomatische Störungen nach ICD-10) und Achse Vb (Persönlichkeitsstörungen nach ICD-10) angesiedelt. Die Diagnosestellung nach ICD-10 stellt bestimmte minimale Anforderungen an die Erhebung der psychopathologischen Zeit- und Verlaufskriterien.

Die Forderung für die klinische Diagnostik ist eine vollständige Erfassung bzw. Überprüfung der Kernsymptome jedes ICD-10-Abschnitts. Die Kernsymptome dürften in jedem Interview und auch im OPD-Interview in der ersten Phase ermittelbar sein. Zur vollständigen Symptomexploration schlagen die ICD-10-Autoren ein symptomorientiertes Vorgehen vor, das sich ergänzend Symptomchecklisten bedient (z. B. WHO 1994; Hiller et al. 1993). Dies nun bringt für die psychodynamische Diagnostik Probleme. Prinzipiell können und sollen die Kernmerkmale bei jedem Patienten erfragt werden, um ein angemessenes Bild von der Art der Symptomatik und Beeinträchtigung zu erhalten.

Eine vollständige Symptomexploration ist jedoch im Rahmen einer psychodynamischen Untersuchung nicht durchführbar, ohne die bisherige Vorgehensweise zu verlassen. Daher empfiehlt sich eine Trennung von psychodynamischer Untersuchung und Diagnostik nach ICD-10.

Grundsätzliche Voraussetzung für den nach ICD-10 diagnostizierenden Therapeuten ist die Kenntnis der zu verwendenden Manuals (klinisch-diagnostische Leitlinien bzw. Forschungskriterien) und der darin enthaltenen diagnostischen Kategorien. Wie die verschiedenen Anwendungs- und Reliabilitätsstudien zur ICD-10 gezeigt haben (vgl. u. a. Freyberger et al. 1990; Dittmann et al. 1992; Schneider et al. 1993) ist hier zudem ein eigenes diagnostisches Training notwendig. Im Rahmen klinischer Forschungsfragestellungen lassen sich die bereits obengenannten Symptomchecklisten einsetzen. Ihre Anwendung setzt allerdings umfassende psychopathologische Kenntnisse und die Vertrautheit mit ICD-10 voraus. Es handelt sich um Fremdbeurteilungsverfahren, die durch andere Informationsquellen (u. a. fremdanamnestische Angaben und Verhaltensbeobachtungen) zu ergänzen sind. Die relevanten Einzelsymptome oder Symptomcluster werden in diesen Symptomchecklisten zumeist diagnosebezogen erfaßt, so daß bei genauer Kenntnis der Patienten auch post hoc Erhebungen mit ergänzenden Interviews möglich sind.

Literaturverzeichnis

Argelander, H. (1970): Das Erstinterview in der Psychotherapie. Wiss Buchgesellschaft, Darmstadt.

Balint, M., Balint, E. (1962): Psychotherapeutische Techniken in der Medizin. Klett, Stuttgart.

Bleuler, E. (1955): Lehrbuch der Psychiatrie, 15. Aufl. Springer, Heidelberg, 1983 – Deutsch, F., Murphy, W. F.: The clinical interview, Int Univ Press, New York.

Buchheim, P., Cierpka, M., Jimenez, J., Kächele, H. (1987): Das «strukturelle Interview» als Beitrag zur Integration von Psychopathologie und Psychodynamik im psychiatrischen Erstgespräch. Fundamenta Psychiatrica *1:* 154–161.

Burnahm, J. C. (1967): Psychoanalysis and American medicine, 1894–1918. Medicine, science, and culture (Psychological issues, Vol 5, monograph 20). Int Univ Press, New York.

Dittmann, V., Dilling, H., Freyberger, H.J. (Hrsg) (1992): Psychiatrische Diagnostik nach ICD-10. Klinische Erfahrungen bei der Anwendung. Ergebnisse der ICD-10-Merkmalstudie. Huber, Bern.

Dührssen, A. (1981): Die biographische Anamnese unter tiefenpsychologischen Aspekten. Vandenhoeck & Ruprecht, Göttingen.

Eckstaedt, A. (1991): Die Kunst des Anfangs. Psychoanalytische Erstgespräche. Suhrkamp, Frankfurt a. M.

Freyberger, H. J., Dittmann, V., Stieglitz, R. D., Dilling, H. (1990): ICD-10 in der Erprobung. Ergebnisse einer multizentrischen Feldstudie in den deutschsprachigen Ländern. Nervenarzt *61:* 109–127.

Freyberger, H. J., Dierse, B., Schneider, W., Strauß, B., Heuft, G., Schauenburg, H., Pouget-Schors, D., Seidler, G. H., Küchenhoff, J., Janssen, P. L., Hoffmann, S. O. (1996): Operationalisierte Psychodynamische Diagnostik (OPD) in der Erprobung – Ergebnisse einer multizentrischen Anwendungs- und Praktikabilitätsstudie. Psychother. Psychosom. Med. Psychol.

Gill, M. M., Newman, R., Redlich, F. C. (1954): The initial interviews in psychiatric practice. Int. Univ. Press, New York.

Hiller, W., Zaudig, M., Mombour, W. (1993): Münchner-Diagnosen-Checklisten für DSM-III-R und ICD-10 (MDCL), vorläufige Version. Logomed-Verlag, München.

Janssen, P. L., Schneider, W. (Hrsg) (1994): Diagnostik in der Psychotherapie und Psychosomatik. Fischer, Stuttgart Jena New York.

Kernberg, O. F. (1977): The structural diagnosis of borderline personality organisation. In: Hartocollis, P. (Hrsg.) Borderline personality disorders. Int Univ Press, New York, S. 87–121.

Kernberg, O. F. (1981): Structural interviewing. Psychiatr. Clin. North. Am. *4:* 169–95.

Kernberg, O. F. (1984): Severe personality disorders. Psychotherapeutic strategies. Yale Univ Press. London.

Kind, H. (1973): Leitfaden für die psychiatrische Untersuchung. Springer, Berlin, Heidelberg, New York.

Kind, H. (1978): Das psychiatrische Erstinterview. Nervenarzt *49:* 255–60.

Luborsky, L., Crits-Christoph, P. (1990): Understanding transference. Basic Books, New York.

Luborsky, L., Kächele, H. (Hrsg.) (1988): Der zentrale Beziehungskonflikt – Ein Arbeitsbuch. PSZ-Verlag, Ulm.

Mans, E. J. (1994): Der Umgang mit der Indikation in der psychotherapeutischen Erstuntersuchung. Psychosom. Med. Psychoanal. *40:* 174–187.

Rudolf, G., Buchheim, P., Ehlers, W., Küchenhoff, J., Muhs, A., Pouget-Schors, D., Rüger, U., Seidler, G.H., Schwarz, F. (1995): Struktur und strukturelle Störung. Z. Psychosom. Med. *41:* 197–212.

Schneider, W., Freyberger, H. J., Muhs, A., Schüßler, G. (Hrsg.) (1993): Diagnostik und Klassifikation nach ICD-10, Kapitel V (F.). Eine kritische Auseinandersetzung. Ergebnisse der ICD-10-Forschungskriterienstudie aus dem Bereich Psychosomatik/Psychotherapie. Vandenhoeck & Ruprecht, Göttingen.

Spitzer, R. L., Williams, J. B. W.: Instruction Manual for the Structured Clinical Interview for DSM-III (SCID). New York State Psychiatric Institute. Unveröffentlichtes Manuskript.

Strauß, B., Lobo, A. (1996): Deutsche Version des Interview-Leitfadens zur «Adult Attachment Prototype Rating (AAPR)» auf der Basis des «Interpersonal Relations Interview» von P. Pilkonis. Unveröffentlichtes Manuskript.

Sullivan, H. S. (1980): The interpersonal theory of psychiatry. New York: Norton, 1953. Dt.: Die interpersonale Theorie der Psychiatrie. Fischer, Frankfurt am Main.

Sullivan, H. S. (1954): The psychiatric interview. Norton, New York.

Wegner, P. (1992): Zur Bedeutung der Gegenübertragung im psychoanalytischen Erstinterview. Psyche *46:* 286–307.

Wing, J. K., Cooper, J. E., Sartorius, N. (1978): Present State Examination. Standardisiertes Verfahren zur Erhebung des psychopathologischen Befundes. Beltz, Weinheim.

World Health Organization (1994): ICD-10 Symptom-Check-List. WHO, Geneva.

Ausbildung und Training in der OPD

Wolfgang Schneider, Henning Schauenburg

Einführung

Ein neues System der psychodynamischen Diagnostik im klinischen Feld muß, auch wenn es sich teilweise auf eingeführte Kategorien bezieht, den klinisch und wissenschaftlich Tätigen vermittel werden, und es muß die Möglichkeit bestehen, das Neue zu üben und zu trainieren. Dieser Aspekt der OPD war von Beginn an wesentlicher Bestandteil der Diskussion in der Arbeitsgruppe.

Dabei geht es zum einen um die Notwendigkeit, eine gewisse Verläßlichkeit der Anwendung, sei es in der klinischen Praxis, sei es in Forschungszusammenhängen, zu garantieren. Zum anderen sollte die Ausbildungsstruktur in der OPD, aber auch den «Rückfluß» von Kritik, Einwänden und Erweiterungsvorschlägen ermöglichen und so die Weiterentwicklung in Richtung OPD-II vorantreiben.

Bei den operationalisierten psychiatrischen Diagnosesystemen (wie z. B. der ICD-10) hat sich die Einführung von Workshops zum Training dieser Diagnostik bewährt. Dies gilt auch für die Anwendung halbstrukturierter Interviews (z. B. SKID, SCAN etc.).

In der psychodynamisch orientierten Diagnostik haben Trainings- oder Ausbildungsgruppen im engeren Sinn bislang keine Tradition. Zum Teil finden sich für ausgewählte diagnostische Fragestellungen manualorientierte Ausbildungsangebote. Dies gilt z. B. für die Methode des Zentralen «Beziehungskonfliktthemas» (ZBKT, Luborsky) oder für die «Strukturale Analyse Sozialen Verhaltens» (SASB, Benjamin). Diese Verfahren finden jedoch vor allem im wissenschaftlichen Bereich Anwendung und sind weniger für breitere klinische Themenstellungen einsetzbar. Entsprechend wenden sich die Ausbildungsgänge schwerpunktmäßig an wissenschaftlich in den jeweiligen Themenbereichen besonders engagierte Kolleginnen und Kollegen.

Ansonsten geschieht die Vermittlung psychodynamischer diagnostischer Inhalte im Rahmen der jeweiligen therapeutischen Ausbildungsgänge, meist eng an die klinische Arbeit angelehnt, und ist häufig schulenbezogen bzw. durch individuelle Interessen beeinflußt.

Es besteht also traditionell eine Schwierigkeit, einheitliche diagnostische Gewohnheiten in der Psychoanalyse zu entwickeln. Dies hängt auch damit zusammen, daß sich die psychodynamisch orientierte Diagnostik insbesondere um Fragen des diagnostischen Prozesses und weniger in bezug auf relevante Merkmalsbereiche entwickelt hat. Der diagnostische Prozeß wurde primär als Möglichkeit angesehen, eine Beziehung zu initiieren und zu erproben, und diente der Motivierung des Patienten für die Psychotherapie. Weniger zielte er auf die Herausarbeitung relevanter psychodynamischer Konstrukte ab.

Ein Training im Rahmen der OPD sollte versuchen, diese beiden zentralen Aspekte psychodynamischer Diagnostik – kategoriale und interaktionelle Komponenten – zu integrieren.

OPD-Trainingsseminare

Im Rahmen der operationalisierten psychodynamischen Diagnostik können nun Trainingskurse verschiedene Aufgaben haben:

1. Inhaltliche Vermittlung der diagnostischen Kategorien.
2. Verdeutlichung und Diskussion bisheriger Diagnosegewohnheiten bei den Teilnehmern.
3. Auseinandersetzung mit Besonderheiten der Interviewführung.
4. Vermittlung eines «Rückkopplungsprozesses» mit den «Anwendern».

Die Ausbildung gliedert sich augenblicklich in einen Grund- und zwei Aufbaukurse, die jeweils 20 Stunden umfassen. Diese Zeitvorgaben orientieren sich an unseren Erfahrungen in der Arbeit mit der OPD sowie an den formulierten Zielsetzungen für die Ausbildung. Sie liegen damit bei einem Umfang, der auch bei den gängigen psychiatrischen diagnostischen Systemen veranschlagt wird.

Im folgenden sollen einerseits die Zielvorstellungen der OPD-Ausbildung formuliert sowie bisherige Erfahrungen aus den Trainingsseminaren skizziert werden.

Interviewführung und OPD-Training

Methodisch erfordert die OPD-Diagnostik eine Art halbstrukturiertes Interview, das genügend Raum zur angemessenen Darstellung der verschiedenen Merkmalsbereiche läßt. Sinnvoll ist also auf der einen Seite ein Gespräch, das genügend Entwicklungsmöglichkeit für interaktionelle (szenische) Merkmale

160

Tabelle 1:

Typischer Aufbau eines OPD-Grundkurses
1. Allgemeine Einführung in die Besonderheiten und die Geschichte der psychodynamischen Diagnostik (2 Std.)
2. Interviewseminar (2 Std.)
3. Vorstellung der Achsen in Entstehungstradition und Inhalt
4. Achsenbezogene Fallarbeit (Video, Live-Interviews); Kleingruppen 12–15 Teilnehmer (12 Std.)
5. Beurteilung eines Erstinterviews (2 Std.)
6. Abschlußdiskussion (2 Std.)

Tabelle 2:

Typischer Aufbau eines OPD-Aufbaukurses
1. Vertiefung der Kenntnis der einzelnen Achsen durch ausgewähltes Fallmaterial (6–8 Std. in Gruppen von 12–15 Teilnehmern)
2. Beurteilung und Diskussion von vollständigen exemplarischen Videofilmen und/oder Live-Interviews (10 Std. in Gruppen von 12–15 Teilnehmern)
3. Abschlußdiskussion eines Falles in Großgruppen einschließlich vollständigem selbständigen Rating
4. Diskussion spezieller klinischer Fragen und Forschungsthemen (2 Std.)

im diagnostischen Prozeß offenhält, dem Patienten genügend Spielraum für die verbale Darstellung und Illustration seiner «persönlichen Geschichte» einräumt, andererseits aber auch genügend gezielte Informationen erhebt. Der Interviewer muß die Fähigkeit entwickeln, zwischen unterschiedlichen Gesprächsformen flexibel und situationsangemessen zu agieren. Dabei besteht die Notwendigkeit, auch die Gegenübertragung als diagnostisches Mittel im therapeutischen Prozeß einzusetzen und zu reflektieren.

Im Rahmen der OPD-Ausbildung wird ein relevanter inhaltlicher Gesichtspunkt die Erarbeitung und Erprobung von Prinzipien der hier dargestellten Interviewführung sein. Wir haben in unserer eigenen Arbeit mit der OPD (aber auch insbesondere in bereits durchgeführten Ausbildungsgängen) immer wieder festgestellt, daß, so vertraut einerseits die unterschiedlichen Merkmalsbereiche der «Operationalisierten Psychodynamischen Diagnostik» für den erfahrenen Kliniker erscheinen, diese doch im Prozeß der Diagnostik teilweise relativ schwierig zu erfassen sind. Es zeigt sich, daß die systematische Erprobung des Interviewvorgehens eine wichtige Hilfestellung für die OPD-Diagnostik ist. Andererseits erweist sich immer wieder, daß die je besondere Beziehungsgestaltung verschiedener Patienten auch den diagnostischen «Gehalt» eines Interviews erheblich bestimmen kann. In diesem Sinn kann es kein perfektes Interview geben (s. a. Kapitel «Interviewführung in der OPD» in diesem Band).

Neben der im OPD-Manual vorgeschlagenen Phaseneinteilung des OPD-Interviews ist insbesondere die systematische Annäherung an spezifische Problembereiche zu erarbeiten. Hier geht es beispielsweise um die Präzisierung von Beziehungsepisoden und die Überprüfung, inwieweit diese Beziehungsepisoden als «repetitiv» und dysfunktional zu identifizieren sind, oder um die Herausarbeitung von spezifischen strukturellen Dimensionen sowie des Integrationsniveaus in diesem Merkmalsbereich.

Wie sind z. B. szenische, nichtsprachliche, interaktionelle Informationen mit verbalen Informationen (z. B. Aussagen des Patienten) in Beziehung zu setzen?

Wie gehen wir mit Widersprüchen zwischen unterschiedlichen Informationsquellen um (z. B. verbal und szenisch)? Wie berücksichtigen wir Übertragungsprozesse in der diagnostischen Entscheidungsbildung? Wie soll das Verhältnis von «härteren» (z. B. manifeste Aussagen des Patienten) und «weicheren» (z. B. Gegenübertragungsphänomene) Informationen sein?

In den Trainingsseminaren soll Raum sein, anhand der klinischen Beispiele und der inhaltlichen Beurteilung über all diese Aspekte zu sprechen.

Stellenwert der OPD-Achsen

Die «Operationalisierte Psychodynamische Diagnostik» versucht sowohl die Ebenen der Persönlichkeitsstruktur, zentralen Konflikte und Beziehungsmuster sowie das Krankheitserleben und die Behandlungsmotivation des Patienten wie auch die syndromale Perspektive zu berücksichtigen. Das als Fremddiagnostik konzipierte Modell legt Informationen zugrunde, die aus unterschiedlichen Datenquellen resultieren:

1. objektive Befunde (wie sie sich aus klinischen Untersuchungsergebnissen und anderen medizinischen Befunden wie auch der Lebensdaten ergeben),
2. Informationen, die sich aus dem Gespräch ergeben. Diese Informationen sind einerseits verbale Informationen, zum anderen jedoch auch non-verbale (Gestik, Mimik) sowie komplexere «szenische» Informationen. Zusätzlich zu diesen Datenquellen, die sich aus einem relativ «offenen Gespräch» ergeben

und insbesondere auch für interaktionelle Entwicklungsmöglichkeiten Raum lassen, ist für die Erhebung spezifischer diagnostischer Aspekte ein eher exploratives Vorgehen, das sich insbesondere auf die Erhebung von Symptomen (incl. Verlaufs- und Schwerecharakteristika) orientiert, notwendig.

Neben der Auseinandersetzung mit der Interviewtechnik geht es im Rahmen der OPD-Weiterbildung auch darum, eine Sensibilität für den «Standort» und die Möglichkeiten, die die OPD-Diagnostik im Rahmen psychodynamischer, diagnostischer und therapeutischer Konzepte einnimmt, zu entwickeln.

Die OPD-Diagnostik will relevante persönlichkeitsdiagnostische und therapeutische Merkmalsbereiche thematisieren und diese über eine Konstruktexplikation und über die Beschreibung von Erhebungsoperationen beurteilbar machen. In diesem Zusammenhang ist es wichtig, sich einerseits einen Blick dafür zu bewahren, daß die hier definierten Merkmalsbereiche nur einen – wenn auch einen relevanten – Ausschnitt psychodynamischer Konzeptbildung darstellen und daß die Definitionen in der OPD die Komplexität der ursprünglichen Theoreme bewußt und beabsichtigt reduzieren, um sie so nach bestimmten Standards untersuchbar zu machen. Vom OPD-Anwender ist zu fordern, daß diese Komplexitätsreduktion und Disziplinierung im diagnostischen Vorgehen «kritisch» akzeptiert wird.

Ein derartiger konstruktiver Umgang mit der OPD wird nur möglich sein, wenn im Rahmen der OPD-Anwendung und hier insbesondere während der Ausbildung in der «Operationalisierten Psychodynamischen Diagnostik» das «Für und Wider» diskutiert wird. Es ist ein zentrales Ziel der OPD-Ausbildung, psychodynamisch erfahrenen Klinikern und Theoretikern die Notwendigkeit eines operationalisierten diagnostischen Vorgehens zu vermitteln und darüber hinaus eine Akzeptanz und eine Sensibilität dafür zu fördern, daß in der Arbeit mit operationalisierten diagnostischen Modellen eine enge Orientierung an den Definitionen und Operationalisierungen unumgänglich ist.

Nur wenn diese «Grundpfeiler» der Akzeptanz des diagnostischen Systems gegeben sind, wird zukünftig die Frage der testtheoretischen Gütekriterien der OPD zu beantworten sein (Reliabilität, Validität).

Hier kam es in vergangenen Ausbildungsseminaren immer wieder zu Auseinandersetzungen. In der psychodynamischen Psychotherapie erfahrene Kolleginnen und Kollegen, die grundsätzlich eine hohe Bereitschaft zu einem kommunizierbaren psychodynamischen diagnostischen Ansatz zeigten, haben dann im konkreten Prozeß der Anwendung eine Vielzahl von Einwänden gehabt, die insbesondere die Konstruktbeschreibung sowie die Operationalisierungen betrafen.

Eine Klärung solcher Probleme ist dann unserer Erfahrung nach nur durch intensive Diskussionen und Gruppenprozesse möglich. So haben wir gesehen, daß ein zentraler Gesichtspunkt der Grundkurse in der OPD-Weiterbildung im Prozeß der Motivierung für diese Art der Diagnostik, die damit verbundene Interviewführung sowie die Sensibilität für spezifische Anwendungsprobleme besteht. Ein Beispiel für immer wieder auftretende Anwendungsprobleme bietet der Umstand, daß viele OPD-Begriffe gerade für analytisch arbeitende Kollegen ein hohes Ausmaß an «Bekanntheitsgrad» aufweisen. Die Bedeutung der Begriffe weist jedoch jeweils unterschiedliche Konnotationen und idiosynkratische Einflüsse auf, die häufig nicht viel mit der in der OPD vorgenommenen Definition (incl. der Operationalisierungen) zu tun haben. Hier wird also vom Anwender zumindest zum Teil ein Verzicht auf «Gewußtes, Bewährtes und Bekanntes» gefordert. Eine derartige Haltung kann nur auf dem Hintergrund einer guten inhaltlichen Argumentation und Begründung eingenommen werden.

Während der OPD-Ausbildung hat sich immer wieder, besonders in der Arbeit mit Kolleginnen und Kollegen, die am Beginn ihrer Psychotherapieweiterbildung standen, gezeigt, daß mancher häufig sehr bereitwillig und motiviert die OPD-Konzepte und Vorgehensweisen aus dem Wunsch heraus adaptieren möchte, konzeptionelle und methodische Sicherheit in einem «unüberschaubaren» Feld zu erlangen. In dieser Situation ist es während der Ausbildung wichtig, darauf zu verweisen, daß die OPD nur einen begrenzten Ausschnitt von relevanten klinischen und theoretischen Themen darstellt, der durchaus eine Hilfestellung im Prozeß der Psychotherapieausbildung bieten kann, jedoch nicht den gesamten Horizont psychodynamischer oder psychoanalytischer Konzepte ausleuchtet. Für diese Zielgruppe ist somit eine Standortbestimmung der «Operationalisierten Psychodynamischen Diagnostik» für den Prozeß der Psychotherapieweiterbildung mit all seinen Möglichkeiten und Begrenzungen vorzunehmen.

Über die Motivierung und Sensibilisierung für Probleme in der Arbeit mit der OPD, die zu unterschiedlichen Ausbildungsabschnitten und in Abhängigkeit von den spezifischen Problemstellungen und Kompetenzen der jeweiligen Ausbildungsgruppen sehr verschieden aussehen wird, geht es weiterhin darum, daß der theoretische Bezugsrahmen des Modells skizziert und plausibel gemacht werden muß. Dieser umfaßt insbesondere die psychodynamischen Persönlichkeits-, Krankheits- und Behandlungsmodelle sowie Aspekte der interpersonellen Psychologie (Achse Beziehung) wie auch Gesichtspunkte der Forschung zur Krankheitsverarbeitung (Coping). Beim nächsten Schritt geht es um die theoretische Ableitung, die Begriffsexplikation sowie die Begründung und Darstellung der Umsetzungen der theoretischen Begriffe von den entsprechenden Operationalisierungen. In diesem Zusammenhang ist während der bisherigen Seminare deutlich geworden, daß ein Bedarf nach «illustrativen Anker-beispielen» besteht. Sicherlich werden hier auch zukünftige «Fallbücher» zusätzliche Anregungen und Orientierung bieten können.

Die Tatsache, daß die Bezugssysteme von OPD-Anwendern sich in Abhängigkeit vom klinischen Tätigkeitsbereich ausgesprochen unterscheiden, macht eine Präzisierung der diagnostischen Beurteilungsgrundlage nötig. Dies gilt insbesondere für die Achse I (Krankheitserleben und Behandlungsvoraussetzungen) wie auch für die Achse IV (Struktur). So wird ein OPD-Anwender, der täglich mit schwerst und chronisch seelisch Kranken zu tun hat, sicherlich bezüglich der Struktur- und der Schweregrad-Beurteilung der Befunde wie auch der Behandlungsmotivation (Achse I) eine andere Antworttendenz aufweisen, als ein Kollege, der vorrangig mit neurotischen Patienten mit einem niedrigen Chronifizierungsgrad und einer guten Behandlungsmotivation arbeitet.

Didaktisch hat sich während der bisherigen Trainingsseminare die Arbeit am Fall als gute Diskussions- und Beurteilungsgrundlage herausgestellt. Dabei haben wir einerseits mit videodokumentierten Fallgeschichten gearbeitet, die von der OPD-Gruppe im Sinne «standardisierter Fälle» bezüglich der unterschiedlichen diagnostischen Merkmalsbereiche geeicht worden sind, und zum anderen mit Patienten, die aktuell im Rahmen der Seminare interviewt worden sind. Im ersten Fall kann exemplarisch für charakteristische Problemkonstellationen das Interviewvorgehen dargestellt werden, und es können spezifische Merkmalsbereiche akzentuiert herausgearbeitet werden. Im zweiten Fall haben die Teilnehmer praktisch Gelegenheit, die Interviewführung zu üben, wie auch die diagnostischen Problemhorizonte in der Arbeit mit «Patienten» plastisch zu erleben.

Bei Vorliegen von «geeichten» Fällen können sowohl die Interraterreliabilität der Ausbildungsgruppe im Ausbildungsprozeß herausgearbeitet werden, als auch eine Bewertung der diagnostischen Güte auf der Grundlage der Experteneichung vorgenommen werden. Dieses Vorgehen, das zum Teil systematisch in die Trainings integriert wurde, nahmen die Teilnehmer in der Regel ausgesprochen positiv auf. Insbesondere wenn zu unterschiedlichen Zeitpunkten des Ausbildungszyklus die Frage der «Treffsicherheit» der Diagnostik und der Interraterreliabilität überprüft wurde und Aussagen zum Lerneffekt im Ausbildungsprozeß möglich waren.

Aufbaukurse

Die Aufbaukurse in der «Operationalisierten Psychodynamischen Diagnostik» orientieren sich stärker als die Grundkurse an der Arbeit mit Fällen. Es geht jedoch dabei immer wieder auch um Fragen der Interviewführung, die dann (anders als in den Grundkursen) weniger Allgemeinheitsgrad aufweisen, sondern ausgesprochen vielfältig und spezifisch sind. Hier schlagen sich die verschiedensten Erfahrungen der Teilnehmerinnen und Teilnehmer aus dem Grundkurs wie auch aus dem klinischen Umgang mit der OPD nieder. Auch die Diskussion bezüglich der relevanten OPD-Konzepte verändert sich deutlich. Es geht hier dann in der Regel weniger um allgemeine Sachverhalte oder Problemkonstellationen, sondern um erfahrungsgeleitete Schwierigkeiten bei der Arbeit mit spezifischen Konstrukten sowie deren Operationalisierungen. Auf diesem Hintergrund gewinnt unseres Erachtens die theoretische Reflexion eine neue Qualität, da hier unter der Verfügbarkeit eines gemeinsamen Sprach- und Reflektionshorizontes eine kritische Bestandsaufnahme bzw. Präzisierung von relevanten Begrifflichkeiten möglich wird.

Insgesamt haben wir den Eindruck, daß die Akzeptanz der OPD mit einer vertieften Erfahrung im Umgang mit dem Modell wächst. Für uns selbst ist in den Trainingsseminaren die Herausforderung entstanden, sich auf unterschiedliche Kritikpunkte und Rezeptionsweisen einzustellen. Dies ist allerdings eine Voraussetzung dafür, daß die Arbeit mit der OPD eine konstruktive Spannung behält. Wir wurden mit den unterschiedlichsten Diskussionen, Kritiken, Anregungen wie auch positiven Rückmeldungen konfrontiert, die für uns eine nicht erwartete Vielfalt aufwiesen. Wir haben gelernt, jede Diskussionsbemerkung ernst zu nehmen.

Unter den Kritikpunkten und Anregungen finden sich immer wieder auch Sichtweisen, die wir selbst im Prozeß der OPD-Entwicklung zu irgendwelchen Zeitpunkten favorisiert hatten und dann aus den unterschiedlichsten Gründen, die heute kaum nachvollziehbar sind, verworfen haben. So sind wir dafür sensibilisiert worden, daß diese Gesichtspunkte unter Umständen reaktiviert, verändert und zukünftig wieder integriert werden sollten.

Darüber hinaus wird für die Fortentwicklung der OPD notwendig sein, daß die vielfältigsten Ansichten, Erfahrungen und Kritiken im Umgang mit dem System gut dokumentiert und zukünftig systematisch ausgewertet werden. Die Erfahrungen, die wir während den Ausbildungsgruppen zur OPD machen, werden, neben den Ergebnissen aus den empirischen Studien, wichtiges Material darstellen, das in eine zukünftige Veränderung der OPD eingeht. In welcher Weise beides, Ausbildungserfahrungen und empirische Befunde, letztlich integriert werden, wird die Zukunft zeigen.

Die Struktur-Checkliste
Ein anwenderfreundliches Hilfsmittel für die Strukturdiagnostik nach OPD

Gerd Rudolf, Claudia Oberbracht, Tilman Grande

1. Einleitung

Psychodynamisch orientierte Psychotherapieforschung stößt immer wieder an ihre Grenzen, wenn der Versuch unternommen wird, Persönlichkeitsstruktur und deren Veränderung mit Hilfe herkömmlicher Erhebungsverfahren zur Symptom- und Verhaltensdiagnostik zu untersuchen. Insbesondere im Bereich von psychoanalytischer Langzeittherapie hat sich gezeigt, daß standardisierte Meßinstrumente klinisch bedeutungsvolle Veränderungen nicht dokumentieren können (Wallerstein 1986). Es wurden in der Vergangenheit psychodynamische Diagnosesysteme entwickelt, die für Indikation und Prognose von Psychotherapie relevante Persönlichkeitsaspekte erfassen.

Eine Gruppe dieser Klassifikationssysteme zielt auf die Diagnose bestimmter Patientengruppen ab. Das besondere Forschungsinteresse gilt hierbei insbesondere den Verfahren zur Diagnostik von Borderline-Störungen (Gunderson und Kolb 1978; Kernberg 1988). Eine andere Gruppe widmet sich der individuellen Diagnostik, wo für jeden Patienten eine dem Einzelfall angemessene Diagnostik vorgenommen wird (Luborsky 1977; Benjamin 1974). Ein dritter Ansatz zur Erfassung von Struktur zielt auf die Beschreibung der Gesamtpersönlichkeit. Daß solch ein anspruchsvolles Unternehmen ein zeit- und arbeitsaufwendiges Verfahren darstellt, haben bereits die klassischen projektiven Tests gezeigt (Murray 1943; Rorschach 1942). Auch neuere Versuche in diese Richtung haben mit dem Problem zu kämpfen (Bellack 1968; DeWitt 1991; Weinryb und Rössel 1991). Hinzu kommt, daß insgesamt ein Mangel an Konsens in bezug auf das Konstrukt Persönlichkeit herrscht, was zu unterschiedlichen Auffassungen und Konzeptionalisierungen geführt hat.

Die Operationalisierte Psychodynamische Diagnostik versucht nun den aufgezeigten Problemen entgegenzutreten, indem sie sich zum einen auf ein schulenübergreifendes, relativ umfassendes Konzept von Persönlichkeit bezieht und zum anderen beobachtungsnahe Beschreibungen auf einer mittleren Abstraktionsebene zur Verfügung stellt. Dabei findet der zeitökonomische Aspekt Berücksichtigung. Die vorgelegte Struktur-Checkliste geht nun noch einen Schritt weiter in der von OPD eingeschlagenen Richtung. Sie versucht, die Urteilskriterien und -richtlinien weiter zu formalisieren und damit Entscheidungshilfen zur Verfügung zu stellen, was bei häufiger Anwendung neben einer Verkürzung der Zeit für die Diagnosestellung auch eine Erhöhung der Treffsicherheit der Diagnose ermöglichen wird.

2. Ausgangspunkt

Die OPD-Strukturachse wurde vor dem theoretischen Hintergrund psychodynamischer Theorien entwickelt (Rudolf et al. 1995, Arbeitskreis OPD 1996).[1] Die Einschätzung des strukturellen Integrationsniveaus stellt ein Expertenurteil dar, welches sich auf den Bericht des Patienten im diagnostischen Gespräch stützt und gleichzeitig die Beziehung zwischen Patient und Untersucher in der aktuellen Gesprächssituation berücksichtigt. Klinische Erfahrung im Umgang mit Patienten und Kenntnisse psychodynamischer Konzepte bilden zusammen mit einem ausreichenden Training des OPD-Systems die Voraussetzung für eine verläßliche Einschätzung des Strukturniveaus; Interrater-Studien ließen insbesondere für den Bereich der Struktur die gute Akzeptanz für das System, seine hohe Praktikabilität und die befriedigende Interraterreliabilität erkennen. Letztere zeigte deutliche Trainingseffekte, so daß die Übereinstimmung in der eingearbeiteten Gruppe .75 betrug (Freyberger et al. 1995, Rudolf et al. 1996). Vor diesem Hintergrund kann das System mit befriedigender Interraterreliabilität verwendet werden.

Inzwischen liegen Erfahrungen im Umgang mit dem System aus Trainingsseminaren und Studien vor. Im Rahmen unseres Projektes «Operationalisierung psychodynamischer Befunde zum Zweck der Fokus- und Zielbestimmung in Psychotherapien» wurden bisher 81 videographierte Gespräche im Hinblick auf «Struktur», «Konflikt» und «Beziehung» ausgewertet (vgl. Grande et al., in diesem Band). Bei der zeitaufwendigen OPD-Einschätzung durch zwei Rater und der anschließenden Diskussion erwiesen sich Auflistungen von Modellsät-

---

[1] Mitglieder der Arbeitsgruppe: Buchheim/München, Cierpka/Göttingen, Ehlers/Stuttgart, Küchenhoff/Basel, Muhs/Mannheim, Pouget-Schors/München, Oberbracht/Heidelberg, Rudolf/Heidelberg (Moderator), Rüger/Göttingen, Seidler/Heidelberg.

zen aus dem Manual als besonders hilfreich für die Entscheidungsfindung. Die beteiligten Raterinnen und Rater konnten sich im Hinblick auf das Zutreffen oder Nichtzutreffen der einzelnen Modellsätze oft sehr viel leichter einigen als über das globale Strukturniveau. Auch bei den Schulungen und Seminaren erwiesen sich die aufgelisteten Modellsätze didaktisch als gute Entscheidungshilfe für die Struktureinschätzung.

In den Diskussionen des ersten Internationalen OPD-Kongresses in Göttingen 1996 wurde die Anregung gegeben, auf der Grundlage der Modellsätze ein Instrument zu entwickeln, welches eine stärkere Standardisierung der Struktureinschätzung erlaubt. Die vorgelegte Checkliste trägt diesem Anliegen Rechnung.

3. Entwicklung

Struktur, verstanden als die Verfügbarkeit über psychische Funktionen, welche das Selbst im Umgang mit den Objekten benötigt, um sich und seine Beziehungen zu regulieren, wird im OPD-System anhand von sechs strukturellen Ebenen beschrieben (Selbstwahrnehmung, Selbststeuerung, Abwehr, Objektwahrnehmung, Kommunikation, Bindung). Jede dieser sechs Dimensionen enthält eine Reihe von zentralen Themen (insgesamt 24). In der vorliegenden Checkliste werden diese 24 Themen durch jeweils mehrere Modellsätze operationalisiert. Bei genauerer Durchsicht des OPD-Manuals wurde deutlich, daß dort nicht jedes Thema auf jedem Strukturniveau mit gleicher Ausführlichkeit behandelt wird. Während das gut integrierte Strukturniveau oft nur knapp beschrieben ist, finden sich verständlicherweise im geringen Strukturniveau zahlreichere Charakterisierungen. Wir nahmen daher eine Sortierung der Modellsätze vor, bei der wir jeweils einen Teilaspekt über alle Stufen des Strukturniveaus hinweg «durchdeklinierten». So ergibt sich folgende Differenzierung (Inhalte vgl. Tabelle im Kapitel «Interviewführung», in diesem Band):

Struktur als Ganzes
6 strukturelle Dimensionen
24 strukturelle Themen
60 Teilaspekte
60 Modellsätze für jedes der 4 Strukturniveaus

Das System wurde in der täglichen klinischen Routine und in dem genannten Forschungsprojekt weiterentwickelt und befindet sich seit einem Jahr in der empirischen Erprobung. Abschließend erfolgte eine Diskussion in der OPD-Strukturarbeitsgruppe; speziell im Hinblick auf die strukturelle Zuordnung der Affekte wurde ein weiterer Expertenvorschlag (R. Krause, Saarbrücken) eingeholt und in das System integriert.

4. Ergebnis

Es ist eine Systematik entstanden, in welcher die einzelnen Themen zeilenweise für jedes Strukturniveau beschrieben sind. Teilaspekte (wie z. B. Einstellung zu Triebwünschen, Umgang mit Aggression, Steuerung, Über-Ich etc.) sind unter dem Thema «Impulssteuerung» zusammengefaßt, und dieses wiederum bildet einen Teilaspekt der strukturellen Dimension «Selbststeuerung».

Man kann also, ähnlich einem Gewebe, zum einen zeilenweise der Idee eines Teilaspekts – dem horizontalen Faden – folgen und überlegen, welche Beschreibung am besten zum individuellen Patienten paßt. Zum anderen kann man sich spaltenweise einen Eindruck darüber verschaffen – vertikaler Fadenverlauf – welche Fähigkeiten oder Vulnerabilitäten der Patient in welchem Bereich aufweist.

5. Anwendungsmöglichkeiten

5.1. Kennzeichnung

Die Struktur-Checkliste erfaßt auf der Basis eines Interviews die im OPD-Manual definierte Persönlichkeitsstruktur eines Menschen und ermöglicht eine Diagnosestellung über Fremdrating in diesem Sinne entsprechend der Kombination der 60 Teilaspekte in der Checkliste, der 24 Themen, der 6 Dimensionen und/oder der Gesamtstruktur. Sie ist speziell für klinische Fragestellungen vorgesehen, kann aber auch für Forschungszwecke eingesetzt werden. Sie bietet die Möglichkeit, eine Verdachtsdiagnose systematisch anhand der Itemliste und der Verrechnungsregeln zu überprüfen. Die Struktur-Checkliste besteht aus sechs Ratingbögen und einem Auswertungsblatt zur Verrechnung der Diagnose.[2]

---

[2] Materialien und Informationen bezüglich Training und Auswertung sind bei den Autoren erhältlich.

5.2. Durchführung

Der Prozeß der Informationssammlung bzw. Exploration durch Vorgabe eines Interviewleitfadens mit Beispielfragen ist im OPD-Manual detailliert beschrieben. Es werden Anregungen für Fragestil, Frageform und Sequenz der Fragen gegeben, ohne einengende Festlegung des Ablaufs. Im Interview kann durch Fragen klarifiziert werden und Beispiele des Strukturniederschlags beobachtet sowie nachverfolgt werden, um zu verifizieren, ob es sich um zeitstabile Strukturmerkmale handelt. Das Interview ist für die Befragung Erwachsener konzipiert und kann bei Menschen unabhängig von Bildungsstand und Intelligenz durchgeführt werden. Allerdings lassen sich Patienten mit schweren geistigen Beeinträchtigungen oder Demenz kaum sinnvoll untersuchen. Die Frage der Kulturabhängigkeit ist noch nicht hinreichend überprüft und kann daher derzeit nicht befriedigend beantwortet werden. Die Durchführung des Interviews beträgt ca. 90 Minuten und bedarf neben klinischer Erfahrung auch psychodynamisch orientierten Denkens und einer 60stündigen OPD-Schulung. Falls man gewillt ist, sich auf die Erfassung der Struktur-Achse zu beschränken, kann die Zeit des Interviews auch erheblich eingeschränkt werden.

Im Anschluß an oder direkter zeitlicher Nähe zur Interviewführung sollte die Struktur-Checkliste ausgefüllt werden. Erfahrungsgemäß dauert dies 10 – 20 Minuten. Zunächst einmal könnte die Anwendung der Checkliste eine Erhöhung des Zeitaufwandes für die OPD-Struktureinschätzung mit sich bringen. Es ist jedoch anzunehmen, daß bei regelmäßiger Anwendung und größerer Vertrautheit der Blick auf die Checkliste zeitsparend ist im Vergleich zum Nachlesen im Manual.

Die Beurteilungsgrundlage für die Strukturdiagnostik ist das interaktionelle Handeln der letzten ein bis zwei Jahre. Es geht um die Frage, wie das Individuum seine Umgebung in verschiedenen Situationen wahrnimmt, wie es mit ihr interagiert, handelt. Hierbei ist entscheidend, daß es sich nicht um eingeschränkte Konfliktbereiche, sondern um generalisierte Erlebnisweisen handelt; ferner ist der Aspekt der Persistenz von Bedeutung.

Beim Ausfüllen der Ratingbögen ist stets eine kategoriale Entscheidung zu fällen, d. h. es geht darum, ob ein Item zutrifft oder nicht bzw. welches Item am ehesten zutrifft. Diese Entscheidung muß zeilenweise erfolgen. Es stehen also für jeden der 60 Teilaspekte vier Alternativen zur Verfügung, wobei sich diese Alternativen aus der Durchdeklinierung eines Teilaspektes über vier Stufen des Strukturniveaus ergeben entsprechend der Logik im OPD-Manual. Dadurch, daß pro Teilaspekt die Entscheidung getroffen wird, welcher Satz am besten zu dem jeweiligen Patienten paßt, entsteht eine eindeutige Zuordnung von diagnostischer Einschätzung und Patient. Mehrfachankreuzungen auf der Ebene der Teilaspekte sind nicht möglich, es muß in jeder Zeile ein Strukturniveau geratet werden.

Da es sich bei der Struktur-Checkliste um eine detaillierte Einschätzung eines ganzheitlichen Eindrucks handelt, ist die Wahrscheinlichkeit gering, daß zu einzelnen Teilaspekten keine Einschätzungen gegeben werden können. Unabhängig davon kann ein Strukturprofilschwerpunkt auch festgelegt werden, wenn einzelne Teilaspekte nicht beurteilt worden sind. Für eine Forschungsfragestellung sollten gleichwohl alle Teilaspekte eindeutig beantwortet werden, während es für klinische Anwendungen auch vorstellbar ist, daß man diejenigen Items auswählt, die evident erscheinen, und auf diese Weise einen Strukturgesamteindruck erhält.

5.3. Auswertung

Nach dem Ausfüllen der Ratingbögen beginnt die eigentliche Auswertung. Hierfür steht das Auswertungsblatt zur Verfügung. Bei der Übertragung der Entscheidungen aus den Raterbögen auf das Auswertungsblatt werden die Ankreuzungen, sprich dichotomen Einschätzungen, in numerische Werte überführt. Die Übertragung der Einschätzung von den Raterbögen in das Auswertungsblatt erlaubt die Ermittlung von: 1) Gesamtstruktur, 2) Strukturprofil auf der Ebene der strukturellen Dimensionen und 3) Strukturprofil auf der Ebene der strukturellen Themen. Dabei handelt es sich grundsätzlich um die Aufsummierung der Ankreuzungen für jedes der Strukturniveaus.

Dies geschieht wie folgt:

- die Anzahl der Ankreuzungen pro Thema und Strukturniveau auszählen und in die Kästchen auf hellgrauem Puzzlestein in den linken und rechten Balken in Form einer Zahl übertragen
- die so ermittelten Zahlen aus den hellgrauen Puzzlesteinen spaltenweise pro Dimension und Strukturniveau aufsummieren und jeweils in die dunkelgrauen Puzzlesteine in den linken und rechten Balken eintragen
- die Zahlen aus den dunkelgrauen Puzzlesteinen pro Dimension und Strukturniveau dem Pfeil folgend in den mittleren Balken übertragen
- die Zahlen aus dem mittleren Balken spaltenweise pro Strukturniveau aufsummieren
- zur Kontrolle müßte die zeilenweise Summe der Gesamtstruktur 60 ergeben

- mit einem farbigen Stift die Kästchen mit den höchsten Werten in den hellgrauen Puzzlesteinen verbinden im linken und rechten Balken, so erhält man ein Strukturprofil über die Themen
- mit einem farbigen Stift die Kästchen mit den höchsten Werten im mittleren Balken verbinden, so erhält man ein Strukturprofil über die Dimensionen

Wir nehmen an, daß die einzelnen Items bezüglich ihrer klinischen Bedeutsamkeit nicht völlig gleichwertig sind. Da jedoch die empirische Grundlage zur Beurteilung dieser Frage erst noch geschaffen werden muß, empfehlen wir vorläufig, die Items als gleichwertig zu behandeln und aufzusummieren.

5.4. Einsatzmöglichkeiten

Die Auswertung entsprechend der mit der Checkliste gewonnenen Befunde bietet eine differenzierte empirische Erfassung und dimensionale Betrachtung der Persönlichkeitsstruktur, die sowohl eine Aussage über die Gesamtstruktur als auch über detaillierte Aspekte erlaubt. Durch die Aufschlüsselung der 6 Dimensionen auf 60 Items erhält man ein Profil, das sowohl für Fragen der Status- als auch für Fragen der Veränderungsdiagnostik eine Grundlage bietet. Eine konsequente Weiterentwicklung dieses Gedankens stellen die «Heidelberger Fokusliste» und die «Heidelberger Umstrukturierungsskala» dar (unveröffentlicht). Beide Instrumente sind zur Erfassung von Veränderung im therapeutischen Prozeß auf der Basis von OPD entwickelt worden.

Die Struktur-Checkliste unterstützt den Kliniker bei einer Reihe von Aufgaben, die er vorher im Anschluß an die Gesprächssituation und unter Zugrundelegung des Manuals bewältigen mußte. Dabei wird der Handlungs- und Entscheidungsspielraum des Klinikers bei der Erhebung der Information und der Diagnosestellung in keiner Weise eingeschränkt, sondern vielmehr geleitet. Auf diese Weise werden die subjektiven Eindrücke des einzelnen Diagnostikers zusammengetragen und in Gestalt von Werten und Profilen abgebildet. Für die Forschung bedeutet dies eine Erhöhung der Zuverlässigkeit des diagnostischen Urteils, und für die Klinik bringt die Verwendung des Instrumentes eine Erleichterung des Erlernens und der Durchführung der Strukturdiagnostik.

Für den Bereich des klinischen Alltags und des OPD-Trainings eröffnet die Verwendung der Liste Raum für Diskussionen und für eine verbesserte Entscheidungsfindung. Die differenziertere und variationsreichere Beschreibung anhand der Items ist als Gedächtnisstütze und für die innere Abwägung im Entscheidungsprozeß hilfreich.

5.5 Ausblick

In einer abgeschlossenen Studie mit 60 Patienten, die eine Vorform der Check-liste verwendete, werden derzeit Auswertungen zu Strukturprofilen, prädiktiver Bedeutung von Dimensionen und Themen, Faktorenstruktur, Reliabilitäts- und Validitätsfragen weiter geprüft. Wir hoffen, daß mit dieser empirischen Fundie-rung der Anfang für eine breite Anwendung der Struktur-Checkliste in der Pra-xis und in zukünftigen Studien gemacht ist.

Literaturverzeichnis

Arbeitskreis OPD (Hrsg.) (1996): Operationalisierte Psychodynamische Diagnostik. Grundlagen und Manual. Huber, Bern.

Benjamin, L. S. (1974): Structural Analysis of Social Behavior. Psychological Review *81*, 392–425.

Bellack, L. (1968): Research on ego function patterns: a progress report. In: Bellack, L., Loeb, L. (Hrsg.). The schizophrenic syndrome. Grune & Stratton, New York.

Freyberger, H. J., Dierse, B., Schneider, W., Strauß, B., Heuft, G., Schauenburg, H., Pouget-Schors, D., Seidler, G. H., Küchenhoff, J., Janssen, P., Hoffmann, S. O. (1995): Operationalisierte Psycho-dynamische Diagnostik (OPD) in der Erprobung – Ergebnisse einer multizentrischen Anwen-dungs- und Praktikabilitätsstudie. Psychother. Psychosom. Med. Psychol. *46*, 356–365.

Gunderson, J. G. und Kolb, J. E. (1978): Discriminating features of borderline patients. Am. J. of Psy-chiat. *132:* 1–10.

Grande, T., Oberbracht, C., Rudolf, G.: Einige empirische Zusammenhänge zwischen den Achsen «Beziehung», «Konflikt» und «Struktur»: in diesem Band.

Kernberg, O. F. (1988): Schwere Persönlichkeitsstörungen. Theorie, Diagnose, Behandlungsstrate-gien. Klett-Cotta, Stuttgart.

Luborsky, L. (1977): Measuring a pervasive psychic structure in psychotherapy: The core conflictual relationship theme. In: Freeman, N., Grand, S. (Hrsg.), Communicative Structures and Psychic Structures. Plenum Press, New York, 367–395.

Murray, H. A. (1943): Thematic Apperception Test manual. Harvard University Press, Cambridge.

Rorschach, H. (1942): Psychodiagnostik. Huber, Bern.

Rudolf, G., Buchheim, P., Ehlers, W., Küchenhoff, J., Muhs, A., Pouget-Schors, D., Rüger, U., Seid-ler, G. H., Schwarz, F. (1995): Struktur und strukturelle Störung. Zeitschrift für psychosomatische Medizin, *41,* 197–212.

Rudolf, G., Grande, T., Oberbracht, C., Jakobsen, T. (1986): Erste empirische Untersuchungen zu einem neuen diagnostischen System: Die Operationalisierte Psychodynamische Diagnostik (OPD). Z. Psychosom. Med. *42,* 343–357.

Wallerstein, R. S. (1986): Fourty-Two Lives in Treatment. A Study of Psychoanalysis and Psycho-therapy. Guilford Press, New York.

Weinryb, R. M., Rössel, R. J. (1991): Karolinska psychodynamic profile. Acta Psychiatrica Scand. *83,* 3–23.

Auswertungsblatt: Struktur-Checkliste

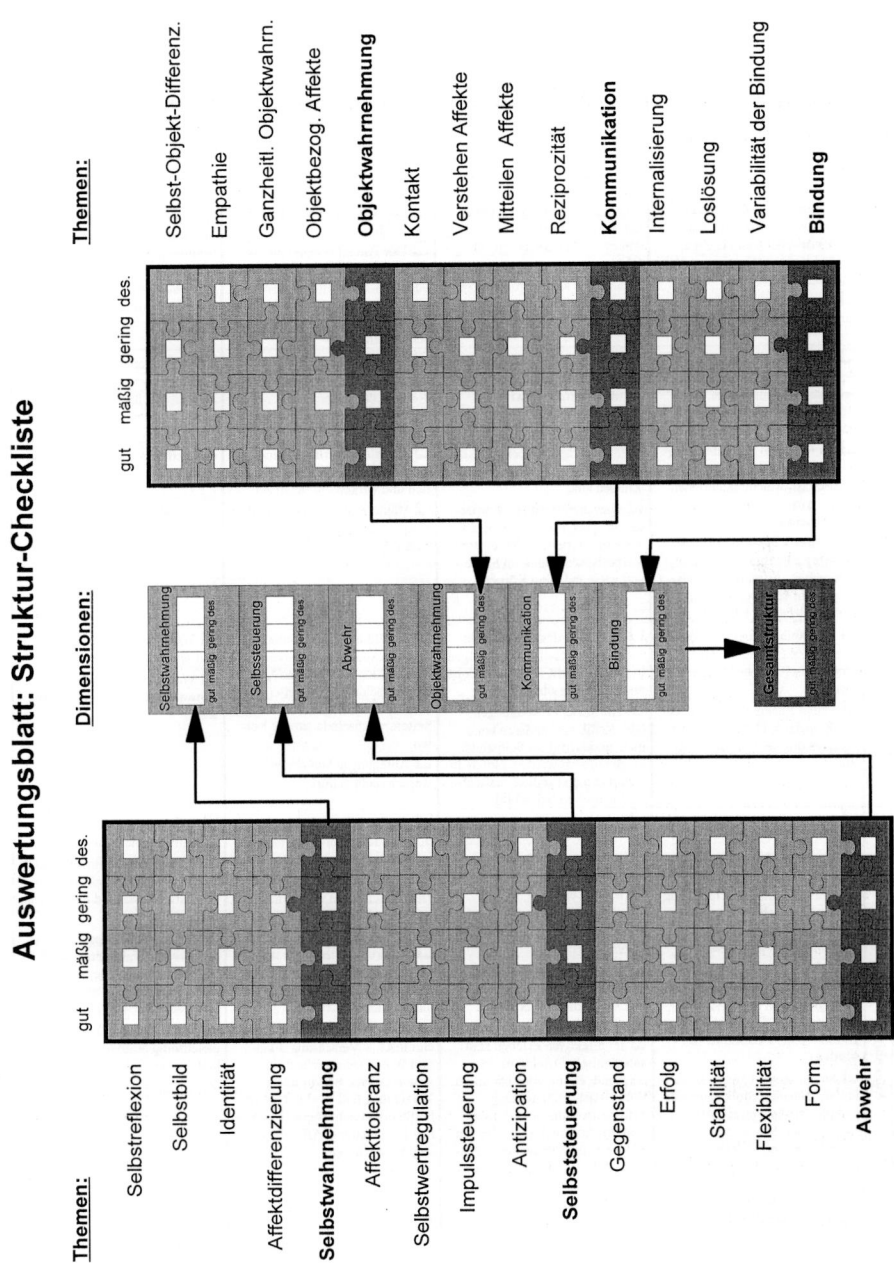

Struktur-Checkliste nach OPD – vorläufige Version
© 1998 Gerd Rudolf, Claudia Oberbracht und Tilman Grande, Heidelberg

Selbstwahrnehmung

	gute Integration	mäßige Integration	geringe Integration	Desintegration
Selbstreflexion	❑ Differenzierte, reflektierte Wahrnehmung des Selbst im Sinne einer kognitiven Fähigkeit ist möglich; die Fähigkeit kann auch konflikthaft beeinträchtigt sein ❑ Fähigkeit, zu sich Abstand zu gewinnen und den Blick auf sich zurückzuwenden ist gegeben; Patient kann untersuchen, welche Eigenschaften er hat ❑ Patient kann Selbstreflexionsfähigkeit für sich nutzen	❑ Reflexive Selbstwahrnehmung ist eingeschränkt und richtet sich vor allem auf das handelnde Selbst ❑ Patient schildert auf Befragung, was er in bestimmten Situationen gesagt oder getan hat, und kann weniger schildern, was er für Eigenschaften hat ❑ Patient hat wenig Interesse daran, über sich nachzudenken, oder kann seine Erkenntnisse wenig für sich nutzen	❑ Reflexive Selbstwahrnehmung ist nicht möglich ❑ Fähigkeit, zu sich Abstand zu gewinnen, ist sehr eingeschränkt; auf Nachfrage werden nur Bruchstücke von kaum nachvollziehbaren Interaktionssequenzen geschildert ❑ Der Patient reagiert auf die Bitte um Selbstschilderung ratlos oder antwortet mit plakativen Charakterisierungen; hieraus kann er keinen Nutzen für sich selbst ziehen	❑ Aufgabe, ein Bild von sich selbst zu schildern, überfordert den Patienten ❑ Unmöglichkeit, sich selbst wahrzunehmen und zu charakterisieren ❑ Untersucher hat den Eindruck, daß statt einer Selbstschilderung stichwortartige Eigenschaftswörter geäußert wurden; ein Vorgang, der den Patienten eher irritiert als ordnet
Selbstbild	❑ Fähigkeit, ein integriertes Selbstbild zu gewinnen, ist grundsätzlich vorhanden; das Bild kann konfliktbedingt gefärbt oder lückenhaft sein ❑ Patient kann realitätsgerecht wahrnehmen, was er für ein Mensch ist, welche Intentionen er hat, was ihn von Anderen unterscheidet ❑ Patient kann seinen Körper in Bezug auf Alter, Geschlecht, Gesundheit, Attraktivität realitätsgerecht beschreiben; sein Körpererleben ist lebendig	❑ Fähigkeit, ein integriertes Selbstbild zu gewinnen, ist erschwert; Selbstbild wirkt oft flach, vergröbert ❑ Selbstschilderungen enthalten reale Aspekte, die aber deutlich in den negativen Bereich verschoben sind ❑ Unsicherheiten des Körperselbstbildes; Einschränkungen des Körpererlebens; ich-dystone Körperbeschreibung im Sinne von «ich und mein Körper»	❑ Patient kann auch mit Unterstützung kein kohärentes Bild von sich entwerfen; Selbstaspekte stehen dissoziiert nebeneinander ❑ Selbstschilderungen sind situationsabhängig widersprüchlich und wirken unrealistisch ❑ Unklares oder fragmentiertes Körperselbstbild, Körpererleben bedrohlich oder eingefroren	❑ Schwanken in der Selbsteinschätzung zwischen völliger Ratlosigkeit und grandiosen Vorstellungen ❑ Selbstschilderung hinterläßt das Gefühl der Beliebigkeit und Realitätsferne ❑ Leere oder Entfremdung des Körperselbst
Identität	❑ Selbstbild ist in Grundzügen über die Zeit konstant und kohärent; speziell psychosexuelle Identität ❑ Durch Rückmeldungen oder Erfahrungen sind kleinere Korrekturen des Selbstbildes möglich	❑ Kohärenz des Selbstbildes wird durch situative Belastungen in Frage gestellt, es ist situations- und stimmungsabhängig ❑ Hinweise, Bestätigungen oder Kritik von anderen kann nicht andauernd ins Selbstbild aufgenommen werden; plötzliche Einbrüche und zeitlich festlegbare Wechsel im Selbstbild	❑ Gefühl einer konstanten psychosexuellen und sozialen Ausrichtung ist nicht verfügbar; zu unterschiedlichen Zeiten und Situationen völlig verschiedene Seiten, wechselnde soziale Rollen ❑ Anregungen von anderen werden nicht gehört	❑ Weitgehend fehlende soziale und sexuelle Identität ❑ Wahnhafte Identität; Größenwahn, Schuldwahn, Liebeswahn
Affektdifferenzierung	❑ Innerseelische Vorgänge können unter Berücksichtigung der zugehörigen Affekte differenziert wahrgenommen werden ❑ Konflikthafte Einschränkung bei der Wahrnehmung eigener Affekte ist möglich, die Fähigkeit wird aber nicht grundsätzlich außer Kraft gesetzt ❑ Affekte werden als Signale wahrgenommen und sind handlungssteuernd, die Funktion kann konfliktbedingt beeinträchtigt werden ❑ Im affektiven Erleben sind Freude, Neugier, Stolz einerseits und Angst, Verachtung, Ärger, Ekel, Trauer, Schuld und Scham andererseits vorhanden und bedeutsam; im Ausdruck ist ein Übergewicht der hedonischen Affekte und eine größere Variabilität der negativen zu konstatieren	❑ Introspektion bezüglich eigener Affekte, vor allem zärtliche und aggressive, ist neurotisch eingeengt ❑ Patient versucht, sich in schwierigen Situationen durch Affektvermeidung stabil zu halten ❑ Affekte werden generell eingeschränkt wahrgenommen und sind daher nur begrenzt handlungssteuernd ❑ Im affektiven Erleben sind anhedonische Affekte im Vordergrund; es sind dies vor allem Wut, Angst, Enttäuschung, Selbstentwertung und Depression; im Ausdruck sind Blenden zwischen ambitendenten Affekten sichtbar, z. B. Freude, Verachtung	❑ Eigene Affekte können nicht differenziert wahrgenommen werden ❑ Patient kann nicht nachvollziehbar schildern, was in ihm an Affekten, Vorstellungen, Phantasien lebendig ist ❑ Affekte werden nicht wahrgenommen oder gezielt zur Verhaltenssteuerung eingesetzt, sie äußern sich in Erregung ❑ Affektives Erleben ist von chronischer Verachtung, Ekel und Wut gekennzeichnet; im Ausdruck tauchen vor allem Verachtung und Ekel auf; an die Stelle affektiven Erlebens können Entfremdung, Affektleere, Depression treten	❑ Differenzierte Affektwahrnehmung ist nicht möglich ❑ Affekte haben Globalqualität; es gibt keinen inneren Abstand zu Gefühlen, sie sind daher nicht beschreibbar ❑ Kommt es bei Lockerung der Abwehr zur Wahrnehmung der Gefühle, treten grobe Störungen der Selbststeuerung auf; distanzloses, schamloses Verhalten ❑ Heftige Affekte können gleichzeitig auftreten oder innerhalb kurzer Zeit wechseln

Struktur-Checkliste nach OPD – vorläufige Version

Selbststeuerung

		gute Integration	mäßige Integration	geringe Integration	Desintegration
Affekttoleranz		❏ Ambivalenzen und unangenehme Affekte können erlebt und ausgedrückt werden	❏ Erleben unangenehmer Affekte als Teil des Selbst kann wenig oder nicht toleriert werden; Ambivalenzen können nicht gut ertragen werden und trotzdem sehr ausgeprägt sein	❏ Unangenehme Affekte können nicht ausgehalten werden und lösen impulsives Verhalten aus; rasche Stimmungsumschwünge; keine Ambivalenzfähigkeit	❏ Psychotische Erregung oder blander, variationsarmer emotioneller Zustand; keine Ambivalenzen
Selbstwertregulation		❏ Positives Selbstwertgefühl kann mit konfliktbedingten Einschränkungen aufrechterhalten werden ❏ Bei Mißerfolgen findet der Betroffene Möglichkeiten, es wiederzugewinnen ❏ Differenzen zwischen eigenen und fremden Wünschen und Wertsetzungen können ohne Gekränktheit wahrgenommen werden	❏ Selbstwertgefühl ist störbar: Empfindlichkeit, Selbstüberhöhung, -entwertung, -bestrafung ❏ Selbstwertgefühl kann nur mit Hilfe von der Bestätigung durch Andere wiedergewonnen werden ❏ Differenzen zwischen eigenen und fremden Wünschen und Wertsetzungen führen zu Gekränktheit und Rückzug	❏ Selbstwertgefühl ist sehr fragil: große Kränkbarkeit und unrealistische Größenvorstellungen ❏ Schon bei leichter Verletzung des Selbstwertgefühls resultieren anhaltend Scham und Ekel vor sich selbst; insgesamt Unfähigkeit, eigene Grenzen zu akzeptieren ❏ Differenzen zwischen eigenen und fremden Wünschen und Wertsetzungen führen zu starker Gekränktheit, Entwertung Anderer, Gereiztheit, Beziehungsabbruch; Differenzierung zwischen eigenen und fremden Affekte ist nur beschränkt möglich	❏ Phantasierte Grandiosität; chronisch niedriges Selbstwertgefühl außerhalb der Psychose ❏ Diskrepanzen zwischen Selbstwahrnehmung und gewünschter Selbstsicht wird in der Psychose durch wahnhafte Änderung der Wahrn. der externen Realität reguliert ❏ Differenzen zwischen eigenen und fremden Wünschen und Wertsetzungen werden nicht wahrgenommen und erzeugen daher auch keine Kränkung; Realität wird als Kränkung aufgefaßt
Impulssteuerung		❏ Einstellung zu Triebwünschen: Triebimpulse können integriert werden ❏ Umgang mit Aggression: Umgang mit aggressiven Impulsen im Dienste der Selbst- und Beziehungsregulierung ist möglich ❏ Umgang mit Sexualität: Sexuelle Erlebnisfähigkeit möglich ❏ Steuerung: Triebbefriedigung kann aufgesucht, aufgeschoben oder verlagert werden ❏ Urheberschaft: Selbst erlebt sich als Urheber kompetenten Handelns ❏ Über-Ich: Internalisierte Wert- und Moralvorstellungen sind handlungsleitend	❏ Einstellung zu Triebwünschen: Triebwünsche werden eingefroren ❏ Umgang mit Aggression: Gehemmte Aggressivität, autoaggressive Tendenzen ❏ Umgang mit Sexualität: Gehemmte Sexualität ❏ Steuerung: Tendenz der Übersteuerung; Impulsdurchbrüche können gelegentlich aufbrechen, sind aber nicht vorherrschend ❏ Urheberschaft: Selbst erlebt sich in seinem Handeln blockiert oder unter großem Druck ❏ Über-Ich: Deutlich spürbare Über-Ich-Seiten; Tendenz, sich für geringfügige Übertretungen übermäßig zu kritisieren; andererseits bestechliches Über-Ich	❏ Einstellung zu Triebwünschen: Geringe Möglichkeit, Triebimpulse aufzuschieben oder zu verlagern ❏ Umgang mit Aggression: Selbst- und fremddestruktive Handlungen und Phantasien; diese werden durch fehlende Einfühlung in die Objekte nicht gebremst ❏ Umgang mit Sexualität: Weitgehender Verlust der sexuellen Erlebnisfähigkeit; Sexualisierung von Beziehungslosigkeit; Vermischung von libidinösen mit selbst- und fremddestruktiven Handlungen; perverse Lösung der Impulssteuerung mit Spielcharakter ❏ Steuerung: Abrupte und ineffektive Steuerungsversuche, Untersteuerung; impulsives Verhalten, das überwältigend erlebt und vom Umwelt als inadäquat zurückgewiesen wird, ist habituell ❏ Urheberschaft: nicht das Selbst, sondern „Es" handelt; z.B. Anfälle ❏ Über-Ich: Kein differenziertes, handlungsleitendes Wertesystem; reflektorische Schuldzuweisung an andere; evtl. autoaggressive Selbstbestrafung	❏ Einstellung zu Triebwünschen: Keine Möglichkeit, Triebimpulse aufzuschieben oder zu verlagern ❏ Umgang mit Aggression: Aggressive Erregung in der Psychose ❏ Umgang mit Sexualität: Trennung von Sexualität und Bindungsverhalten weitgehend vollzogen; Spielcharakter der perversen Lösungen entfällt; manifeste Aggressivierung sexueller Impulse ❏ Steuerung: Ausgeprägter Steuerungsverlust in präpsychotischen Zuständen ❏ Urheberschaft: Fremdsteuerung und Beeinflussungsgefühl ❏ Über-Ich: Wertesystem in Gut-böse-Dichotomie
Antizipation		❏ Kompromißhafte Konfliktlösungen zwischen eigenen Wünschen, den Interessen der anderen und den eigenen Wertvorstellungen können angestrebt werden ❏ Reaktionen der Umwelt können handlungssteuernd antizipiert werden	❏ Kompromisse werden in der Art gesucht, daß die Objektwünsche im subjektiven Erleben ein übergroßes Gewicht haben ❏ Negative Reaktion der Umwelt auf Ausleben eigener Gestimmtheiten wird übertrieben vorgestellt	❏ Geringe Möglichkeit, sich Triebwünsche sozial adäquat und gemäß eigener Wertvorstellungen zu erfüllen ❏ Abweisende Umweltreaktionen können in vielen Bereichen nicht antizipiert oder zur Verhaltenskontrolle eingesetzt werden	❏ Unmöglichkeit, Triebwünsche sozial adäquat und gemäß eigener Wertvorstellungen zu antizipieren ❏ Unfähigkeit zu einer längerfristigen Verfolgung eines sachbezogenen Ziels

Struktur-Checkliste nach OPD – vorläufige Version
© 1998 Gerd Rudolf, Claudia Oberbracht und Tilman Grande, Heidelberg

Abwehr

	gute Integration	mäßige Integration	geringe Integration	Desintegration
Gegenstand	❏ Intrapsychische Abwehr: richtet sich gegen innere Triebwünsche und Affekte, die inneren Bilder von sich selbst und Anderen (Selbst- und Objektrepräsentanzen) werden nicht verändert und bleiben stabil	❏ Intrapsychische Abwehr: richtet sich gegen innere Triebwünsche und Affekte, die inneren Bilder von sich selbst und Anderen bleiben stabil (Selbst- und Objektrepräsentanzen)	❏ Interpersonale Abwehr: Abwehr ist nicht mehr intrapsychisch; veränderte Selbst- und Objektrepräsentanzen	❏ Mediale Abwehr: Abwehr ist nicht mehr interpersonell, sondern auf diffuse Gesamtheit gerichtet (z.B. Welt, Essen, Luft); veränderte Selbst- und Objektrepräsentanzen
Erfolg	❏ Bestimmte umschriebene konfliktbelastete Teilbefriedigungen werden durch Abwehr eingeschränkt oder verunmöglicht ❏ Abgrenzung von bzw. Bezogenheit auf andere Personen bleiben von der Abwehr unberührt ❏ In umschriebenen Konfliktbereichen sind seelische Funktionen und kognitive Leistungen als Folge der Abwehr eingeschränkt	❏ Abwehr führt dazu, daß die Triebbefriedigungen stark eingeschränkt und verunmöglicht sind; die Abwehr ist zu stark: überschießend und hemmend ausgeprägt ❏ Abwehr richtet sich gegen die Gefahren einer zu großen Objektabhängigkeit, deshalb Beeinträchtigung im Bereich der Bezogenheit und Abgrenzung gegenüber Anderen ❏ Hemmender Charakter der Abwehr reicht oft nicht mehr aus, es kommt zu umschriebenen Durchbrüchen von zugrundeliegenden Impulsen	❏ Abwehr reicht gegen innere Triebwünsche und Affekte nicht aus; wegen Überflutung dennoch keine Triebbefriedigung ❏ Zeitweilige Auflösung der Selbst-Objekt-Grenzen durch Versagen der Abwehr oder durch Regression auf frühere Abwehrmechanismen: in der Folge Verschmelzung oder forcierte Distanz ❏ Veränderung der Selbst- und Objektrepräsentanzen durch die Abwehr: verzerrte, überhöhte oder entwertete Bilder des Selbst und des anderen	❏ Abwehr reicht gegen innere Triebwünsche und Affekte nicht aus; Weltuntergangshumor, Affektumkehr ❏ Versagen der Abwehr führt zur Auflösung der Selbst-Objekt-Grenzen, in der Folge werden Objektbeziehungen unterbrochen oder es findet eine wahnhafte Verschmelzung statt ❏ Primitive Abwehrmechanismen
Stabilität	❏ Abwehr ist stabil und dauerhaft verfügbar	❏ Überstarke Abwehr versagt in Krisen temporär, so daß auf Abwehrmechanismen der nächstunteren Stufe zurückgegriffen wird (Spaltung, Idealisierung; Entwertung)	❏ Auffälligkeit der Abwehr ist gleichförmig	❏ Abwehr kann stabil sein: das psychische Gleichgewicht kann auf regressivem Niveau längerfristig aufrechterhalten werden
Flexibilität	❏ Flexibilität der Abwehr ist in umschriebenen Konfliktsituationen eingeschränkt	❏ Abwehrmuster ist in seiner Flexibilität stark eingeschränkt und kann situativ nicht variiert werden	❏ Abwehr ist so, daß ihr Einsatz erfolglos bleibt	❏ Flexibilität der Abwehr ist weitgehend aufgehoben
Form	❏ Verdrängung, Rationalisierung, Verschiebung	❏ Verleugnung, Wendung gegen die eigene Person, Reaktionsbildung, Isolierung, Projektion	❏ Spaltung, Projektive Identifizierung, Idealisierung, Entwertung	❏ Spaltung, Verleugnung, Projektion, projektive Identifizierung

Struktur-Checkliste nach OPD – vorläufige Version
© 1998 Gerd Rudolf, Claudia Oberbracht und Tilman Grande, Heidelberg

178

Objektwahrnehmung

	gute Integration	mäßige Integration	geringe Integration	Desintegration
Subjekt-Objekt-Differenzierung	❏ Affekte, Impulse und Gedanken können bzgl. der Zuordnung zum Selbst oder zu den Objekten sicher auseinandergehalten werden; kann sich sicher abgrenzen und den anderen von außen wahrnehmen	❏ Zuordnung von Affekten, Impulsen und Gedanken ist bzgl. Selbst und Objekte unsicher; Abgrenzung von und distanzierte Wahrnehmung des anderen ist erschwert	❏ Selbst und Objekt sind konfundiert, werden miteinander verwechselt; dem Objekt werden diejenigen Affekte zugeschrieben, die für das Selbst unerträglich sind	❏ Symptomwertige Schwierigkeit zwischen Selbst- und Objektaspekten zu unterscheiden bzw. Objekt als vom Selbst getrennt wahrzunehmen
Empathie	❏ Gute Empathie: Erlebniswelt der anderen kann als eigenständige Perspektive eingefühlt und sicher nachvollzogen werden ❏ Patient kann sich vorstellen wann, warum und aufgrund welcher lebensgeschichtlichen Erfahrungen eine wichtige Person in bestimmter Weise handelt ❏ Patient kann wichtige Beziehungspersonen mit ihren Grenzen und Möglichkeiten, mit ihren Stärken und Schwächen einfühlsam darstellen; ihre Interessen werden gewahrt	❏ Eingeschränkte Empathie: Unter Belastung oder dem Druck eigener Wünsche an das Gegenüber oder unter dem Druck von dessen Wünschen wird die Empathie für das Gegenüber eingeschränkt ❏ Bilder von Anderen werden von der eigenen Perspektive, den eigenen Wünschen und Nöten diktiert; Erfahrungen von Anderen treten in den Hintergrund ❏ Interessen anderer werden aus der eigenen Perspektive wahrgenommen und interpretiert	❏ Geringe Empathie: Die Erlebniswelt anderer kann schlecht nachempfunden werden; wenig Mitgefühl ❏ Kein Verständnis dafür, daß Gegenüber eigene Geschichte hat, mit der Folge persönlicher Schwächen und Stärken ❏ Uneinfühlbare Objektschilderungen: Keine Balance von Stärken und Schwächen, die Schattierungen; Gefühl, daß es solche Menschen nicht gibt; Interessen anderer spielen keine Rolle	❏ Keine Empathie: im Sinne der Einfühlung in Fremdseelisches; statt dessen Sensitivität, d.h. Gefühle des anderen werden wahrgenommen, als seien es die eigenen ❏ Kein Bewußtsein für die Geschichte des Gegenübers ❏ Zwischen eigenen und den Bedürfnissen des Partners kann nicht unterschieden werden, daher werden die Interessen Anderer gar nicht gesehen
Ganzheitliche Objektwahrnehmung	❏ Bild des Gegenübers ist in Grundzügen über die Zeit stabil und kohärent und bleibt dies auch in konflikthaften Situationen und unter dem Druck triebhafter Interessen ❏ Differenzierte Fremdwahrnehmung auf Grundlage der internalisierten Beziehungen ❏ Patient kann wichtige, ihm nahestehende Personen in seiner Schilderung lebendig werden lassen ❏ Andere werden als Menschen mit eigenen Interessen, Bedürfnissen und Rechten erlebt	❏ Das Bild des Gegenübers kann in seiner Kohärenz durch Konflikte beeinträchtigt werden ❏ In belastenden Situationen werden wichtige Züge oder Eigenschaften des anderen nicht wahrgenommen ❏ Es wird hauptsächlich entweder Positives oder Negatives berichtet, wobei auf Nachfrage auch die jeweils andere Seite des anderen gesehen werden kann; Darstellung des anderen ist dadurch überzeichnet und karikaturhaft ❏ Andere werden in ihrer Komplexität nicht wahrgenommen, sondern entsprechend eigenen Wünschen erlebt	❏ Bild des Gegenübers ist nicht kohärent oder es kann deutliche Schwankungen zeigen ❏ Einzelne Aspekte der realen Eigenschaften von anderen werden genutzt, um ein mehr von eigenen Nöten als von Realität geprägtes Bild des anderen zu schaffen ❏ Die Fremdschilderungen wirken flächig, tupferhaft, nicht « dreidimensional » und gestalthaft abgegrenzt ❏ Andere werden in Extremen erlebt, als besonders gut oder als besonders schlecht; auch die begleitenden Affekte können extrem sein	❏ Bild des Gegenübers ist nicht kohärent ❏ Einzelne Eigenschaften des Objekts stehen für das ganze Objekt ❏ Gegenüber wird so geschildert, daß man ihn sich nicht vorstellen kann; bleibt schattenhaft und unrealistisch ❏ Partner wird unter dem Gesichtspunkt der öffentlichen Etikettierung wahrgenommen und gebraucht
Objektbezogene Affekte	❏ Bezogen auf das Gegenüber ist affektiv Interesse, Neugier, Anteilnahme, Freude, Sorge, Stolz, Ärger, Verachtung, Trauer, Schuld und Scham bedeutsam ❏ Seelische Vorgänge beim Gegenüber können mit Interesse erfaßt werden ❏ Beziehung zum anderen wird bei Konflikten nicht in Frage gestellt	❏ Eingeschränkte Fähigkeit zur Sorge, Anteilnahme, Freude, Schuld, Scham, Trauer und Dankbarkeit; statt dessen im Vordergrund Wut, Enttäuschung, Neid, Eifersucht, Verachtung, Ekel und Rache ❏ In Konflikten, wenn die Wünsche des Gegenübers von eigenen abweichen, treten depressives Anklammern, Angst oder Entwertung in den Vordergrund ❏ Basale Infragestellung der Beziehung bei Konflikten, danach Reue und Wiedergutmachungswünsche sowie Versöhnung und Nähe wieder möglich	❏ Andere werden als bedrohlich, besitzergreifend, ausbeuterisch oder als verfügbare Objekte erlebt; Anteilnahme, Schuld, Dankbarkeit, Trauer werden nicht erlebt ❏ Idealer Partner muß alles können, darf aber keine eigenen Ansprüche stellen und keine Unzulänglichkeiten aufweisen; jemand muß dem Patienten ganz entsprechen oder er kann mit ihm nichts anfangen; ist desinteressiert ❏ Das affektive Beziehungsklima ist in positiven Zeiten neutral, selbstverständlich; in Konflikten zerstörerisch, bedrohlich	❏ Unterschiedliche Affekte richten sich eher zufällig und willkürlich auf Objekte oder liegen im Bereich der Normopathie ❏ Bedürfnisse werden als vom anderen induziert, eingegeben oder gesteuert erlebt; Interesse für andere bewegt sich nur in diesem paranoiden Rahmen ❏ Patient richtet sich unreflektiert nach Bedürfnissen des Partners

Struktur-Checkliste nach OPD – vorläufige Version
© 1998 Gerd Rudolf, Claudia Oberbracht und Tilman Grande, Heidelberg

Kommunikation

	gute Integration	mäßige Integration	geringe Integration	Desintegration
Kontakt	❑ Fähigkeit zur Kommunikation und Verständigung ist gegeben ❑ Kommunikationsschwierigkeiten können entstehen, wenn sich Patient und Gegenüber z. B. über die Bedeutung bestimmter Beziehungsaspekte uneins sind ❑ Patient hält bei Nachfragen erst mal inne und überlegt, bevor er antwortet	❑ Fähigkeit zur Kommunikation und Verständigung ist gegeben; in der Regel keine massiven Kommunikationsabrisse ❑ Patient berichtet über Gespräche mit Anderen, die regelhaft in Mißstimmungen enden ❑ Patient teilt Untersucher vieles zwischen den Zeilen auf indirekte Weise mit ❑ Patient denkt bei Nachfragen nicht lange nach und antwortet mit durch sozialer Erwünschtheit geprägten Floskeln oder sagt das, was er ohnehin gerade sagen wollte	❑ Fähigkeit zur Kommunikation und Verständigung ist deutlich eingeschränkt; im Extremfall Kommunikationsabrisse ❑ Beziehungsstörung zeigt sich im Vorbeireden und in Mißverständnissen ❑ Patient neigt zu Übergriffen, Manipulationen und Distanzlosigkeiten ❑ Patient antwortet auf Fragen oft garnicht, denkt kaum nach; Antworten sprudeln aus ihm heraus	❑ Kommunikation und Verständigung ist mühsam und nahezu unmöglich ❑ Sehr gegensätzliche Verhaltensweisen wie distanzloses oder autistisches Verhalten oder mißtrauisches Schweigen ❑ Jahrelange Vermeidung von näherem Kontakt; intensiver Kontakt kann Psychose auslösen ❑ Alles, was der Patient erlebt oder macht, kann kommunikative Bedeutung bekommen
Verstehen fremder Affekte	❑ Fremde Affekte können zutreffend dekodiert werden und sorgen für den Erhalt des weiteren Kontakts	❑ Konfliktbezogen werden fremde Affekte nur unzureichend verstanden und führen zu Irritationen im Kontakt	❑ Fremde Affekte werden falsch interpretiert, wodurch Mißverständnisse zustande kommen	❑ Manche Affekte können überhaupt nicht wahrgenommen und entschlüsselt werden
Mitteilen eigener Affekte	❑ Affektive Beteiligung ist belebend und interessant; das Spektrum der Primäraffekte, Freude, Interesse, Verachtung, Ekel, Ärger, Angst, Trauer wird eingebracht ❑ Kommunikation ist befruchtend und zeigt Verlauf; es entsteht etwas ❑ Durch neurotische Konflikte und zugehörige Angst-, Scham- und Schuldgefühle kann der Inhalt der Kommunikation eingefärbt sein ❑ Kommunikationsbereitschaft kann durch neurotische Konflikte und zugehörige Angst-, Scham- und Schuldgefühle beeinträchtigt sein	❑ Reduzierte Fähigkeit, eigene Affekte differenziert wahrzunehmen, macht es dem Patienten schwer, sich selbst zu verstehen und sich anderen verständlich zu machen ❑ Vorherrschen von Enttäuschung, Selbstentwertung und depressiver Affektlage oder Affektvermeidung macht Affektmitteilung für Patienten schwer ❑ Kommunikation ist möglich, aber wegen dem pedantischen, rigiden, retentiven oder fordernden, kritischen, reizbaren, Verhalten des Patienten inhaltlich schwierig ❑ Kommunikation ist möglich, aber wegen vordergründiger Bescheidenheit mit Vorwurfshaltung und Ansprüchlichkeit oder wegen selbstbezogenem Verhalten und Kränkbarkeit, Verletzbarkeit schwierig	❑ Erhebliche Schwierigkeiten im Verstehen eigener Affekte sowie in der Mitteilung eigener Affekte; ein Leitaffekt, vor allem Verachtung und Ekel, dominiert das ganze Ausdrucksgeschehen ❑ Schwierigkeiten, warme und zärtliche Gefühle zu erleben oder Ärger zu zeigen; unbeteiligt und unempathisch gegenüber den Gefühlen anderer ❑ Verwirrung und Leere, u.U. überdeckt durch rationales Argumentieren Als-Ob-Kommunikation; betont sachlicher und distanzierter Umgang mit Menschen ❑ Untersucher gerät in Zweifel und Verwirrung darüber, ob er selbst nicht verstehen oder der Patient sich nicht mitteilen kann; im Gespräch keine emotionale Bezogenheit; Wechsel zwischen Überengagement und Resignation beim Untersucher	❑ Stark um sich kreisend, zurückgezogen und Beschäftigung mit Inhalten von Schuld, Hypochondrie, Besitz (Depression); die Affektivität des Ausdrucks im hedonischen Bereich ist außerordentlich niedrig oder undifferenziert hoch; ohne negativen Affektausdruck ❑ Übermäßige Ausrichtung auf die Umgebung und psychotische Beziehungsideen (Schizophrenie) ❑ Ausweichen vor Kommunikation durch Wegschauen, Ablenkung auf anderes, Unzugänglichkeit ❑ Sprengung des Rahmens in pathologischer Weise (Manie)
Reziprozität	❑ Kommunikatives Bemühen führt zu einem Gefühl von «Wir» ❑ Patient kann sich auf jemand anderen einschwingen und taktvoll sein ❑ Patient ist in der Lage in Beziehung zu treten, sich flexibel auf andere und adaptativ auf neue Situationen einzustellen; kann konflikthaft beeinträchtigt sein	❑ Nur mit Mühe kann ein «Wir-Gefühl» entstehen ❑ Fähigkeit, sich auf andere einzuschwingen und taktvoll zu sein, geht vorübergehend verloren ❑ Wenn andere sich auf den Patienten einstellen, kann dieser in Beziehung treten; Flexibilität und Anpassungsfähigkeit sind eingeschränkt	❑ Bemühen um die Herstellung eines «Wir-Gefühls» scheitert ❑ Patient wirkt taktlos und liegt mit dem was er sagt immer etwas neben dem vorher Gesagten oder trifft die Atmosphäre nicht ❑ Patient ist nur bei wunscherfüllender Beziehungsform in der Lage Beziehung aufzunehmen; er sorgt flexibel dafür, daß sich die Situation ihm anpaßt	❑ Wir-Gefühl darf nicht entstehen, dies zeigt sich darin, daß die zeitliche Choreographie der körperlichen Abstimmung zwischen Interviewer und Patient nachhaltig und sichtbar gestört ❑ Patient kann sich auf jemand anderen nicht einschwingen oder taktvoll sein ❑ Patient ist nicht in der Lage, in Beziehung zu treten; wirkt rigide und verhält sich ungeachtet der äußeren Situation

Struktur-Checkliste nach OPD – vorläufige Version
© 1998 Gerd Rudolf, Claudia Oberbracht und Tilman Grande, Heidelberg

Bindung

	gute Integration	mäßige Integration	geringe Integration	Desintegration
Internalisierung	❑ Fähigkeit zur emotionalen Bindung ist über die Zeit hinweg konstant und von konstanten Grundaffekten geprägt ❑ Andere haben emotionale Bedeutung; Um bestehende Beziehungen zu schützen, werden Interaktionsregeln entwickelt; keine Objektabhängigkeit ❑ Zentrale Angst ist es, die Liebe des Objekts zu verlieren	❑ Fähigkeit, stabile innere Bilder von wichtigen Personen zu entwerfen und so unabhängiger von ihrer äußeren Präsenz zu sein ist erschwert: innere Bilder können nach kürzerer Zeit oder in konflikthaften Situationen verloren gehen (aus dem Auge aus dem Sinn) ❑ Emotionale Bedeutung des wichtigen Anderen kann überhöht sein: starke Objektabhängigkeit ❑ Zentrale Angst ist, das wichtige, stützende, steuernde Objekt zu verlieren	❑ Fähigkeit, stabile innere Bilder von Menschen zu entwickeln und so unabhängiger von ihrer äußeren Präsenz zu sein, ist ernsthaft gestört ❑ Emotionale Bedeutung und Zugehörigkeitsgefühle nur bei Realpräsenz des Objekts, daher wechselnde, kurzfristige, abhängige Beziehungen ❑ Zentrale Angst ist es, daß das Selbst angesichts des Ausgeliefertseins an Menschen durch den Verlust des guten Objekts oder durch das böse Objekt vernichtet werden könnte	❑ Fähigkeit, stabile innere Bilder von Menschen zu entwickeln und so unabhängiger von ihrer äußeren Präsenz zu sein, ist weitestgehend unmöglich ❑ Sehr symbiotische Beziehungen oder ängstliche Wahrung der Autonomie und Vermeidung von Objektbindungen ❑ Zentrale Angst ist es, daß Selbst- und Objektrepräsentanzen verschmelzen mit der Folge des Verlusts der eigenen Identität
Loslösung	❑ Patient toleriert Trennungen, obwohl er ihrer Bedeutung gewahr ist; Trennungen erzeugen angemessene Gefühle von Trauer ❑ Vorhandene Fähigkeit, affektive Besetzungen von einem verlorenen Objekt abzuziehen und seinen Verlust zu betrauern	❑ Rasches Aufgeben von libidinösen, objektbezogenen Besetzungen, wenn wunschgeleitete Beziehungsformen nicht eingehalten werden ❑ Mit Treunngen wird so umgegangen, daß Abschiede «übersprungen» werden, oder es findet ein Anklammern an das Objekt statt, um befürchtete Verluste zu vermeiden	❑ Trennungen werden nicht erlebt: scheinbare Auslöschung des Objekts ohne Abschied- und Traueraffekt ❑ Trennungen können Episoden von Desorganisation, Depression und paranoider Regression hervorrufen; kein Traueraffekt	❑ Trennungen werden scheinbar reaktionslos hingenommen ❑ Eigene oder fremde Trennungsimpulse können zu massiver Dekompensation führen; Trauer kann nicht erlebt werden
Variabilität der Bindung	❑ Innere Bilder wichtiger Personen sind unterschiedlich und vielfältig, auch wenn Konflikte auftreten; es können unterschiedlich wichtige, soziale Beziehungen beschrieben werden ❑ Patient kann triadische Beziehungen unterhalten	❑ Innere Bilder wichtiger Personen, unterscheiden sich wenig; sie werden überwiegend unter dem Gesichtspunkt von Kontrolle, Versorgung, Selbstwertstabilisierung beschrieben ❑ Patient sucht vor allem dyadische Beziehungsmuster; er ist wenig oder garnicht zu triadischen Beziehungsformgen fähig	❑ Es werden keine wichtigen Personen geschildert oder es ist von vielen, nicht unterscheidbaren Personen die Rede, mit denen sich immer wieder ähnliche Beziehungsmuster konstellieren ❑ Beziehungen erscheinen funktionalisiert; keine deutlich dyadischen, schon gar keine triadischen Beziehungsmuster	❑ Beziehungsmuster sind nur bar reaktionslos hingenommen und kaum nachvollziehbar ❑ Enge Bindungen auf regressivem Niveau; keine Beziehungen zu getrennt erlebten anderen

Struktur-Checkliste nach OPD – vorläufige Version
© 1998 Gerd Rudolf, Claudia Oberbracht und Tilman Grande, Heidelberg

Autorenverzeichnis

Prof. Dr. Peter Buchheim, Institut und Poliklinik für Psychosomatische Medizin der Technischen Universität München, Langerstraße 3, 81675 München.

Prof. Dr. Manfred Cierpka, Schwerpunkt Familientherapie der Klinik und Poliklinik für Psychosomatik und Psychotherapie, Universität Göttingen, Humboldtallee 38, 37073 Göttingen.

Prof. Dr. Horst Dilling, Klinik für Psychiatrie, Medizinische Universität zu Lübeck, Ratzeburger Allee 160, 23538 Lübeck (WHO-Collaborating-Center for Research and Training in Mental Health).

Prof. Dr. Harald J. Freyberger, Klinik und Poliklinik für Psychiatrie und Psychotherapie der Ernst-Moritz-Arndt-Universität Greifswald, Standort Stralsund, Rostocker Chaussee 70, 18437 Rostock.

Dr. Tilman Grande, Psychosomatische Klinik, Universität Heidelberg, Thibautstraße 2, 69115 Heidelberg.

PD Dr. Gereon Heuft, Klinik für Psychotherapie und Psychosomatik der Rheinischen Landesklinik und Hochschulklinik Essen, Virchowstr. 174, 45147 Essen.

Prof. Dr. Sven O. Hoffmann, Klinik und Poliklinik für Psychosomatische Medizin und Psychotherapie der Universität Mainz, Untere Zahlbacher Str. 8, 55131 Mainz.

Dipl.-Psych. Isabel Houben, Klinik für Psychiatrie und Psychotherapie der Medizinischen Fakultät der RWTH Aachen, Pauwelsstraße 30, 52074 Aachen.

Prof. Dr. Paul L. Janssen, Abteilung für Psychosomatische Medizin und Psychotherapie, Ruhr-Universität Bochum, Marsbruchstr. 179, 44287 Dortmund.

Prof. Dr. Otto F. Kernberg, M. D., New York Hospital, Cornell Med. Center, Westchester Div., 21 Bloomingdale Road, White Plains, NY 10605, USA.

Claudia Oberbracht, Psychosomatische Klinik, Universität Heidelberg, Thibautstraße 2, 69115 Heidelberg.

Prof. Dr. Gerd Rudolf, Psychosomatische Klinik, Universität Heidelberg, Thibautstraße 2, 69115 Heidelberg.

Prof. Dr. Norman Sartorius, Department de Psychiatrie, Universite de Geneve, IPG-Secture Jonction, 16–18 Boulevard St. Georges, CH 1205 Genf, Schweiz.

Prof. Dr. Henning Saß, Klinik für Psychiatrie und Psychotherapie der Medizinischen Fakultät der RWTH Aachen, Pauwelsstraße 30, 52074 Aachen.

Dr. Henning Schauenburg, Klinik und Poliklinik für Psychosomatik und Psychotherapie der Universität Göttingen, v.-Siebold-Straße 5, 37075 Göttingen.

Prof. Dr. Dr. Wolfgang Schneider, Medizinische Fakultät der Universität Rostock, Klinik für Psychosomatik und Psychotherapeutische Medizin, Gehlsheimer Straße 20, 18147 Rostock.

Dr. Seidler, Günter H., Psychosomatische Klinik, Universität Heidelberg, Thibautstraße 2, 69115 Heidelberg.

Weinryb, Robert M., M. D., Ph. D., Karolinska Institute, Department of Clinical Neuroscience Psychiatry and Psychology Section, Karolinska Hospital, S – 171 76 Stockholm, Schweden.

Anzeigen

Operationalisierte Psycho- dynamische Diagnostik – OPD

Grundlagen und Manual

Entwickelt und herausgegeben vom Arbeitskreis OPD. 1996.
256 S., Kt DM 39.80 / Fr. 39.80 / öS 291.– (ISBN 3-456-82730-X)

Die Diagnostik psychischer und psychosomatischer Krankheiten wird derzeit von operationalisierten Diagnosen-Manualen
beherrscht, von denen die ICD-10 und das DSM-IV die wichtigsten sind. Psychodynamische Aspekte fielen den rein phänomen-
bezogenen Operationalisierungen zum Opfer.
Jetzt wird ein operationalisierter psychodynamischer Ansatz in
der Form eines multiaxialen Systems vorgelegt. Ziel dabei ist,
zwischen ausschließlich deskriptiven Systemen einerseits und
psychodynamischer Diagnostik andererseits zu vermitteln.
Die 5. Achse stellt den eigentlichen Anschluß an die ICD-10 unter
Anwendung der Forschungskriterien her. Sie wurde für psychosomatische Bedürfnisse leicht modifiziert.

Adolf-Ernst Meyer et al. (Herausgeber)

Jores *Praktische Psychosomatik*

**Einführung in die Psychosomatische
und Psychotherapeutische Medizin**

3., vollständig neue Auflage 1996. 600 S., 30 Abb., 42 Tab.,
Gb DM 98.– / Fr. 92.– / öS 715.– (ISBN 3-456-82104-2)

Bei Entstehung und Verlauf von Krankheiten sind psychische und
soziale Komponenten immer bedeutsam. Dieses Buch wählt in der
Tradition von Arthur Jores sowohl einen integrativen als auch
einen praktischen Zugang zur Psychosomatischen Medizin.
Dementsprechend befaßt es sich mit Modellen der Symptom-
genese, den Grundrichtungen der Psychotherapie und einzelnen
psychotherapeutischen Verfahren, zahlreichen Störungsbildern –
von AIDS bis Zahnerkrankungen – sowie mit institutionellen
Bedingungen und Zusammenhängen.

**Verlag Hans Huber
Bern Göttingen Toronto Seattle**

Wolfgang Hiller / Michael Zaudig / Werner H. Mombour /
Weltgesundheitsorganisation

ICD-10 Checklisten

Einführung, Glossar (32 Seiten), 10 Exemplare der «Symptom Checkliste»
der WHO (32 Seiten), Handbuch zu den «Internationalen Diagnose-Checklisten»
(IDCL), je 10 Exemplare der 32 IDCL. 1995. In Box DM 213.20 / Fr. 211.20
(ISBN 3-456-82615-X)

Die Checklisten sollen dem Arzt, speziell dem Psychiater, und dem Klinischen
Psychologen die psychiatrisch-psychologische Diagnosenstellung mit dem
ICD-10-Klassifikationssystem erleichtern. Symptom Checkliste und IDCL sind
aufeinander bezogen, erfüllen aber unterschiedliche Zwecke.

■ Die Symptom Checkliste ist ein Screening-
Verfahren, das beim ersten, kurzen Patienten-
kontakt eine vorläufige diagnostische Zuordnung
zu den Diagnosekriterien der ICD-10 erlaubt.
Es basiert auf den «Klinisch-diagnostischen Leitlinien» zur ICD-10 Kapitel V(F).

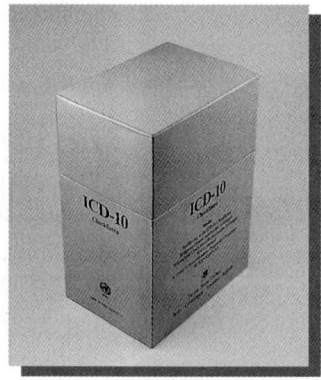

■ Die 32 Internationalen Diagnose Checklisten
berücksichtigen zusätzlich die «Forschungskriterien» zur ICD-10 Kapitel V(F). Mit ihrer Hilfe
können, nach einer sorgfältigen Erhebung der
Kriterien, sehr präzise Diagnosen im Sinne der
ICD-10-Klassifikation gestellt werden.

■ Das mitgeliefertes Glossar enthält genaue Definitionen der im ICD-10 System
verwendeten Fachbegriffe.

Anmerkung: Die IDCL wurden unter dem Titel «Münchner Diagnosen Checklisten» (Hiller,
Zaudig, Mombour) bereits früher angezeigt (ISBN 3-456-82154-9 für ICD-10-Version und
3-456-82200-6 für DSM-IV-Version). In die neu anzuzeigende Publikation «ICD-10 Checklisten»
wird nur die ICD-10-Variante einbezogen. Die DSM-IV-Version erscheint später separat.

Verlag Hans Huber
Bern Göttingen Toronto Seattle

H. J. Freyberger / H. Dilling (Hrsg.)

Fallbuch Psychiatrie

Kasuistiken zum Kapitel V (F) der ICD-10

1993. 365 Seiten, 65 Tab., Kt DM 59.– / Fr. 57.– / öS 431.–
(ISBN 3-456-82355-X)

Die Einführung des Kapitels V (F) der ICD-10, die in den nächsten
Jahren die bisher gebräuchliche ICD-9 ablösen wird, ist mit einer
Reihe von gravierenden Veränderungen der psychiatrischen Diagnostik verbunden. In diesem Band haben Experten aus der Psychiatrie,
Kinder- und Jugendpsychiatrie und psychosomatischen Medizin
interessante wie spannende Kasuistiken zusammengestellt, anhand
derer die neuen diagnostischen Prinzipien, Konzepte und Modelle
illustriert werden.
Zu den wichtigsten neuen diagnostischen Kategorien finden sich
umfassende Falldarstellungen, im Anschluß werden die Diagnosen
und Differentialdiagnosen gemäß ICD-9, ICD-10 und DSM-III-R
erläutert und vor dem Hintergrund therapeutischer und prognostischer Aspekte diskutiert.

H. Dilling / E. Schulte-Markwort / H. J. Freyberger (Hrsg.)

Von der ICD-9 zur ICD-10

Neue Ansätze der Diagnostik psychischer Störungen in der Psychia-
trie, Psychosomatik und Kinder- und Jugendpsychiatrie

1994. 285 Seiten, 16 Abb., 70 Tab., Kt DM 49.80 / Fr. 49.80 / öS 389.–
(ISBN 3-456-82514-5)

In dem vorliegenden Band werden die mit der Einführung der ICD-10
verbundenen klassifikatorischen Veränderungen ausführlich diskutiert. Dabei wird auf die Entwicklungsgeschichte operationaler Dia-
gnosensysteme und die Verbindung zwischen ICD-9, ICD-10, DSM-III,
DSM-III-R und DSM-IV eingegangen. Das Komorbiditätsprinzip wird
in seinen Konsequenzen für die psychiatrische Diagnostik besprochen.
Zentraler Bestandteil des Bandes ist die Gegenüberstellung psychiatrischer, kinder- und jugendpsychiatrischer sowie psychosomatischer
Autoren, die ihre speziellen diagnostischen Konzepte diskutieren.

Verlag Hans Huber
Bern Göttingen Toronto Seattle

Weltgesundheitsorganisation

Internationale Klassifikation psychischer Störungen

ICD-10 Kapitel V (F) Klinisch-diagnostische Leitlinien

Herausgegeben von H. Dilling, W. Mombour und M. H. Schmidt.
2. Aufl. 1993. 369 S., Kt DM 39.80 / Fr. 38.– / öS 291.– (ISBN 3-456-82424-6)

In der psychiatrischen Praxis und Forschung haben sich bei der Diagnostik und Klassifikation psychischer Störungen in den letzten 15 Jahren einschneidende Veränderungen ergeben. Mit der vorliegenden Publikation und der offiziellen Einführung der ICD-10 in ihren Mitgliedsländern trägt die Weltgesundheitsorganisation (WHO) diesen Veränderungen Rechnung. Im Gesamtwerk der Internationalen Klassifikation der Krankheiten (ICD) der WHO kommt den psychiatrischen Störungen, einschließlich der Störungen in der psychischen Entwicklung und Verhaltensstörungen, eine Sonderstellung zu.

Weltgesundheitsorganisation

Internationale Klassifikation psychischer Störungen

ICD-10 Kapitel V (F), Forschungskriterien

Herausgegeben von H. Dilling, W. Mombour, M. H. Schmidt und E. Schulte-Markwort. 1994. 256 S., Kt DM 39.80 / Fr. 39.80 / öS 311.– (ISBN 3-456-82522-6)

Nach der Veröffentlichung der klinischen Beschreibung und diagnostischen Leitlinien des Kapitels V (F) der ICD-10, die für den täglichen klinischen Gebrauch gedacht sind, legt die Weltgesundheitsorganisation (WHO) jetzt die ICD-10-Forschungskriterien vor. Die Forschungskriterien sind für den wissenschaftlichen Gebrauch vorgesehen und enthalten im Vergleich zu den klinisch-diagnostischen Leitlinien insgesamt deutlich striktere diagnostische Kriterien, was zu einer stärkeren Stichprobenhomogenisierung bei Verwendung dieses Manuals beitragen soll. Im Text werden neben den Kodierungsziffern und den Störungsbezeichnungen nur die eigentlichen diagnostischen Kriterien und die Verknüpfungsregeln aufgeführt. Im Anhang werden zusätzlich Störungen genannt, die einer weiteren wissenschaftlichen Validierung bedürfen.
Die Forschungskriterien stellen für den klinischen Gebrauch erfahrener Anwender das geeignete Manual dar. Ihr Vorteil liegt darin, daß sie klar und übersichtlich das Gesamtkonzept und die diagnostischen Kriterien der ICD-10 verdeutlichen.

 Verlag Hans Huber
Bern Göttingen Toronto Seattle

Otto F. Kernberg et al.

Psychodynamische Therapie bei Borderline-Patienten

Grundlagen – Verlauf – Komplikationen

Aus dem Englischen von E. Brech. Nachdruck 1994 der 1. Auflage 1993. 192 S., Kt DM 49.80 / Fr. 49.80 / öS 364.– (ISBN 3-456-82199-9)

Kein Name ist so eng verknüpft mit der Borderline-Thematik wie derjenige von Otto F. Kernberg. Sein lange erwartetes Buch stützt sich auf viele Jahre klinische Forschung. Zahlreiche Fallgeschichten illustrieren, wie diese Therapie funktioniert und welche theoretischen Überlegungen der Behandlungstechnik zugrundeliegen.
«Kernberg ist es – zusammen mit seinen Mitarbeitern – gelungen, sein Verständnis der Borderline-Persönlichkeit so weit in therapeutische Anweisungen umzumünzen, als dieses überhaupt – angesichts der komplexen und vielschichtigen Natur der Psyche – möglich ist.»
(Robert S. Wallerstein, Präsident der American Psychoanalitical Association)

Heinz Müller-Pozzi

Psychoanalytisches Denken

Eine Einführung

2., korrigierte Auflage 1995. 199 S., Kt DM 39.80 / Fr. 39.80 / öS 291.– (ISBN 3-456-82579-X)

Die Psychoanalyse hat sich in den letzten Jahrzehnten rasant und in verschiedene Richtungen weiterentwickelt. Der Autor geht aus von den epochalen Entdeckungen Freuds und integriert neue Konzepte. Er verbindet die Theorie des Unbewußten und der Triebe, das Herzstück psychoanalytischen Denkens, mit den Konzepten der Objektbeziehungen und des Selbst. So kann auch manches Althergebrachte neu interpretiert werden: Die Triebtheorie läßt sich z. B. als Kern einer psychoanalytischen Affekttheorie verstehen. Leitlinie des Buches ist der psychoanalytische Zugang zum psychischen Konflikt.
So beschließt ein Ausblick auf eine psychoanalytische Konflikttheorie das Buch: Abwehr durch Verdrängung und Abwehr mittels Spaltung werden als zwei grundlegend verschiedene Verarbeitungen verinnerlichter Konflikte vorgestellt.

Verlag Hans Huber
Bern Göttingen Toronto Seattle